Priester in den Mythen: Hermod, Skirnir, Thialfi u.a.

**die Priester des Tyr, des Odin, des Thor und des Freyr
die Priesterinnen der Frigg, der Freya und der Sif**

Band 37 der Reihe „Die Götter der Germanen"

Bücher von Harry Eilenstein:

- Astrologie (496 S.)
- Photo-Astrologie (428 S.)
- Horoskop und Seele (120 S.)
- Tarot (104 S.)
- Handbuch für Zauberlehrlinge (408 S.)
- Physik und Magie (184 S.)
- Der Lebenskraftkörper (230 S.)
- Die Chakren (100 S.)
- Meditation (140 S.)
- Drachenfeuer (124 S.)
- Krafttiere – Tiergöttinnen – Tiertänze (112 S.)
- Schwitzhütten (524 S.)
- Totempfähle (440 S.)
- Muttergöttin und Schamanen (168 S.)
- Göbekli Tepe (472 S.)
- Hathor und Re:
    Band 1: Götter und Mythen im Alten Ägypten (432 S.)
    Band 2: Die altägyptische Religion – Ursprünge, Kult und Magie (396 S.)
- Isis (508 S.)
- Die Entwicklung der indogermanischen Religionen (700 S.)
- Wurzeln und Zweige der indogermanischen Religion (224 S.)
- Der Kessel von Gundestrup (220 S.)
- Der Chiemsee-Kessel (76)
- Cernunnos (690 S.)
- Christus (60 S.)
- Odin (300 S.)
- Die Götter der Germanen (Band 1 – 80)
- Dakini (80 S.)
- Kursus der praktischen Kabbala (150 S.)
- Eltern der Erde (450 S.)
- Blüten des Lebensbaumes:
    Band 1: Die Struktur des kabbalistischen Lebensbaumes (370 S.)
    Band 2: Der kabbalistische Lebensbaum als Forschungshilfsmittel (580 S.)
    Band 3: Der kabbalistische Lebensbaum als spirituelle Landkarte (520 S.)
- Über die Freude (100 S.)
- Das Geheimnis des inneren Friedens (252 S.)
- Von innerer Fülle zu äußerem Gedeihen (52 S.)
- Das Beziehungsmandala (52 S.)
- Die Symbolik der Krankheiten (76 S.)

- König Athelstan (104 S.)

Kontakt: www.HarryEilenstein.de / Harry.Eilenstein@web.de
Herstellung und Verlag: BoD - Books on Demand, Norderstedt   **ISBN:** 9783744802963

Die Themen der einzelnen Bände der Reihe „Die Götter der Germanen"

Inhaltsverzeichnis

I Mythologische Priester in der germanischen Überlieferung

In den Mythen der Germanen treten mehrere Götter auf, die bei genauerem Hinsehen Priester und Priesterinnen sein könnten, die in den Bereich der Götter versetzt worden sind.

Dies sind Atli, Fimafeng, Eldir, Franmar, Thialfi, Hermodr, Skirnir, Byggvir und Otr sowie Gna, Beyla, Röskwa und die neun „Dienerinnen" der Freya-Menglöd.

Am ehesten kann noch Hönir als ein Priester-Gott, d.h. als ein Gott mit Priester-Funktion, angesehen werden, obwohl auch er den Eindruck macht, als ob er ein „vergöttlichter Priester" sei.

Da es über Hönir eine umfassendere Überlieferung gibt, ist er in einem einzelnen Band dargestellt worden (Band 18).

I 1. Atli, der Priester des Tyr

Atli ist der Gesandte und Zauberer des Königs Hiörvard. Er tritt in den Helgi-Liedern auf. Da „Helgi" („Heiler", „Heiliger") einer der Beinamen des ehemaligen Sonnengott-Göttervaters Tyr ist, ist es gut denkbar, daß auch Atli aus den Mythen des Tyr stammt.

I 1. a) Der Name „Atli"

Der Name „Atli" bedeutet „Vater". Der bekannteste Träger dieses Namens ist vermutlich der Hunnenkönig Attila.

I 1. b) Das Lied über Helgi Hjörward-Sohn

Atli ist in diesem Lied der Sohn eines Jarls (Grafen) des Königs Hiörvard.

Hiörward hieß ein König, der hatte drei Frauen. Eine hieß Alfhild und der beiden Sohn Hedin; die andere hieß Säreid und der beiden Sohn Humlung; die dritte hieß Sinriöd und der beiden Sohn Hymling.

Ein König mit drei Frauen wird kein normaler König zu sein – es besteht der Verdacht, daß es sich bei ihm um eine Sagen-Version des ehemaligen Göttervaters Tyr handelt. Die „3" und vor allem der dreifach dargestellte Vorgang sind die germanische Methode, einen zyklischen Vorgang und insbesondere den Sonnenlauf darzustellen (siehe „3" in Band 47 und „Wiederzeugung" in Band 51).

Für die Vermutung, daß dieses Lied auf die Tyr-Mythen zurückgeht, spricht auch, daß Hiörward zwei Söhne hat, die in den Sagas und Liedern der zu einer Saga-Gestalt umgedeuteten Göttervater sind: Hedin und Helgi. Helgi wird später geboren; zu „Hedin" siehe die Saga über Hedin und Högni (in Band 39 dieser Reihe).

Hiörward hatte gelobt, die Frau zu ehelichen, die er die schönste wüßte. Da hörte er, daß König Swafnir eine allerschönste Tochter hätte, Sigurlinn geheißen.

Der Name „Svaf(nir)" bedeutet „Schläfer" und im übertragenen Sinne auch „Toter". Im Fiölswin-Lied ist er ein Riese und der Vater der Freya-Menglöd:„*Menglada heißt sie, die Mutter zeugte sie mit Swaf, Thorins Sohn.*" Auch König Svaf ist daher wohl

9

aus einer Übertragung des ehemaligen Göttervaters in die Saga entstanden.

Dazu paßt auch die „schönste Tochter": Die Muttergöttin wurde bei der Patriarchalisierung in die Tochter des Göttervaters umgewandelt, woraus dann in der Sage die „schönste Königstochter" wurde.

Idmund hieß sein Jarl. Atli, dessen Sohn, fuhr zu dem König, um Sigurlinn zu freien. Er blieb einen Winter lang bei König Swafnir.

Dies Form der Brautwerbung war damals zwar weit verbreitet, aber sie erinnert auch an das Skirnir-Lied, in dem Freyrs Diener/Priester für seinen Herrn die schöne Jenseitsgöttin-Riesin Gerdr freit.

Franmar hieß da ein Jarl, der Pfleger Sigurlinns, und dessen Tochter Alof. Der Jarl riet, daß die Maid verweigert würde: da fuhr Atli heim.

Hier erscheinen Atli und Franmar als Gegenspieler bei der Werbung um die „schönste Frau". Es besteht somit der Verdacht, daß es sich bei ihnen um Tyr und Loki handeln könnte, die sich in einem endlosen Zyklus um die Göttin Freya streiten, ohne die sie nicht wieder geboren werden können. Durch diesen Streit und durch die durch ihn bewirkte abwechselnde Herrschaft des Sommergottes Tyr und des Wintergottes Loki entstehen die Jahreszeiten.

Atli Jarls-Sohn stand eines Tages an einem Wald: Da saß ein Vogel oben in den Zweigen über ihm und hatte zugehört, da seine Mannen die Frauen die schönsten nannten, die Hiörward hatte. Der Vogel zwitscherte und Atli lauschte, was er sagte.

Atli, der um Sigurlind gefreit hatte, war offenbar zauberkundig, da er die Vogelsprache verstand. Das Verstehen der Vogelsprache ist ein Bild für die Fähigkeit, mit den Ahnen in deren Gestalt als Seelenvögeln zu sprechen, also für die Fähigkeit ins Jenseits zu reisen oder ein Utiseta (Herbeirufung der Toten) durchzuführen.

Er sang:
„Sähest Du Sigurlinn, Swafnirs Tochter,
Die schönste Maid in Munarheim?
Und hier behagen doch Hiörwards Frauen
Deinen Leuten in Glasislundr."

„Glasir-Wald" ist allgemein ein Heiliger Hain und speziell der Hain bzw. Baum neben Odins Walhalla – der Weltenbaum. Die „Glasir-Ebene" wird in mehreren Mythen und Sagas als der Wohnort des Tyr-Gudmund angegeben (siehe „Gudmund" in

Band 5). Dieser Ort bestätigt die Annahme, daß dieses Lied auf die Tyr-Mythen zurückgeht.

Atli ist offensichtlich ins Jenseits gereist, was die Deutung des Königs Svafnir als Tyr und Sigurlinn als Göttin bestätigt. Sigurlinn ist wahrscheinlich aus der Göttin Freya heraus entstanden, die manchmal auch als Walküre auftritt.

Atli:
„Willst Du mit Atli, Idmunds Sohn,
Vielkluger Vogel, Ferneres reden?"

Der Vogel:
„Ja, wenn der Edling mir opfern wollte;
Doch wähl' ich, was ich will aus des Königs Wohnung."

Ein Vogel auf dem Weltenbaum mit Anspruch auf ein Opfer klingt nach dem Adler-Seelenvogel des Tyr auf dem Weltenbaum, der u.a. im „Haustlöng" und in der „Skaldskaparmal" als der Adler des Tyr-Thiazi von Odin, Hönir und Loki Opfergaben erhält.

Atli:
„Wenn Du Hiörward nicht kiesest noch seine Kinder,
Noch des Fürsten schöne Frauen.
Kiese keine von des Königs Bräuten:
Laß uns wohl handeln, das ist Freundes Weise."

Der Vogel:
„Einen Hof will ich haben und Heiligtümer,
Goldgehörnte Kühe aus des Königs Stall,
Wenn Sigurlinn ihm schläft im Arm
Und frei dem Fürsten folgt zum Haus."

Einen Tempel („Hof") und „Heiligtümer" sowie Stieropfer stehen lediglich dem ehemaligen Göttervater Tyr zu. Atli spricht und verhandelt hier offenbar mit dem Seelenvogel des Tyr-Svafnir.

Er selber wird hier anscheinend zu dem Priester des Adler-Seelenvogels des Tyr und errichtet ihm einen Tempel.

Die goldgehörnten Kühe sind auch aus dem Lied über den Tyr-Riesen Thrym bekannt – sie gehörten offenbar einst zu dem Kult des Tyr.

Dies geschah, ehe Atli heimfuhr; als er aber nach Hause kam und der König ihn frug, sprach er:

„Wir hatten Arbeit und üblen Erfolg:
Unsre Rosse keuchten auf dem Kamm des Gebirgs,
Dann mußte man durch Moore waten;
Doch ward uns Swafnirs Tochter verweigert,
Die spangengeschmückte, die wir holen wollten."

Der König bat, daß sie zum anderen Mal hinführen, und er fuhr selbst mit. Aber da sie auf den Berg kamen und hinblickten auf Swawaland, sahen sie großen Landbrand und Staub von Rossen. Da ritt der König vom Berge herab ins Land und nahm sein Nachtlager bei einem Flusse.

Das Schwabenland befand sich im Krieg. Die Schwaben lebten damals noch in Holstein.

Atli, der die Warte hatte, fuhr über den Fluß und fand da ein Haus. Darin saß ein großer Vogel als Hüter und schlief. Atli schoß mit dem Spieß den Vogel tot.

Der „große Vogel" in dem Haus ist vermutlich wieder der Adler, d.h. der Seelenvogel des Tyr. Dieser Mord entspricht dem Mord des Tyr-Thiazi durch die Asen bzw. der diversen Tyr-Riesen durch Thor.
Der Fluß ist anscheinend der Jenseitsfluß, da sich hinter ihm der Seelenvogel findet.

In dem Haus fand er Sigurlinn, die Königstochter und Alof, die Jarlstochter. Die nahm er beide mit sich fort.
Franmar Jarl hatte sich in Adlergestalt gekleidet und die Jungfrauen durch Zauberei vor dem Heere behütet.

Hier scheint der Kampf zwischen zwei Zauberern/Priestern beschrieben zu werden: zwischen dem Jarl Atli des Königs Hiörward und dem Jarl Franmar des Königs Svafnir.
Der Ursprung dieses Kampfes ist vermutlich der endlose Streit zwischen Tyr/Heimdall/Odin und Loki um die Jahreszeiten, die Göttin Freya und ihren goldenen Halsreif Brisingamen.

Hrodmar hieß ein König, der Freier Sigurlinns: der hatte den Swawakönig erschlagen und das Land verheert und verwüstet.

Da König Hiörward der Vater des Tyr-Helgi und des Tyr-Hedin ist, sollte König

Hrodmar die Saga-Variante von Loki sein.

Da nahm König Hiörward Sigurlinn, und Atli nahm Alof zur Ehe.
Hiörward und Sigurlinn hatten einen Sohn, der groß und schön war. Er war aber
stumm und kein Name wurde ihm beigelegt.

Der Sohn des Hiörvard und der Sigurlinn ist der eigentliche Held dieses Liedes. Er
wird wie viele Helden der Germanen der wiedergeborene Sonnengott-Göttervater Tyr
sein. Er erhält später in diesem Lied den Namen „Helgi", nachdem er durch die Hilfe
einer Walküre ein magisches Schwert (die Waffe des Tyr) gefunden hat.

I 1. c) Zusammenfassung

Der Name „Atli" bedeutet „Vater". Evtl. entspricht dies der lateinischen
Bezeichnung „pater" („Vater") für den christlichen Priester, da anscheinend auch
Atli ein Priester und Magier ist.

Bei der Brautwerbung und dem Kampf im Helgi-Lied spielen die beiden Priester-
Magier der beiden Könige bzw. Götter die zentrale Rolle. Zumindestens einer der
beiden Götter sowie einer der Priester-Magier (Franmar) können sich in einen Adler
verwandeln – sie haben also die Fähigkeit der Astralreise erlangt.

Der Adler-Gott wird getötet. Es gibt somit viele Parallelen zu anderen Tyr-Mythen
wie z.B. der im Haustlöng.

Da König Hiörward der Vater des Tyr-Helgi und des Tyr-Hedin ist, wird sein Jarl
Atli ursprünglich der Priester-Schamane des Tyr gewesen sein.

In diesem Lied haben sich einige Motive aus den früheren Tyr-Mythen vermischt:
Atli gehört zur Seite des Tyr, aber er erschießt Franmar, der die Gestalt eines Adlers,
also die des Tyr-Seelenvogels hat. Dieser Vogel müßte eigentlich ein Loki-Falke sein
– oder Franmar nicht der Feind des Atli. Hier sind vermutlich die beiden „Alcis"-
Söhne des Tyr mit dem Motiv des Kampfes zwischen Tyr und Loki vermischt
worden.

I 2.   Franmar, der Priester des Tyr

Franmar ist der Jarl und Zauberer des Königs Svafnir.

I 2. a)   Der Name „Franmar"

Die Bedeutung des Namens „Franmar" ist nicht sicher.

„Frann" bedeutet „funkelnd, scharf", aber auch „Schlange" im Sinne von „Glänzende".

„Mar" ist die Bezeichnung für „Meer" und „Seemöwe". „Mar" ist in Eigennamen wie z.B. „Sigmar" jedoch oft auch eine Kurzform von „märd" für „Ruhm".

„Franmar" wird somit am ehesten „glanzvoller Ruhm" bedeuten, auch wenn eine Assoziation zu Schlangen und zum Meer nicht ausgeschlossen sind.

I 2. b)   Das Lied über Helgi Hjörwards-Sohn

Dieses Lied ist schon in dem Kapitel über Atli besprochen worden. Der Teil, in dem Franmar auftritt, folgt hier noch einmal ohne Kommentare.

Der König bat, daß sie zum anderen Mal hinführen, und er fuhr selbst mit. Aber da sie auf den Berg kamen und hinblickten auf Swawaland, sahen sie großen Landbrand und Staub von Rossen. Da ritt der König vom Berge herab ins Land und nahm sein Nachtlager bei einem Flusse.

Atli, der die Warte hatte, fuhr über den Fluß und fand da ein Haus. Darin saß ein großer Vogel als Hüter und schlief. Atli schoß mit dem Spieß den Vogel tot.

In dem Haus fand er Sigurlinn, die Königstochter und Alof, die Jarlstochter. Die nahm er beide mit sich fort.

Franmar Jarl hatte sich in Adlergestalt gekleidet und die Jungfrauen durch Zauberei vor dem Heere behütet.

Hrodmar hieß ein König, der Freier Sigurlinns: der hatte den Swawakönig erschlagen und das Land verheert und verwüstet.

Da nahm König Hiörward Sigurlinn, und Atli nahm Alof zur Ehe.

Hiörward und Sigurlinn hatten einen Sohn, der groß und schön war. Er war aber stumm und kein Name wurde ihm beigelegt.

Franmar erscheint hier als der zauberkundige Gegenspieler des Atli, der auf den Priester-Schamanen des Tyr zurückgeht. Franmar scheint daher auf den Priester des Loki zurückgehen – es wird allerdings nirgendwo auch nur der Hauch einer Andeutung eines Loki-Kultes erwähnt.

I 2. c) Die Saga über Thorstein Viking-Sohn

In dieser Saga tritt ein Mann mit dem Namen 'Framar' auf, der eine Variante des 'Franmar' sein könnte.

„Die Saga muß auch über einen Mann mit dem Namen Kol berichten, über den viele gute Dinge erzählt werden: zunächst, daß er groß wie ein Riese war, übel aussah wie der Teufel und so bewandert in den Schwarzen Künsten, daß er genausogut durch die Erde wie auf ihr gehen konnte, Sterne und Rosse zusammenkleben konnte, und daß er außerdem ein so großer Gestaltwandler war, daß er die Gestalt verschiedener Tiere annehmen konnte. Manchmal ritt er auf dem Wind oder ging durch das Meer und er hatte einen so großen Buckel auf seinem Rücken, daß selbst dann, wenn er aufrecht stand, sein Buckel über seinen Kopf hinaufragte.
Dieser Kol zog mit einem großen Heer nach Indien, tötete Tirius, nahm Trona zur Frau und unterwarf Land und Leute. Er hatte mit Trona viele Kinder, die alle mehr nach ihrem Vater als nach ihrer Mutter gerieten.
Kol wurde 'Buckelrücken' genannt.

Wenn Tirius auf Tyr zurückgeht, dann muß Kol eine Sagen-Variante seines Feindes Loki sein. Dazu paßt, daß Kol Tirius tötet, daß er wie Loki mit seinen Flugschuhen durch die Lüfte gehen kann, daß er wie dieser die Gestalt verschiedener Tiere annehmen kann und ein großer Zauberer ist. Auch der Raub der Trona wird ein Motiv aus den Mythen des Tyr und des Loki sein, da sich diese beiden gegenseitig die Frau, d.h. die Jenseitsgöttin raubten, um sich mit ihr zu vereinen und durch sie wiedergeboren zu werden und dann das Jenseits verlassen zu können.
Der Name „Kol" leitet sich von „Kolr" für „Kohle" ab und entspricht Loki als dem Gott der finsteren Unterwelt, aber auch dem Tyr-Beinamen „Surt", d.h. „Schwarzer", den er als Gott im Jenseits trug, in dem er als „schwarze Sonne" aufgefaßt worden ist.
Interessant ist in diesem Zusammenhang der Buckel des Kol, da dieser in den Loki-Mythen nicht vorkommt.

Er (Kol) besaß drei rare Schätze. Diese waren: ein Schwert, das so mächtig war, daß zu dieser Zeit niemand ein besseres schwang, und der Name dieses Schwertes war *Angervadil*; ein weiterer dieser Schätze war ein goldener Ring, der Gleser genannt wurde; der dritte war ein Horn, das mit einem Trank von solch einer Beschaffenheit gefüllt war, daß jeder, der von seinem unteren Teil trank, sofort von der Krankheit, die man Lepra nennt, befallen und so vergeßlich wird, daß er sich an nichts aus der Vergangenheit erinnern kann; aber wenn man von dem oberen Teil dieses Hornes trinkt, wird die Gesundheit und die Erinnerung sofort wiederhergestellt.

Runenstein von Drävle

Schwert, Ring und Horn sind die drei Schätze des Tyr, die u.a. auf dem Runenstein von Drävle dargestellt werden.

Das Schwert ist das magische Sonnen-Schwert des Schwertgottes, daß er auch als Tyr-Riese unter dem Namen Surtur in seiner Hand hält. Oben in der Mitte des Runensteines ist ein Mann mit Schwert zu sehen, der die Schlange ersticht, auf der die Runen geschrieben stehen – die Wurzel dieses Motivs geht über Ragnar, Sigurd und Beowulf letztlich auf den Kampf des Himmelsgottes mit dem Drachen, der den Regen geraubt hat, zurück. Der Schwertname „Angervadil" bedeutet wahrscheinlich „Wut/Sorgen-Schwinger", d.h. „das, was in Wut geschwungen wird und dadurch Sorgen bereitet".

Der Ring ist ursprünglich ein Symbol der Sonne und somit der Wiedergeburt gewesen – deshalb ist er auch immer der wichtigste Teil in allen von den Drachen bewachten Schätzen. Die Drachen sind „große Schlangen" und die Schlangen sind wiederum ein Symbol für die Totengeister, das bis in die späte Altsteinzeit zurückreicht. Auf dem Runenstein ist oben links der Tyr-Zwerg Andvari mit dem Ring Draupnir zu sehen.

Das Trinkhorn war ein wichtiger Ritualgegenstand, der in der Form der beiden Goldhörner von Gallehus am bekanntesten ist. Aus ihm wurde der Ritualmet getrunken, der symbolisch dem griechischen Ambrosia, dem indischen Soma und dem persischen Haoma entspricht – er ist der Trank der Wiedergeburt. Da er mit dem Tod verbunden war, war er auch der Trank des Vergessens, der als Zaubertrank z.B. von Griemhild dem Sigurd gereicht wird, damit dieser Brünhild vergißt. Dieser

Ritualtrank wird auf dem Runenstein oben rechts von einem Priester in einem langen Gewand getragen.

Unten auf dem Runenstein findet sich noch eine der vielen Varianten des Hrungnirherzens und in der Mitte das sehr beliebte germanische Sonnensymbol, das aus einem Kreis und einem Kreuz bestand und das allmählich zu einer Variante des christlichen Kreuzes umgedeutet worden ist.

In der Saga ist Kol, d.h. Loki im Besitz dieser drei magischen Gegenstände. Es stellt sich daher die Frage, ob Kol tatsächlich nur Loki ist, oder ob sich in ihm Motive des Tyr und des Loki vermischt haben. Tyr und Loki rauben sich zwar immer wieder gegenseitig den Ring, aber von dem Schwert und von dem Trinkhorn wird dies ansonsten nicht berichtet.

Das älteste Kind des Kol und der Trona war Björn Blauzahn. Sein Zahn war von blauer Farbe und ragte eineinhalb Ellen lang aus seinem Mund heraus und mit diesem Zahn tötetet er oft andere Leute, wenn er in einer Schlacht war oder wenn ihn die Wut überkam.

Die Farbe „Blau" wurde so eng mit dem Jenseits assoziiert, daß auch Hel halb blau und halb Haut-Farben war und man die Toten „Blau-Menschen" nennen konnte.

Dis war eine Tochter des Kol.

„Dis" ist ein altes Wort für „Göttin", das die Femininform von „Diar" („Tyr-Priester") ist. Beides sind Ableitungen von dem Namen Tyr – ähnlich wie das lateinische Dea und Deus. Diese beiden Namen kamen nach der Zeit, in der Tyr der Göttervater gewesen ist, also nach 500 n.Chr. allmählich außer Gebrauch.

Dis ist eine Saga-Variante der Jenseitsgöttin.

Das dritte Kind des Kol und der Trona hieß Harek, dessen Kopf schon im Alter von sieben Jahren vollkommen kahl war und dessen Schädel hart wie Stahl war, weshalb er Harek Eisenkopf genannt wurde.

Das vierte Kind hieß Ingjald. Seine Oberlippe maß eine Elle von der Nase aus gemessen, weshalb er Ingjald Schnauze hieß.

Kol hat wie Tyr drei Söhne, die ehemals die Repräsentanten der drei Stände gewesen sind, und eine Tochter, die die umgedeutete Jenseitsgöttin ist.

Diese Fülle an Details macht die Auffassung, daß diese Erzählung ihre Wurzeln in den Mythen über Tyr und Loki hat, sehr sicher.

Es war ein Zeitvertreib der Brüder, wenn sie daheim waren, daß Björn Blauzahn

seinen Zahn in den Schädel seines Bruders Harek stieß.
Keine Waffe konnte die Lippe des Ingjald Schnauze durchstechen.

Ein ähnliches Motiv wie die Lippe des Ingjald Schnauze Motiv ist ansonsten nur noch von Loki bekannt, dessen Mund in der Mythe über die Herstellung der magischen Waffen der Götter zunächst nicht von den Zwergen zugenäht werden konnte.

Durch Zaubersprüche hatte Kol der Bucklige es erreicht, daß keiner seiner Nachkommen anders als durch das Schwert Angervadil getötet werden konnte – kein anderes Eisen konnte sie verletzen.

Auch diese Beinahe-Unverwundbarkeit ist ein Motiv aus den Tyr-Mythen. Als Kriegsgott und Göttervater ist er unverwundbar, jedoch nicht als Sonnengott, der am Abend stirbt. Daher ist es kaum möglich, Tyr zu töten – außer mit seinem eigenen Schwert oder mit einer andere spezielle Waffe (meistens eine Keule) und mit Steinen.

Doch als Kol alt genug geworden war, starb er einen schrecklichen Tod.
Zu dieser Zeit ist Trona schwanger gewesen und gebar einen Sohn, der nach seinem Vater ebenfalls Kol genannt wurde – und er sah nicht nur so aus wie sein Vater, sondern glich ihm auch von seinem Wesen. Als er ein Jahr alt war, war Kol zu den anderen Kindern so gemein, daß er Kol der Verschlagene genannt wurde.

Kol der Jüngere ist offensichtlich sein eigener wiedergeborene Vater – ein weiteres Motiv aus den Mythen des Tyr und des Loki: Der Wintergott Loki wird im Herbst wiedergeboren und kehrt dann aus dem Jenseits zurück und tötet Tyr – und der Sommergott Tyr wird im Frühjahr wiedergeboren und kehrt aus dem Jenseits zurück und tötet Loki.
Der Beiname „der Verschlagene" des Kol paßt gut zu Loki, der der listige Gott und der Verursacher fast allen Leides gewesen ist.

Dis heiratete Jokul Eisenrücken, einen blauen Berserker.

Wahrscheinlich sind Harek Eisenkopf und sein Schwager Jokul Eisenrücken Sagenvarianten der beiden „Alcis" genannten Pferdezwillinge des ehemaligen Göttervaters Tyr, die in den späteren Odin-Mythen zu dem achtbeinigen Doppelpferd Sleipnir wurden. Auch einer der Eisriesen trägt den Namen „Jokul". Das Eisen ist zum einen ein Symbol der Beinahe-Unverwundbarkeit der beiden und zum anderen auch ein Symbol des Jenseits – das Eisen und das Jenseits wurde in den meisten frühen Kulturen miteinander assoziiert, weil Eisen zunächst nur als Meteor-Eisen bekannt war, das als heruntergefallene Stücke des Himmels und somit des Jenseits aufgefaßt worden ist.

Vermutlich wird hier nicht mehr genau zwischen „Riese" und „Berserker" unterschieden. Die Farbe Blau ist wieder ein Hinweis darauf, daß Jokul Eisenrücken ein Wesen des Jenseits ist.

Sie und ihre Brüder teilten das Erbe ihres Vaters in der Weise unter sich auf, daß Dis das Horn erhielt, Björn Blauzahn das Schwert, Harek den Ring, Ingjald das Königreich und Kol den persönlichen Besitz.
Drei Winter nach dem Tod des Königs Kol heiratete Trona Jarl Herfinn, den Sohn des Königs Rodmar von Marseraland. Im ersten Winter nachdem sie geheiratet hatten, gebar sie ihm einen Sohn, der Framar genannt wurde und ein Mann von großen Fähigkeiten war und sehr verschieden von seinen Brüdern war.

Hier hat Trona, die Saga-Variante der Göttin einem anderen Mann einen Sohn geboren, d.h. ihn wiedergeboren – was vermuten läßt, daß Framar der Gegenspieler des Kol ist.
Der Verfasser der Thorstein-Saga hat offensichtlich die alten Mythen über Tyr und Loki noch sehr gut gekannt und die ihm bekannten Details allesamt in diese Saga eingebaut.

I 2. d)   Die Saga über Ketil Forelle

Ketil ist eine Saga-Variante des ehemaligen Göttervates Tyr, in dessen Geschichte sehr viele Elemente der früheren Tyr-Mythen vorkommen. Seinen Beinamen „Forelle" hat er erhalten, nachdem er einen Drachen getötet hat, den er spöttisch „Forelle" nannte.
Sein Gegner Framar wird daher dem Franmar aus dem Helgi-Lied entsprechen.
Der Name „Framar" (ohne „n") ist wahrscheinlich nur eine Verkürzung von „Franmar".

Dann kam der Wikinger-König Framar nach Rabennest. Er war ein überzeugter Heide und ihn biß kein Eisen. Er herrschte über ein Königreich, das von Hunaveld bis nach Gestrekaland reichte. Er führte seine Opferungen in Arhaug durch. Kein Schnee blieb auf seinem Hügelgrab liegen.

„Arhaug" bedeutet „Adlerhügel" und ist eine Bezeichnung für den Platz, an dem an den Tyr-Adler geopfert wurde.
Das Schnee-Motiv stammt aus der Vorstellung, daß in einem „bewohnten Hügelgrab" ein Feuer glüht, daß den Schnee zum Schmelzen bringt.

Sein Sohn war Bodmod, der einen großen Hof bei Arhaug besaß und ein beliebter Mann war, während alle Framar alles Üble wünschten. Odin hatte es dem Framar bestimmt, daß ihn kein Eisen biß.

Framar verlangte Hrafnhild zur Frau, doch Ketil antwortete, daß sie selber ihren Mann wählen würde.

Sie sagte „Nein." zu Framar, „wenn ich schon nicht den Ali nehme, dann werde ich sicherlich nicht diesen Troll heiraten!"

Ketil sagte Framar ihre Antwort.

Er wurde sehr wütend und er forderte Ketil zu einem Zweikampf am ersten Tag des Jul heraus, „und Du bist der wertloseste alle Nidlinge, wenn Du nicht kommst!"

Mit „Nidling" ist ein Mann gemeint, der „nid" ist, d.h. zum „Niederen" gehört, womit sowohl das Jenseits als auch Wertlosigkeit, Ehrlosigkeit und eine homosexuelle Vergewaltigung gemeint ist.

Ketil sagte, daß er kommen werde.

Hjalm und Stafnglam baten darum, mit ihm kommen zu können.

Ketil sagte, daß er alleine gehen werde.

Kurz vor Jul ging Ketil zum Naumu-Tal. Er trug einen Fell-Umhang und hatte Skier an seinen Füßen, und er ging die Täler hinauf und dann durch die Wälder nach Jamtaland und dann weiter nach Osten über Skalkskog nach Helsingjaland, dann weiter nach Osten über Eyskogamark, daß Gestrekaland von Helsingjaland trennte und das zwanzig Rasten lang und drei Rasten breit war und in dem es beschwerlich zu reisen war.

Eine Raste sind ca. 9 km.

Dort lebte ein Mann mit dem Namen Thorir in dem Wald. Er bot Ketil seine Begleitung an und sagte, daß in dem Wald Übeltäter lebten, „und der übelste von ihnen wird Soti genannt. Er ist verräterisch und stark."

Ketil sagte zu sich selber, daß er keine Schwierigkeit sein werde.

Er ging in den Wald und kam zu Sotis Hütte. Er war nicht daheim. Ketil entfachte ein Feuer. Soti kam heim und grüßte Ketil nicht und setzte sich alleine an der Seite hin.

Ketil saß beim Feuer und sprach: „Bist Du der größte der Nidlinge, Soti?" frug er.

Da war Soti einige Stöcke nach Ketil.

Als sie genügend gegessen hatten, legte sich Ketil neben dem Feuer nieder und schnarchte laut. Da sprang Soti auf, doch Ketil erwachte und frug: „Was hast Du vor, Soti?"

Er sagte: „Ich will in das Feuer blasen. Es ist beinahe ausgegangen."

Ketil schlief weiter.

Da stürzte Soti mit einer zweischneidigen Axt herbei.

Ketil sprang auf und sagte: „Du willst wohl viel hacken?" sprach er.

Danach blieb Ketil die ganze Nacht über wach.

Gegen Morgen erhob er sich und Soti ging mit ihm in den Wald. Als die Nacht hereinbrach, legten sie sich unter eine Eiche. Ketil schlief ein, was Soti bemerkte, denn er schnarchte laut.

Soti sprang auf und schlug nach Ketil, da er dachte, daß das Schnarchen aus der Kapuze seines Umhanges käme, doch Ketil lag nicht unter seinem Umhang.

Ketil erwachte und beschloß Soti auf die Probe zu stellen.

Er kam herbei und sprach: „Nun wollen wir unsere Fähigkeiten im Ringen vergleichen!"

Ketil warf Soti nieder, schlug seinen Kopf ab und ging dann seines Weges.

Am Yul-Abend kam er nach Arhaug, dem Opferplatz des Framar und das Heim der Adler. Er war von Schnee bedeckt. Ketil stieg das Hügelgrab hinauf und saß in dem kalten Wind und wartete auf das Treffen.

Da kam ein Mann zu Bodmods Hof und frug: „Wann wird Ketil nach Arhaug kommen?"

Die Männer antwortete, daß es nicht zu erwarten sei, daß er käme.

Bodmod sagte: „Das glaube ich in diesem Fall nicht. Er ist ein weitgereister Mann und er hält sein Wort."

Sie gingen zu dem Hügelgrab, aber sie fanden Ketil nicht und berichteten dies dem Bodmod.

Bodmod sagte, daß er auf das Hügelgrab gehen werde. Er ging dort hinauf und stieg auf die Kuppe des Hügelgrabes und sah eine große Erhebung an seiner Nordseite.

Bodmod sprach diese Strophe:

„Wer ist dieser Hohe,
der auf dem Hügel sitzt
und sich nicht um das Wetter kümmert?
Ein frostfester Mann.
Mir scheint, das ist schrecklich
und keineswegs warm."

Ketil sprach diese Strophe:
„Ich werde Ketil genannt,
Ich komme von Rabennest.
Dort bin ich zäh geworden;
Mein Herz ist voller Mut,

21

ich weiß, ich werde überleben
und ich werde Unterkunft erhalten."

   Bodmod sprach:
„Erheb Dich nun,
verlasse dieses Hügelgrab
und komme in meine Halle.
Wir werden sprechen
und Gastfreundschaft haben,
wenn Du dort bleibst."

   Ketil trug diese Strophe vor:
„Ich werde mich nun erheben
und dieses Hügelgrab verlassen,
so wie mich Bodmod auffordert.
Mein Bruder,
selbst wenn er näher wohnen würde,
könnte mir keine bessere Einladung geben."

   Bodmod nahm Ketil bei der Hand. Als er sich erhob, glitten Ketils Füße auf dem Hügelgrab aus.
   Da sprach Bodmod diese Strophe:

„Das zeigt, Zieh-Sohn,
daß Du den Kampf beginnen
und siegen wirst.
Doch Du wirst dies niemals erreichen,
denn Odin gibt den Sieg
und oftmals läßt er den besseren Krieger verlieren."

   Ketil wurde über den Namen „Odin" wütend, denn er glaubte nicht an ihn, und er trug diese Strophe vor:

„Ich habe niemals
dem Odin geopfert,
obwohl ich schon lange gelebt habe.
Wenn ich in dem kommenden Kampf fallen werde,
weiß ich, daß ich zuvor sicherstellen werde,
daß mein Feind seinen Kopf verliert."

Dann ging Ketil mit Bodmod und bleibe diese Nacht und auch die nächste bei ihm. Und am Morgen bot Bodmod ihm an, mit ihm zu gehen oder ihm einen anderen Beisteher bei dem Zweikampf zu stellen.

Doch Ketil lehnte dies ab.

„Dann werde ich mit Dir gehen," sagte Bodmod.

Dem stimmte Ketil zu und ging nach Arhaug. Framar kam laut bellend zu dem Hügelgrab und fand dort Bodmod und Ketil mit einer Schar Männer.

Framars „Bellen" zeigt, daß er ein Ulfhedinn, d.h. ein Wolfs-Ekstasekämpfer ist.

Da trug Framar die Zweikampf-Regeln vor.

Bodmod hielt einen Schild vor Ketil, aber nicht vor seinen Kopf.

Framar sagte: „Du bist nun mein Feind und nicht mehr länger mein Sohn!"

Bodmod sagte, daß er ihre Verwandtschaft durch diese Hexerei gebrochen habe.

Bevor sie begannen, kam ein Adler aus dem Wald auf Framar zugeflogen und zerrte an seinen Kleidern.

Obwohl Framar den Adlern (Tyr) opfert und unter dem Schutz des Odin steht, wendet sich ein Adler gegen ihn. Das bedeutet, daß ihn sein Schutzgott verlassen hat.

Da sprach Framar diese Verse:

„Dieser Adler ist von übel,
ich fürchte die Wunde, die ich erhalten habe;
er stürzte sich wild auf mich
und sein Gift ist in meinem Blut.
Wie eine Sturmböe schrie er,
daß er gierig sei.
Oft habe ich Adler erfreut,
ich will nun töten!"

Da stürzte der Adler so schnell auf ihn zu als ob er eine Waffe wäre.

Da sprach Framar diese Verse:

„Schlage nur mit den Flügeln!
Ich gebe Dir den Namen 'Waffe'!
Du kreist über mir, Weit-Flieger,
als ob Du wüßtest, daß ich todgeweiht bin!
Du irrst Dich, Kampf-Antreiber,
ich werde den Sieg erringen.

Du mußt festlegen,
daß Forelle nun sterben wird!"

Adler erfreuen = Männer töten (Adler fressen die Leichen)
Weit-Flieger = Bezeichnung für einen Adler
Kampf-Antreiber = Name für Odin, hier für den Adler (Odins Seelenvogel)
Forelle = Ketils Beiname (Ketil Forelle)

Obwohl das geschehen war, bevor sie begonnen hatten, wurde es mitgerechnet.
Da schlug Ketil nach Framars Schulter.
Framar stand schweigend da, aber das Schwert biß ihn nicht, obwohl es das eigent-
lich hätte tun sollen, da der Schlag so heftig war.
Framar schlug gegen Ketils Schild.
Ketil schlug gegen Framars andere Schulter, doch wieder schnitt sein Schwert
nicht.
Ketil trug diese Strophe vor:

„Du zögerst, Dragvendil,
gegen den Fütterer des Adlers.
Schädlicher Zauber bewirkt es,
daß Du nicht beißen kannst.
Ich habe nicht erwartet,
daß mein Angriff
auf Gift-gehärtete Kanten treffen würde –
so als ob Odin taub wäre!"

„Dragvendil" ist das Schwert des Ketil. Sein Name bedeutet „Ziehen-Schwingen".
Ein „Fütterer des Adlers" ist ein Krieger, der im Kampf die Adler mit den Leichen
seiner Feinde füttert.

Und dann fügte er diese Strophe hinzu:

„Was ist los, Dragvendil?
Warum bist Du so langsam geworden?
Nun mußt Du schlagen,
doch Du bist unwillig zu beißen.
Du gibst in diesem Schwert-Treffen nach –
Ist das jemals zuvor geschehen?
Das Knirschen des Metalls besorgt mich –
Ich fürchte, Du wirst zerbrechen!"

Wenn ein besonderes Schwert in der Hand eines Tyr-Helden zu zerbrechen droht, muß der Gegner die Saga-Variante des Loki sein.

Framar entgegnete diese Strophe:

„Nun zittert der Bart des Mannes,
die alte Waffe schwankt.
Sein Schwert läßt ihn im Stich.
Der Vater der Maid fürchtet sich.
Feuchte Deinen Knochen-Zweige an,
damit sie
den mutigen Mann beißen,
wenn Dir das gut erscheint!"

Der „Knochen-Zweig" ist das Schwert: Es ist lang wie ein Zweig und es zerbricht Knochen. Das „Anfeuchten" wird sich auf Blut beziehen.

Ketil sprach:

„Es ist nötig, Schwerter zu befeuchten.
Ich habe selten
den Männern ganz vertraut,
die ihre Angreifer verspotteten.
Beiße nun, Dragvendill,
oder zerbreche an hohem Alter!
Wie beide sind verdammt,
wenn Du diesmal zerbrichst!"

Und da sprach Framar:

„Der Vater der Maid war ängstlich,
während Dragvendill heil war.
Ich weiß, daß er nichts Gewisses mehr weiß:
Sein wertloses Schwert wird zerbrechen!"

Da nahm Ketil sein Schwert in seine Hand und wandte die andere Schneide nach vorn.
Framar stand schweigend da, als das Schwert durch seine Schulter schnitt und nicht innehielt, bevor es nicht seine Hüfte erreicht hatte und dann wieder nach außen gelangte.

Da sprach Framar diese Strophe:

„Ich glaube, daß Forelle,
obwohl es Dragvendill danach verlangte,
nichts erreichen könnte –
wegen Odins Versprechen.
Baldurs Vater hat seine Treue gebrochen;
es ist unsicher, ihm zu vertrauen.
Meine Hände haben nichts erreicht!
Das sehe ich nun."

Dann starb Framar, aber Bodmod schloß sich Ketils Gefolge an.

I 2. e) Tyr und Loki oder Thor und Tyr?

Die Deutung des Franmar ist nicht eindeutig, da sich bei seiner Entstehung verschiedene Mythen vermischt zu haben scheinen.

- Franmar tritt nur im Zusammenhang mit Saga-Varianten des Tyr auf.
- Franmar als Gegner eines Tyr-Helden sollte Loki sein.
- In Franmars Schilderungen treten aber auch viele Symbole des Tyr auf wie das Schwert, der Ring, das Trinkhorn, der Adler, der Adler-Opferplatz, der Schuß auf den Adler usw. Das läßt eher vermuten, daß Franmar eine Saga-Variante des Tyr-Riesen im Jenseits ist, der von Thor getötet wird. Der Held wäre dann nicht Tyr, sondern Thor.
- Als Feind des ehemaligen Göttervaters Tyr ist Loki bei dessen Absetzung durch Thor und Odin deren Verbündeter geworden.
- Thor hat die Rolle des jungen, wiedergeborenen Tyr übernommen.
- Tyr ist mehrfach in den neuen Mythen als sein eigener Gegner dargestellt worden, um den alten Tyr-Mythen ihre Macht zu nehmen: Thor tötet zusammen mit Tyr Tyrs Vater Hymir (der alte Tyr) und zerstört dessen Kult; der Göttervater als Wolfs-Ekstasekrieger Fenrir heißt dem Gott Fenrir die Hand ab (statt daß sie von Loki abgeschlagen wird); Tyr-Geirröd schmiedet aus seinem Schwert den Hammer des Thor. Daher ist es gut möglich, daß auch Atli und Franmar erst nachträglich zu Gegnern umgedeutet worden sind.
- Es ist auch denkbar, daß Atli und Franmar einst eine der vielen Varianten der Alcis-Zwillinge des ehemaligen Göttervaters Tyr gewesen, die auch als seine Diener und Boten aufgefaßt worden sind.

Da es keinerlei Hinweise auf einen Kult des Loki gibt und Franmar mit Tyr-Symbolen verknüpft ist, ist es wahrscheinlich, daß Franmar wie Atli auf die Priester des Tyr und über diese auf die beiden Alcis-Zwillingssöhne des Tyr zurückgeht.

I 4. f) Zusammenfassung

Der Name „Franmar", der auch verkürzt als „Framar" erscheint, bedeutet „Glänzender Ruhm".

Bei der Brautwerbung und dem Kampf im Helgi-Lied spielen die beiden Priester-Magier Atli und Franmar der beiden Könige bzw. Götter die zentrale Rolle.

Tyr und der Priester-Magier Franmar können sich in einen Adler verwandeln. Der Adler wird wie in der Saga über Thorstein-Hausmacht, im Lied über Tyr-Thiazi und wie in dem Wieland-Lied (dort nur vorgetäuscht) getötet. Franmar wird mit dem Schwert, mit dem Ring, mit dem Trinkhorn, mit dem Adler-Opferplatz u.a. Tyr-Symbolen assoziiert.

Es ist daher am wahrscheinlichsten, daß Atli und Franmar ursprünglich die Alcis-Zwillingssöhne des Tyr gewesen sind, die auch rituelle Aufgaben übernommen haben.

In den neuen Mythen, in deren Mittelpunkt Thor und Odin stehen, ist Atli dem Thor, der die Rolle des jungen Tyr übernommen hat, gleichgesetzt worden, und Franmar dem alten Tyr, der in den neuen Mythen von Thor getötet wird.

Für die Deutung des Franmar als eines der beiden Tyr-Söhne in ihrer Funktion als Tyr-Priester statt der Deutung des Franmar als Priester des Loki spricht auch, daß nirgendwo ein Kult des Loki erwähnt wird.

I 3. Fimafeng, der Priester des Tyr-Ägir

Über Fimafeng wird nur in den Zankreden des Loki berichtet.

I 3. a) Der Name „Fimafeng"

Der Name Fimafeng bedeutet „Fünf-Finger". Besondere „fünf Finger" finden sich nur in den Mythen des ehemaligen Göttervaters Tyr, der im Herbst beim Kampf mit Loki seine rechte Hand, d.h. fünf Finger verliert. In den späteren Mythen wurde dies zum Abbeißen von Tyrs Hand durch Fenrir umgedeutet.

Zu dieser Deutung paßt es, daß Fimafeng ein Diener des Ägir ist, der der ehemalige Göttervater Tyr als Riese in der Wasserunterwelt ist.

I 3. b) Lokasenna

Ägir, der mit anderem Namen Gymir hieß, bereitete den Asen ein Gastmahl, nachdem er den großen Kessel erlangt hatte, wie eben gesagt worden ist.

Dieser Kessel wird im Hymir-Lied von Thor dem Tyr-Riesen Hymir geraubt.

Zu diesem Gastmahl kamen Odin und Frigg, sein Weib. Thor kam nicht, denn er war auf der Ostfahrt. Sif war zugegen, Thors Weib, desgleichen Bragi und Idun seine Gemahlin. Auch Tyr war da, der nur eine Hand hatte, denn der Fenriswolf hatte ihm die andre abgebissen, als er gebunden wurde. Da war auch Niörd und Skadi, sein Weib, Freyr und Freyja, und Widar, Odins Sohn. Auch Loki war da und Freyrs Diener Byggwir und Beyla. Da waren noch viele Asen und Alfen.
Ägir hatte zwei Diener, Fimafeng und Eldir.
... ...
Leuchtendes Gold diente statt brennenden Lichtes. Das Ael trug sich selber auf.
Der Ort hatte sehr heiligen Frieden.

Der „sehr heilige Frieden" bedeutet wahrscheinlich, daß es sich um ein rituelles Mahl handelt – Ägirs Halle ist folglich ein Tempel.

Dieser Friede erinnert daran, daß Baldur an einer „Heiligen Stätte" ermordet worden ist.

Alle Gäste rühmten, wie gut Ägirs Leute sie bedienten. Loki, der das nicht hören mochte, erschlug den Fimafeng.

Die Zweizahl „Fimafeng und Eldir" macht es wahrscheinlich, daß beide eine der vielen Varianten der beiden Pferde-Söhne („Alcis") des ehemaligen Göttervaters Tyr sind. Die beiden Tyr-Söhne erscheinen in einigen Sagas auch unter dem Namen „die beiden Grime" als die beiden Diener des Tyr-Gudmund (siehe „Gudmund" in Band 5). Da die beiden auch die Ritual-Trinkhörner des Tyr besitzen, werden sie auch rituelle Aufgaben gehabt haben.

I 3. c) Skaldskaparmal

In Snorri Sturlusons „Lehrbuch der Dichtkunst" wird dieselbe Geschichte erzählt.

„Warum wird Gold 'Ägirs Feuer' genannt? "
„Diese Geschichte hat denselben Inhalt wie die, die wir bereits erzählt haben: Ägir ging nach Asgard zu einem Fest, aber als er wieder heimkehrte, lud er Odin und alle Asen ein, ihn in drei Monaten zu besuchen.
Zuerst kamen Odin und Njörd, Freyr, Tyr, Bragi, Widar und Loki und ebenso die Asinnen Frigg, Freya, Gefjun, Skadi, Idun und Sif. Thor war nicht dort, da er in die östlichen Länder gezogen war, um Trolle zu töten.
Nachdem die Götter ihre Plätze eingenommen hatten, ließ Ägir sofort leuchtendes Gold auf den Fußboden der Halle legen, und dieses Gold strahlte Licht aus und erhellte die Halle wie Feuer. Es wurde dort so als Licht bei dem Festmahl benutzt, wie in Walhalla Schwerter anstelle von Feuern benutzt werden.
Dann wechselte Loki scharfe Worte mit all den Göttern und tötete einen von Ägirs Leibeigenen – den, der 'Fünffinger' genannt wird. Ein anderer seiner Leibeigenen wurde 'Feuer' genannt. "

drei Monate: Das Fest in Asgard ist die Rückkehr des Tyr-Ägir nach dem neun Monate dauernden Winter aus dem Jenseits (die Halle des Ägir im Meer) in das Diesseits (Asgard) – der Beginn der Herrschaft des Tyr und somit der Sommer. Drei Monate später ist die Herrschaft des Tyr und somit auch der Sommer vorüber und Tyr kehrt in das Jenseits zurück, wohin er dann die Asen zu einem Fest einlädt.
Schwerter statt Feuer: Das Gold auf Ägirs Hallenboden ist die nächtliche bzw. winterliche Sonne, d.h. Tyr-Ägir selber, in der Wasserunterwelt. Die Licht-Schwerter in Walhalla sind eine Vervielfältigung des flammenden Sonnenschwertes des Tyr-Surtur. Das Gold in Ägirs Halle könnten sowohl solche „Licht-Schwerter" als auch

der Sonnenschild des Tyr sein.

Fünffinger: Der von Loki getötete 'Fünffinger' ist eine Umdeutung der von Fenrir abgebissenen (bzw. in früheren Versionen von Loki abgeschlagenen) Hand des Tyr, die seinen Tod und die darauf folgende Reise in die Unterwelt symbolisiert. Dieses Ereignis findet nach den drei Sommermonaten im Herbst statt – der Beginn des Winters, während dessen Tyr im Jenseits weilt.

Feuer: Dieser zweite Leibeigene des Tyr verkörpert seine Rückkehr in das Dies-seits, d.h. den Sommer, in dem die Sonne wieder wärmer scheint, d.h. wenn Tyr-Ägir sozusagen sein Feuer wieder entfacht hat. Die beiden Leibeigenen des Tyr-Ägir sind somit seine beiden Hände: Die abgeschlagene/abgebissene (rechte) Hand ist seine bei seinem Tod verlorene Hand und die andere „Feuer-Hand" ist die in der Unterwelt geheilte bzw. nachgewachsene „gute Hand", die im Frühjahr das Sonnenfeuer neu entzündet und die zu dem Tyr-Beinamen „Gudmund" („Gute Hand" oder „Gotteshand") geführt hat.

I 3. d)   Zusammenfassung

Der Name des Dieners des Tyr-Riesen Ägir „Fimafeng" bedeutet „Fünf-Finger".

Dieser Name weist auf die dem Tyr durch Loki abgeschlagene Hand hin – auch dieser Knecht des Tyr-Ägir wird durch Tyr getötet. Die Tötung des Knechtes wird daher eine „Entschärfung" des Motivs der Tötung des Tyr durch Loki in den Mythen vor 500 n.Chr. sein.

Fimafeng könnte sowohl auf einen in die Halle des Tyr-Ägir versetzten Tyr-Pries-ter als auch zusammen mit Eldir auf die beiden Pferde-Söhne des Göttervaters Tyr zurückgehen. Vermutlich haben sich diese beide Möglichkeiten miteinander ver-mischt.

I 4. Eldir, der Priester des Tyr-Ägir

Eldir erscheint zusammen mit Fimafeng als Diener des Tyr-Ägir.

I 4. a) Der Name „Eldir"

Der Name „Eldir" bedeutet „Feuer".

I 4. b) Lokasenna

Dieser Text ist eben schon bei Fimafeng angeführt worden.

Ägir hatte zwei Diener, Fimafeng und Eldir.

Es wäre denkbar, daß Eldir ursprünglich der Priester des Tyr gewesen ist. Zusammen mit Fimafeng wird er jedoch auch auf die beiden Alcis-Söhne des Tyr zurückgehen, die manchmal auch die Rolle von Tyr-Dienern und Tyr-Boten innehatten und deren Tätigkeit manchmal auch rituelle Anklänge hat.

I 4. c) Skaldskaparmal

Dann wechselte Loki scharfe Worte mit all den Göttern und tötete einen von Ägirs Leibeigenen – den, der 'Fünffinger' genannt wird. Ein anderer seiner Leibeigenen wurde 'Feuer' genannt.

I 4. d) Skaldskaparmal

Es gibt nur an einer einzigen weiteren Stelle eine Anspielung auf Eldir:

Ich war dem eifrigen Geber
des klingenden Bettes des Aales der Fiörgyn treu –

31

Ehre dem Sturm der Sprache
des Eldir des Ambosses des Flusses!

Fiörgyn = Erde; Aal der Erde = Schlange (sieht aus wie ein Aal, lebt aber auf dem Land) = Totengeist; Bett des Totengeistes = Grabschatz in der Grabkammer des Hügelgrabes = Gold; der Geber des Goldes = freigiebiger Fürst

Amboß des Flusses = Fels; Eldir („Feuer") = einer der beiden Söhne des Tyr-Ägir (einer der beiden Alcis); Felsen-Eldir = Riese; Sprache der Riesen = Gold; Sturm = Kampf = Zerstörung; Zerstörer des Goldes = freigiebiger Fürst

I 4. f) Zusammenfassung

Der Name des Dieners des Tyr-Riesen Ägir „Eldir" bedeutet „Feuer".

Er könnte sowohl auf einen in die Halle des Tyr-Ägir versetzten Tyr-Priester als auch zusammen mit Fimafeng auf die beiden Pferde-Söhne des Göttervaters Tyr zurückgehen.

I 5.   Thialfi, der Priester des Thor

Sowohl Thialfi als auch seine Schwester Röskwa treten nur zusammen mit Thor auf, weshalb sie sich auch von ihrem Wesen, ihrem Charakter und ihrer Bedeutung her in den Mythen ganz auf Thor beziehen.

I 5. a)   Der Name „Thialfi"

Der Name leitet sich von „thewa-alfar" her und bedeutet „Diener-Elf". Zu dieser Deutung paßt, daß Thialfi in dem Lied „Thorsdrapa" als „Alf" bezeichnet wird. Thialfi ist folglich nach seinem Verhältnis zu Thor benannt worden – er ist „der dem Thor dienende Alf".

Von insgesamt zwölf Runensteinen sind Männer mit dem Namen „Thialfi" bekannt. Es ist offenbar etwas Wünschenswertes gewesen, ein „Diener-Elf" d.h. vermutlich ein „Thors-Diener" zu sein.

Der „Gottes-Diener" ist eine fast weltweit verbreitete Bezeichnung für den Priester, der im Tempel den Kult einer Gottheit leitet (im Gegensatz zu einem Schamanen, Seher oder Zauberer).

I 5. b)   Schildfesselbeschlag vom Illerup Adal

Auf dem Beschlag eines zwischen 200 v.Chr. und 450 n.Chr. geopferten Schildes in dem dänischen See von Illerup Adal findet sich die Inschrift *„laguthewa"*, die so angebracht war, daß der Träger des Schildes sie sehen konnte. Dieser Personenname, der auch von den germanischen Erulern an der unteren Donau bekannt ist, bedeutet „See-Diener": „lagu" = „See"; „thewa" = „Diener".

Dieses „Diener" ist dasselbe Wort wie das „Thi" in dem Namen „Thialfi", dem Priester des Thor.

Daher wird das Wort „Diener" auch schon damals einen Priester bezeichnet haben. Er ist möglicherweise für die Opferungen an dem See zuständig gewesen.

I 5. c) Skaldskaparmal

In diesem Lehrbuch der Skaldenkunst wird durch die Thor-Kenningar lediglich ersichtlich, daß Thialfi und Röskva recht bekannte Gestalten in den nordischen Mythen gewesen sein müssen.

„Welche Umschreibungen soll man benutzen, um den Namen des Thor zu umschreiben?"

„Diese: Man soll ihn Sohn des Odin und der Jörd nennen, ..., Herr des Thialfi und der Röskva, ..."

I 5. d) Gylfis Vision: Thors Mahl bei dem Bauern

Da sprach Gangleri: „ ... ... Der Anfang dieser Erzählung ist nun, daß Ökuthor („Wagen-Thor") ausfuhr mit seinem Wagen und seinen Böcken und mit ihm der Ase, der Loki heißt.

Da kamen sie am Abend zu einem Bauern und fanden da Herberge. Zur Nacht nahm Thor seine Böcke und schlachtete sie; darauf wurden sie abgezogen und in den Kessel getragen. Und als sie gesotten waren, setzte sich Thor mit seinem Gefährten zum Nachtmahl.

Thor bat auch den Bauern, seine Frau und beide Kinder, mit ihm zu speisen. Des Bauern Sohn hieß Thialfi und die Tochter Röskwa. Da legte Thor die Bocksfelle neben den Herd, und sagte, der Bauer und seine Hausleute möchten die Knochen auf die Felle werfen.

Thialfi und Röskva sind zu Beginn der Geschichte einfache Bauernkinder.

Thialfi, des Bauern Sohn, hatte das Schenkelbein des einen Bocks, das schlug er mit seinem Messer entzwei, um zum Mark zu kommen.

Hier geht Thialfi mit einem der Knochen der Ziegenböcke auf eine Weise um, die ihm nicht erlaubt gewesen ist.

Thor blieb die Nacht da und am Morgen stand er vor Tag auf, kleidete sich, nahm den Hammer Miölnir und erhob ihn, die Bocksfelle zu weihen. Da standen die Böcke auf; aber dem einen lahmte das Hinterbein. Thor sah es und sagte, der Bauer oder seine Hausgenossen müßten unvorsichtig mit den Knochen des Bocks umgegangen sein, denn er sehe, das eine Schenkelbein wäre zerbrochen.

Das Nicht-Beschädigen der Knochen von Thors beiden Ziegenböcken ist offenbar ein sinnvolles Tabu gewesen, da die Böcke nur aus den heilen Knochen wieder gesund neu entstehen können.

Es braucht nicht weitläufig erzählt zu werden, da es ein jeder begreifen kann, wie der Bauer erschrecken mochte, als er sah, daß da Thor die Brauen über die Augen sinken ließ, und wie wenig er auch von den Augen noch sah, so meinte er doch, vor der Schärfe des Blicks zu Boden zu fallen.

Thor faßte den Hammerschaft so hart mit den Fingern an, daß die Knöchel davon weiß wurden.

Der Bauer gebärdete sich, wie man denken mag, so, daß alle seine Hausgenossen entsetzlich schrien und alles, was sie hatten, zum Ersatz boten.

Als Thor ihren Schrecken sah, ließ er von seinem Zorn, beruhigte sich und nahm ihre Kinder Thialfi und Röskwa zum Vergleich an: die wurden nun Thors Dienstleute und folgen ihm seitdem überall.

Symbolisch und magisch gesehen besteht die Verbindung zwischen Thor und Thialfi sowie Röskva in den geopferten Ziegenböcken. Es stellt sich daher die Frage, welche Bedeutung diese beiden Ziegenböcke mit den Namen Tanngnjostr („Zähneknisterer") und Tanngrisnir („Zähneknirscher") haben.

Die Wiedergeburt der beiden Böcke aus dem Fell und den Knochen stammt aus dem Bestattungsritual, in dem der Tote in das Fell eines für ihn geopferten männlichen Herdentieres gehüllt wurde, um die Zeugungskraft dieses Herdentieres auf magische Weise auf ihn zu übertragen und dadurch seine Wiederzeugung mit der Jenseitsgöttin in der Unterwelt abzusichern. Diese Göttin nahm dabei die Gestalt des entsprechenden weiblichen Herdentieres an.

Später wurde diese Symbolik auch auf das Opfertier selber übertragen – auch der Eber, der jeden Abend in Walhalla aufs Neue geschlachtet und verspeist wird und dann anschließend neu entsteht, ist ein solches sekundäres Motiv.

Die Diener eines Gottes, die durch ein Bestattungsritual, d.h. eine Jenseitsreise, an diesen Gott gebunden sind, sind offenbar seine Priester.

Der Männername „Thorgisl", der wörtlich „Thor-Geisel" bedeutet, bezeichnet einen Thor-Priester, also einen Mann, der durch einen Eid an den Gott gebunden ist – so wie Thialfi dadurch, daß sein Vater ihn dem Thor als Ausgleich für die Verletzung seines Ziegenbockes gegeben hat, an Thor gebunden ist.

I 5. e) Gylfis Vision: Thor und der Riese Skrymir

Nachdem Thialfi und Röskva zu „Thor-Dienern" geworden waren, zogen sie mit Thor und Loki weiter.

Thor ließ seine Böcke bei dem Bauern zurück und setzte seine Reise ostwärts nach Jötunheim bis an das Meer fort, fuhr dann über die tiefe See und als er die Küste erreichte, stieg er ans Land und mit ihm Loki, Thialfi und Röskwa.

Die Reise nach Osten ist ein häufiges Motiv und stellt in der Regel die Fahrt ins Jenseits in das Reich der Riesen dar. Auch diese Jenseitsreise paßt gut zu der Deutung der beiden Geschwister als der Priesterschaft des Thor.

Als sie eine Weile gegangen waren, kamen sie an einen großen Wald, durch den gingen sie den ganzen Tag bis es dunkel wurde.
Thialfi, aller Männer fußrüstigster, trug Thors Tasche; aber Speisevorrat war nicht leicht zu erlangen.

Die Charakterisierung des Thialfi als „fußrüstigster" erinnert an die Kenningar „Langfuß" und „Schritt-Meili" für den Gott Hönir, der die Priester repräsentiert. Der lange Weg, den die Priester gehen, ist der Weg ins Jenseits und zurück.

Als es dunkel geworden war, suchten sie ein Nachtlager und fanden eine ziemlich geräumige Hütte. An einem Ende war der Eingang so breit wie die Hütte selbst: die wählten sie zum Nachtaufenthalt. Aber um Mitternacht entstand ein starkes Erdbeben, der Boden zitterte unter ihnen und die Hütte schwankte.
Da stand Thor auf und rief seinen Gefährten; sie suchten weiter und fanden in der Mitte der Hütte zur rechten Hand einen Anbau: da gingen sie hinein. Thor setzte sich in die Türe; die anderen hielten sich innerhalb hinter ihm und waren sehr bang. Thor hielt den Hammerschaft in der Hand und gedachte sich zu wehren. Da hörten sie viel Geräusch und Getöse.
Und als der Tag anbrach, ging Thor hinaus und sah da einen Mann nicht weit von ihm im Walde liegen, der war nicht klein; er schlief und schnarchte gewaltig. Da glaubte Thor zu verstehen, welchen Lärm er in der Nacht gehört hatte, und umspannte sich mit den Stärkegürteln. Da wuchs ihm die Asenstärke.
Währenddessen erwachte der Mann und stand hastig auf. Und da wird gesagt, daß Thor dieses eine Mal nicht gewagt habe, mit dem Hammer nach ihm zu schlagen.
Er frug ihn aber nach seinem Namen und er nannte sich Skrymir.

„Skrymir" bedeutet „Angeber".

„Aber ich," sagte er, „brauche Dich nicht nach Deinem Namen zu fragen: Ich weiß, daß Du Asathor bist. Aber wohin hast Du meinen Handschuh geschleppt?"

Da streckte Skrymir den Arm aus und hob seinen Handschuh auf. Nun sah Thor, daß er den in der Nacht zur Herberge gehabt hatte, und der Anbau war der Däumling des Handschuhs gewesen.

Skrymir frug, ob ihn Thor zum Reisegefährten haben wolle, und Thor bejahte es. Da fing Skrymir an, seinen Speisesack zu lösen und gab sich dran, sein Frühstück zu verzehren, und Thor seinerseits tat mit seinen Gefährten ein gleiches.

Skrymir schlug vor, ihren Speisevorrat zusammenzulegen und Thor willigte ein. Da knüpfte Skrymir all ihr Essen in ein Bündel und legte es auf seinen Rücken. Er ging den Tag über voran und stieg große Schritte; am Abend aber suchte er ihnen Nachtherberge unter einer mächtigen Eiche.

Da sprach Skrymir zu Thor, er wolle sich schlafen legen: „Nehmt ihr das Speisebündel und bereitet euch ein Nachtmahl."

Darauf schlief Skrymir ein und schnarchte mächtig und Thor nahm das Speisebündel und wollte es öffnen, und das ist zu berichten, wie unglaublich es dünken möge, daß er keinen Knoten losbrachte: auch nicht einer der zusammengeknüpften Riemen wurde lose.

Und als er sah, daß seine Arbeit nicht fruchtete, wurde er zornig, faßte seinen Hammer Miölnir in beide Hände, schritt mit einem Fuß dahin vor, wo Skrymir lag, und schlug ihn auf das Haupt. Und Skrymir erwachte und frug, ob ihm ein Blatt von dem Baum auf den Kopf gefallen sei? Auch frug er, ob sie jetzt gegessen hätten und bereit wären, sich zur Ruhe zu begeben?

Thor antwortete, sie wollten eben schlafen gehen. Sie gingen unter eine andere Eiche, wagten aber, um die Wahrheit zu sagen, nicht zu schlafen.

Aber um Mitternacht hörte Thor den Skrymir im Schlaf so laut schnarchen, daß der Wald widerhallte. Da stand er auf und ging zu ihm, schwang den Hammer hastig und heftig und schlug ihn mitten auf den Wirbel, so daß er merkte, wie das Hammerende ihm tief ins Haupt sank.

In dem Augenblick erwachte Skrymir und fragte: „Was ist mir? Ist mir eine Eichel auf den Kopf gefallen? Oder was ist mir, Thor?"

Thor trat eilends zurück und antwortete, er sei eben aufgewacht, und fügte hinzu, es sei Mitternacht und also noch Zeit zu schlafen. Da gedachte Thor, wenn er es zuwege brächte, ihm den dritten Schlag zu schlagen, so sollte er ihn niemals wiedersehen. Er legte sich und wartete, bis Skrymir fest eingeschlafen wäre.

Und kurz vor Tag hörte er, daß Skrymir eingeschlafen sein müsse. Da stand er auf und ging zu ihm und schwang den Hammer mit aller Kraft und traf ihn auf die Schläfe, welche nach oben gekehlt war, und der Hammer drang ein bis auf den Schaft.

Da richtete Skrymir sich auf, strich sich die Wange und sprach: „Sitzen Vögel über *mir auf dem Baume? Es kam mir vor, da ich erwachte, als fiele mir von den Ästen irgend ein Abfall auf den Kopf. Wachst Du, Thor? Es wird Zeit sein, aufzustehen und sich anzukleiden, obwohl ihr nun nicht mehr weit habt zu der Burg, die Utgard heißt.*

Ich hörte, wie ihr untereinander sprächet, daß ich kein kleiner Mann sei von Wuchs; aber dort sollt ihr größere Männer sehen, wenn ihr nach Utgard kommt.

Nun will ich euch heilsamen Rat geben: Überhebt euch da nicht zu sehr, denn nicht werden Utgardlokis Hofmänner von solchen Burschen stolze Worte dulden; im anderen Fall wendet lieber um: der Entschluß wird euch besser bekommen.

Wollt ihr aber doch eure Reise fortsetzen, so haltet euch ostwärts; mein Weg geht nun nordwärts nach diesen Bergen, die ihr jetzt werdet sehen können."

Da nahm Skrymir das Speisebündel und warf es auf den Rücken und wandte sich quer hinweg von ihnen in den Wald, und nicht ist gemeldet, daß die Asen gewünscht hätten, ihn gesund wiederzusehen.

I 5. f) Gylfis Vision: Thor und der Riese Utgard-Loki

Die Geschichte fährt nun mit der Begegnung des Thor mit dem Riesen Utgardloki fort:

Thor fuhr nun weiter mit seinen Gefährten und ging fort bis Mittag: da sah er auf einem Felde eine Burg stehen, und mußte den Nacken zurückbiegen, um über sie hinwegzusehen.

Sie gingen hinzu, da war an dem Burgtor ein verschlossenes Gitter. Thor ging an das Gitter und konnte es nicht öffnen, und damit sie in die Burg gelangen mochten, zwängten sie sich zwischen den Stäben hindurch und kamen so hinein. Da sahen sie eine große Halle und gingen hinzu.

Die Türe war offen, sie gingen hinein und sahen da viele Männer auf zwei Bänken, die meisten sehr groß.

Danach kamen sie vor den König Utgardloki und grüßten ihn. Er aber sah säumig nach ihnen, bleckte die Zähne und sprach lächelnd: „Selten hört man von langer Reise Wahres berichten; aber verhält es sich anders, als ich denke: daß dieser kleiner Bursche da Ökuthor sei? Du magst aber wohl mehr sein, als Du scheinst. Aber welche Fertigkeiten sind es, deren ihr Gesellen euch dünkt, kundig zu sein? Niemand darf hier unter uns sein, der sich nicht durch irgendeine Kunst oder Geschicklichkeit vor anderen auszeichnete."

Der Name „Utgardloki" bedeutet „Loki der Riesenwelt" oder „Loki der Außenwelt". Er ist somit ein Loki, der im Jenseits wohnt. Da der Name „Loki" die

Bedeutung „Eingesperrter" hat und Loki ja schon der Begleiter des Thor ist, wird Utgardloki der ehemalige Sonnengott-Göttervater Tyr als Riese im Jenseits sein, der während der neun Wintermonate im Jenseits „eingesperrt" ist. Loki ist hingegen während der drei Sommermonate im Jenseits „eingesperrt".

Auch von den Kelten ist das Motiv gut bekannt, daß sich niemand in den Kreis der Götter gesellen darf, der nicht etwas vermag, was noch keiner der anderen Götter kann. Auch diese Parallele zu den Mythen der den Germanen nah verwandten Kelten weist darauf hin, daß Skrymir, Utgardloki und sein Hof nicht nur einfach ein paar Riesen sind, sondern daß sie Götter im Jenseits sind. Dies würde auch erklären, daß Thor derart machtlos gegen sie ist.

Da sprach Loki, welcher der hinterste war: „Eine Kunst verstehe ich, die ich bereit bin, zu zeigen: Keiner soll hier innen sein, der seine Speise hurtiger aufessen möge als ich."

Da versetzte Utgardloki: „Das ist wohl eine Kunst, wenn Du sie verstehst, und das wollen wir nun versuchen. Da rief er nach den Bänken hin, daß einer, Logi geheißen, auf den Estrich vortrete, sich gegen Loki zu versuchen."

Logi ist der germanische Gott des Feuers.

Da wurde ein Trog genommen und auf den Boden der Halle gesetzt und mit Fleisch gefüllt: Loki setzte sich an das eine Ende und Logi an das andere, und jeder aß aufs hurtigste, bis sie sich in der Mitte des Trogs begegneten. Da hatte Loki alles Fleisch von den Knochen abgegessen, aber Logi hatte alles Fleisch mitsamt den Knochen verzehrt und den Trog dazu. Da fanden alle, daß Loki das Spiel verloren habe.

Da frug Utgardloki, auf welche Kunst jener junge Mann sich verstände.

Da sagte Thialfi, er wolle versuchen, mit einem jeden um die Wette zu laufen, den Utgardloki dazu ausersehe.

Utgardloki sagte, das sei eine gute Kunst; er müsse aber sehr geübt zu sein glauben in der Hurtigkeit, wenn er in dieser Kunst zu siegen hoffe, und der Versuch sollte nun sogleich vor sich gehen.

Die Schnelligkeit im Laufen des Thialfi könnte eine Weiterentwicklung aus den Jenseitsreisen der Priester sein. Diese Deutung läßt sich zwar nicht aus dem Laufen alleine schließen, aber sie paßt als Ergänzung gut zu den bisherigen Deutungen des Thialfi.

Da stand Utgardloki auf und ging hinaus, wo eine gute Rennbahn auf ebenem Felde war. Utgardloki rief nun einen jungen Burschen herbei, der sich Hugi nannte, und gebot ihm, mit Thialfi um die Wette zu laufen. Da begannen sie den ersten Lauf, und

*Hugi war so weit voraus, daß er am Ende der Bahn sich umwandte dem Thialfi ent-
gegen.*

*Da sagte Utgardloki: „Du mußt Dich besser ausstrecken, Thialfi, wenn Du das
Spiel gewinnen willst; aber doch ist es wahr, daß noch keiner hierher gekommen ist,
der mir fußfertiger schien."*

*Sie begannen nun den zweiten Lauf, und als Hugi ans Ende der Bahn kam und sich
umwandte, war Thialfi noch einen guten Pfeilschuß zurück.*

*Da sagte Utgardloki: „Das dünkt mich gut gelaufen; aber ich glaube nun kaum
mehr, daß er das Spiel gewinnen wird; das wird sich nun zeigen, wenn sie den dritten
Lauf rennen."*

*Da nahmen sie nochmals ein Ziel und als Hugi ans Ende der Bahn gekommen war
und sich umkehrte, war Thialfi noch nicht in die Mitte der Bahn gekommen. Da sagten alle, sie hätten sich in diesem Spiele nun genug versucht.*

*Da fragte Utgardloki den Thor, welche Kunst das sei, worin er sich vor ihnen her-
vortun wolle, nachdem die Leute von seinen Großtaten so viel Rühmens gemacht hätten.*

*Da antwortete Thor, am liebsten wolle er sich im Trinken messen – mit wem es auch
sei.*

Utgardloki sagte, das möge wohl geschehen.

*Er ging in die Halle, rief seinen Schenken und befahl ihm, das Horn zu bringen,
woraus seine Hofleute zu trinken pflegten. Bald darauf kam der Mundschenk mit dem
Horn und gab es dem Thor in die Hand.*

*Da sprach Utgardloki: „Aus diesem Horn scheint uns wohl getrunken, wenn es auf
einen Trunk leer wird; einige trinken es auf den zweiten aus, aber keiner ist ein so
schlechter Trinker, der es nicht in dreien leerte."*

*Thor sah sich das Horn an: es schien ihm nicht zu groß, obwohl ziemlich lang; er
war aber auch sehr durstig. Er fing an, zu trinken und schlang gewaltig und glaubte
nicht nötig zu haben, öfter abzusetzen und ins Horn zu sehen. Als ihm aber der Atem
ausging, setzte er das Horn ab und sah zu, wie viel Trank noch übrig sei. Da schien
es ihm ein sehr kleiner Betrag, um den das Horn jetzt leerer sei denn zuvor.*

*Da sprach Utgardloki: „Es ist wohl getrunken; aber doch nicht gar viel: ich hätte
es nicht geglaubt, wenn mir gesagt worden wäre, daß Asathor nicht besser trinken
könne. Ich weiß aber, Du wirst es beim zweiten Zug austrinken."*

*Thor antwortete nichts, sondern setzte das Horn an den Mund und dachte nun einen
größeren Trunk zu tun, und bemühte sich, zu trinken, so lang ihm der Atem vorhielt,
sah aber doch, daß das Ende des Horns nicht so hoch hinauf wollte als er gewünscht
hätte. Und als er das Horn vom Munde nahm, schien es ihm, als wenn nun noch weniger abgegangen war als das erste Mal; doch konnte man das Horn nun tragen ohne
etwas zu verschütten.*

Da sprach Utgardloki: „Wie nun, Thor? Willst Du Dich immer sparen, einen Trunk mehr zu tun als Dir gut ist? Nun scheint mir, wenn Du mit dem dritten Trunk das Horn leeren willst, so muß dieser Zug der größte sein. Du wirst aber hier bei uns kein so großer Mann heißen können als wofür Du bei den Asen giltst, wenn Du in anderen Spielen nicht mehr leistest, als Du mir in diesem zu vermögen scheinst."

Da wurde Thor zornig, setzte das Horn an den Mund und trank aus allen Kräften und so lang er trinken mochte und als er ins Horn sah, war doch nun mehr als zuvor ein Abgang bemerklich. Da gab er das Horn zurück und wollte nicht mehr trinken.

Da sprach Utgardloki: „Es ist nun offenbar, daß Deine Macht nicht so groß ist, wie wir dachten. Denn man sieht nun, daß Du hierin nichts vermagst."

Thor antwortete: „Ich will mich noch in anderen Spielen versuchen; aber wunderlich wurde es mich dünken, wenn ich daheim bei den Asen wäre und solche Trünke würden für klein geachtet. Doch welches Spiel wollt ihr mir nun anbieten?"

Da sprach Utgardloki: „Junge Burschen pflegen hier, was wenig zu bedeuten scheint, meine Katze dort von der Erde aufzuheben, und nicht würde ich gedenken, solches dem Asathor zuzumuten, wenn ich nicht zuvor gesehen hätte, daß Du viel weniger vermagst, als ich dachte."

Alsbald lief eine graue, ziemlich große Katze über den Estrich der Halle, Thor ging hinzu, faßte sie mit der Hand mitten unterm Bauche und lupfte an ihr, und die Katze krümmte den Rücken als Thor an ihr hob, und als Thor sie so hoch emporzog wie er immer vermochte, ließ die Katze mit dem einen Fuß von der Erde: weiter brachte es Thor nicht in diesem Spiel.

Da sprach Utgardloki: „Es ging mit diesem Spiel wie ich erwartete: die Katze ist ziemlich groß und Thor klein und kurz neben den großen Männern, die hier bei uns sind."

Da sprach Thor: „So klein ihr mich nennt, so komme nun her, wer da wolle und ringe mit mir: nun bin ich zornig."

Da antwortete Utgardloki, indem er nach den Bänken sah, und sprach: „Mitnichten sehe ich den Mann hier innen, den es nicht ein Kinderspiel dünken würde, mit Dir zu ringen. Aber laßt sehen, fuhr er fort, die alte Frau ruft mir herbei, meine Amme Elli: mit der mag Thor ringen, wenn er will. Sie hat schon Männer niedergeworfen, die mir nicht schwächer schienen als Thor."

Alsbald kam eine alte Frau in die Halle: zu der sprach Utgardloki, sie solle sich mit Asathor messen. Wir wollen den Bericht nicht längen; der Kampf lief so ab: je stärker Thor sich anstrengte, je fester stand sie. Nun fing die Frau an, ihm ein Bein zu stellen, Thor wurde mit einem Fuße los und ein harter Kampf folgte; aber nicht lange währte es, so war Thor auf ein Knie gefallen. Da ging Utgardloki hinzu und gebot ihnen, den Kampf einzustellen.

Er fügte hinzu, Thor habe nun nicht nötig, noch andere an seinem Hof zum Kampf zu fordern. „Es ist auch bald Nacht."

Da wies Utgardloki den Thor und seine Gefährten zu den Sitzen, und sie brachten *da die Nacht bei guter Aufnahme zu.*

Am Morgen darauf, als es Tag wurde, stand Thor mit seinen Gefährten auf, sie kleideten sich und waren bereit, fortzuziehen. Da kam Utgardloki und ließ ihnen einen Tisch vorsetzen; es fehlte nicht an guter Bewirtung, Speis und Trank. Und als sie gegessen hatten, beeilten sie ihre Fahrt.

Utgardloki begleitete sie hinaus bis vor die Burg und beim Abschied sprach er zu Thor und frug, wie er mit seiner Reise zufrieden sei und ob er einen Mächtigern, denn er selber sei, getroffen habe.

Thor antwortete, er könne nicht sagen, daß die Begegnung mit ihnen nicht sehr zu seiner Unehre gereicht habe, „aber wohl weiß ich, daß ihr mich für einen gar unbedeutenden Mann halten werdet, womit ich übel zufrieden bin. "

Da sprach Utgardloki: „Nun will ich Dir die Wahrheit sagen, da Du wieder aus der Burg gekommen bist, in die Du, so lang ich lebe und zu befehlen habe, nicht noch öfter kommen sollst. Und ich weiß auch wahrlich, daß Du niemals hinein gekommen wärest, wenn ich vorher gewußt hätte, daß Du so große Kraft besäßest, womit Du uns beinahe in großes Unglück gebracht hättest.

Aber ich habe Dir ein Blendwerk vorgemacht, denn das erstemal, als ich Dich im Walde fand, war ich es, der mit euch zusammen traf, und als Du das Speisebündel lösen solltest, da hatte ich es mit Eisenbändern zugeschnürt, und Du fandest nicht, wo Du es öffnen solltest.

Und danach gabst Du mir mit dem Hammer drei Schläge. Der erste war der geringste und war doch so stark, daß er mein Tod geworden wäre, wenn er getroffen hätte. Aber Du sahst bei meiner Halle einen Felsstock und sahst oben darin drei viereckige Täler und eines war das tiefste: das waren die Spuren Deiner Hammerschläge. Den Felsstock hielt ich vor Deine Hiebe; aber Du sahst es nicht.

So war es auch mit den Spielen, worin ihr euch mit meinen Hofleuten maßet. Das erste war das, worin sich Loki versuchte: er war sehr hungrig und aß stark; aber der, welcher Logi hieß, war das Wildfeuer und verbrannte das Fleisch und den Trog zugleich.

Und als Thialfi mit dem um die Wette lief, der Hugi hieß, das war mein Gedanke und nicht war's zu erwarten, daß Thialfi es mit dessen Geschwindigkeit aufnehmen könne.

Und als Du aus dem Horne trankst und es Dir langsam abzunehmen schien, da geschah fürwahr ein Wunder, das ich nicht für möglich gehalten hätte: das andere Ende des Hornes lag außen im Meere, das sahst Du nicht; wenn Du aber jetzt zum Meere kommst, so wirst Du sehen können, welche große Abnahme Du hinein getrunken hast: das nennt man nun Ebbe. "

Ferner sprach er: „Das dünkte mich nicht weniger wert, als Du die Katze lupftest, und um Dir die Wahrheit zu sagen, es erschraken alle, die es sahen, als Du ihr einen Fuß von der Erde hobst, denn die Katze war nicht, was sie Dir schien: es war die

Midgardschlange, die um alle Lande liegt, und kaum war sie noch lang genug, daß Schweif und Haupt die Erde berührten, denn so hoch strecktest Du den Arm auf, daß nicht weit zum Himmel war.

Ein großes Wunder war es auch um den Ringkampf, den Du mit Elli rangst, da keiner jemals ward noch werden wird, den nicht, wenn er so alt wird, daß Elli ihn erreicht, das Alter zu Fall brächte.

Nun aber ist die Wahrheit, daß wir scheiden sollen, und es wird uns beiderseits besser sein, wenn ihr nicht öfter kommt mich zu besuchen; ich werde aber auch ein andermal meine Burg mit solchen und anderen Täuschungen schirmen, daß ihr keine Gewalt über mich erlangt."

Und als Thor diese Rede hörte, griff er nach seinem Hammer und hob ihn in die Luft; als er aber zuschlagen wollte, sah er Utgardloki nirgends mehr. Er wandte sich zurück nach der Burg und gedachte sie zu brechen: da sah er weite und schöne Felder vor sich, aber keine Burg.

Da kehrte er um und zog seines Weges bis er wieder nach Thrudwang kam. Und das ist die Wahrheit, daß er sich vorsetzte, zu versuchen, ob er mit der Midgardschlange nicht zusammentreffen möchte, was seitdem geschah.

Nun glaube ich, daß Dir niemand Genaueres von dieser Fahrt Thors sagen könne.

I 5. g) Skaldskaparmal: Thors Kampf mit dem Riesen Hrungnir

In dieser Erzählung über Thors Abenteuer hat Thialfi eine kleine, aber sehr aktive Rolle.

Thor war nach Osten gezogen, Unholde zu töten.
Odin ritt auf Sleipnir gen Jötunheim und kam zu dem Riesen, der Hrungnir hieß.

„Hrungnir" bedeutet „Lärmer" – ein typischer Riesen-Namen.

Das „Hrungnir-Herz" war ein beliebtes Symbol auf den Runensteinen. Es stellt vermutlich die Seele im Herzen dar. Dieses Symbol bestand aus drei ineinander verschlungenen Dreiecken, was auf die Sonne, den Sonnenzyklus und evtl. auch auf die drei Nornen hinweist.

Da die Riesen im Allgemeinen die Elterngeneration der Asen sind, läßt dieses Symbol läßt vermuten, daß Hrungnir einst ein wichtiger Gott gewesen sein muß, denn sonst hätte sein Herz kaum das allgemeine Symbol für die Seele werden können. die Vermutung liegt nahe, daß sich Hrungnir aus dem Göttervater Tyr im Jenseits entwickelt hat.

Da frug Hrungnir, welchen Mann er da sehe mit dem Goldhelm, der Luft und Wasser reite? Er sagte auch, er reite ein sehr gutes Roß.

Da sagte Odin, er wolle sein Haupt verwetten, daß kein so gutes Roß in Jötunheim sei.

Hrungnir sagte, jenes Roß möge gut sein; aber sein eigenes Roß, das Gullfaxi heiße, mache viel weitere Sprünge. Hrungnir wurde zornig, sprang auf sein Roß und setzte Odin nach und gedachte, ihm seine Prahlerei zu lohnen.

Odin ritt so schnell, daß er eine gute Strecke voraus war; aber Hrungnir war in so großem Jotenzorn, daß er nicht merkte, als er schon innerhalb der Asenmauer war.

Als er nun an das Tor der Halle kam, luden ihn die Asen zum Trinkgelage. Er trat in die Halle und begehrte einen Trunk. Sie nahmen die beiden Schalen, aus welchen Thor zu trinken pflegte, und Hrungnir leerte sie beide.

Diese beide „Schalen" entsprechen vermutlich den beiden Goldhörnern von Gallehus.

Und als er trunken wurde, ließ er das Großsprechen nicht; er sagte, er wolle Walhall nehmen und nach Jötunheim bringen, Asgard versenken und alle Götter töten außer Freyja und Sif, die wolle er mit sich heimführen. Als Freyja ihm darauf einschenkte, drohte er, den Asen all ihr Ael auszutrinken.

Als aber die Asen sein Großsprechen verdroß, nannten sie Thors Namen: alsbald kam Thor in die Halle und schwang den Hammer und fragte zornig, wer schuld sei, daß hundweise Jötune da trinken dürften, oder dem Hrungnir erlaubt habe, in Walhall zu sein und warum ihm Freyja einschenke wie bei den Gelagen der Asen?

Da antwortete Hrungnir und sagte, indem er mit unfreundlichen Augen auf Thor blickte, Odin habe ihn zum Trinkgelage gebeten und er sei in dessen Frieden.

Da sagte Thor, der Einladung solle den Hrungnir gereuen, ehe er hinauskomme. Hrungnir entgegnete, Asathor werde wenig Ehre davon haben, wenn er ihn unbewaffnet töte; mehr Mut verrate er, wenn er es wage, an der Ländergrenze bei Griotunagardar mit ihm zu kämpfen.

„Griotunagardar" bedeutet „Geröllfeld-Grenze". Dies klingt ganz nach einem Teil des felsigen Riesen-Landes Utgard.

„Es war große Unklugheit", sagte er, „daß ich Schild und Schleifstein daheim ließ. Wenn ich meine Waffen hier hätte, wollten wir gleich einen Holmgang versuchen; da dies aber nicht der Fall ist, so beschuldige ich Dich einer Schandtat, so Du mich wehrlos töten willst."

Thor wollte sich der Annahme des Zweikampfes keineswegs entziehen, da er dazu aufgefordert wurde, was ihm nie zuvor begegnet war.

Ein Schleifstein als Waffe ist recht auffällig. Der einzige andere Schleifstein, der in den germanischen Mythen eine Rolle spielt, ist der, den Odin auf seiner Reise in das Hügelgrab-Jenseits der Riesen-Tochter Gunnlöd, von der er den Göttermet rauben will, mit sich trägt. Mit ihm überlistete er neun Knechte mit Sensen, indem er ihnen mit dem Schleifstein die Sensen schärfte und dann den Stein emporwarf, sodaß sich die neun Knechte im Streit um den Stein gegenseitig töteten.

Man kann zumindestens vermuten, daß der Schleifstein, die Sensen und die Neunzahl der Knechte auf ein Ernte-Motiv hinweisen, in dem das Sensen des Getreides dem Tod der Menschen gleichgesetzt worden ist.

Möglicherweise hatte auch der Riese Hrungnir eine Verbindung zu dem Gleichnis zwischen der Getreideernte und dem Tod.

Die Kombination der Motive von Odin, Schleifstein und den neun Ernteknecht-Riesen wäre dann ein Vorläufer der Kombination der Motive von Thor, Schleifstein und dem Riesen Hrungnir. Die zweite dieser beiden Motiv-Kombinationen wird aus der ersten entstanden sein, als Thor in Island allmählich von seinem Vater Odin die Position des wichtigsten Gottes übernahm.

Da fuhr Hrungnir seines Weges und sputete sich aus aller Macht bis er gen Jötunheim kam.

Da machte seine Fahrt großes Aufsehen bei den Jötunen, und ebenso, daß es zwischen ihm und Thor zur Verabredung des Zweikampfs gekommen war. Die Jötune hielten es für überaus wichtig, wer den Sieg erhielte, denn sie fürchteten das Schlimmste von Thor, wenn Hrungnir bliebe, denn er war der Stärkste unter ihnen.

Die Beschreibung des Hrungnir als des stärksten aller Riesen paßt zu seiner Deutung als „Göttervater im Jenseits".

Da machten sie auf Griotunagardar einen Mann von Lehm, der neun Rasten hoch war und drei breit unter den Armen.

Sie fanden aber kein Herz, das so groß war, als sich für ihn ziemte, bis sie das einer Stute nahmen, welches sich ihm jedoch nicht haltbar erwies, als Thor kam.

Der Lehmriese ist selbst für Riesenverhältnis sehr groß, da eine Raste drei römische Meilen, d.h. ca. 9km lang ist. Der Lehmriese ist folglich rund 81km hoch und hat eine Brustbreite von 27km. Dies dürfte abgesehen von dem Urriesen Ymir, aus dem die Asen die gesamte Welt erschufen, der größte aller Riesen sein, von dem in den germanischen Mythen und Sagas berichtet wird.

Wichtiger als diese gewaltige Größe des Riesen sind vermutlich die beiden Zahlen, die seine Größe angeben, denn die „3" ist ein „Adjektiv" mit der Bedeutung „Sonnenzyklus" und die „9" ist ein Adjektiv mit der Bedeutung „zum Jenseits gehörend".

45

Daraus läßt sich schließen, daß dieser Riese ursprünglich etwas mit der Sonne und mit dem Jenseits zu tun hatte.

Der Urriese Ymir als der zeitlich gesehen „erste Riese" ist oft mit Jenseits-Riesen Tyr als dem rangmäßig „ersten Riesen" gleichgesetzt worden.

Schließlich hat Thor bei der Absetzung des ehemaligen Sonnengott-Göttervaters Tyr um 500 n.Chr. den alten, am Abend sterbenden Tyr als Riese getötet und das Motiv des jungen, wiedergeborenen Tyr in die eigenen Mythen eingebaut.

Der Lehmriese ist somit eine zweite Version des Tyr-Riesen, die sich aus Tyrs Gleichsetzung mit Ymir ergeben hat.

Diese Gleichsetzung hat auch die Verbreitung des Motivs der Tötung des Tyr-Riesen durch Thor erleichtert, da auch Ymir von den Asen getötet worden ist.

In der Hrungnir-Mythe wird also letztlich über die Absetzung des ehemaligen Göttervaters Tyr durch Thor und Odin berichtet. Dieses Thema ist auch die Grundlage vieler anderer Thor-Mythen, in denen er die Tyr-Riesen Thiazi, Geirröd, Thrym, Thrivaldi, Leikn, den Riesenbaumeister usw. tötet.

Hrungnir selbst hatte bekanntlich ein Herz von hartem Stein, scharfkantig und dreiseitig, wie man seitdem das Runenzeichen zu schneiden pflegt, das man Hrungnirs Herz nennt.

Das Steinherz des Hrungnir könnte evtl. die Dauerhaftigkeit dieses Herzens symbolisieren.

Sehr wahrscheinlich ist es mit dem Triskelis („Dreibein") verwandt, das für die Kelten, die Griechen und einige andere West-Indogermanen ein wichtiges Sonnensymbol war und deren Ursprung sich bis zu den frühen Ackerbauern in Mesopotamien um 7.000 v.Chr. zurückverfolgen läßt.

Dieses „Dreibein" stellt den Lauf der Sonne als Wanderer über den Himmel dar. Ein ihm verwandtes „Dreibein" ist das dreibeinige Pferd der Hel.

Das Pferd bzw. der Streitwagen, unter dem sich das Dreibein sehr oft befindet, ist vermutlich der Streitwagen des Sonnengottes bzw. des Göttervaters.

Das Hrungnir-Herz ist das Herz des ehemaligen Sonnengott-Göttervaters – es ist die Sonne selber und es ist auch mit dem magischen goldenen Ring des Tyr-Andvari („Andvarinaut") und des Odin („Draupnir") sowie dem goldenen Halsreif der Freya („Brisingamen") identisch.

Hrungnir-Herz und Triskelis			
	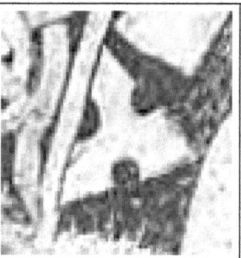		
Hrungnir-Herz; Runenstein von Uppsala	*spitze Form eines Hrungnir-Herzens; Runenstein von Stenkyrka*	*Hrungnir-Herz aus drei Met-Hörnern; Runenstein von Snoldelev*	*ein Adler bringt das Hrungnir-Herz bei einer Einweihung; Runenstein von Bunge*
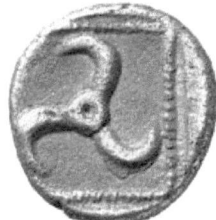			
Triskelis Griechen	*Triskelis als Dreibein unter einem Vierspänner Griechen*	*Triskelis unter einem Pferd Kelten*	*Triskelis unter einem Streitwagen Kelten*

Auch sein Haupt war von Stein, von Stein auch sein breiter, dicker Schild, und diesen Schild hielt er vor sich, als er auf Griotunagardar stand und Thors wartete. Seine Waffe war ein Schleifstein, den er über die Achsel nahm, und nicht mild war er anzuschauen.

Ihm zur Seite stand der Lehmriese, der Möckrkalfi hieß. Er war aber sehr furchtsam, und man sagt, daß er Wasser ließ, als er Thor sah.

Der Name „Möckrkalfi" setzt sich aus „möckr" und „kalfi" zusammen. Das erste der beiden Worte leitet sich von germanisch „mukkä" für „Brocken", „Haufen" oder „plumper Mensch" ab. Das zweite Wort ist wahrscheinlich eine Variante des germanischen „kalbaz" für „Kalb" – dies Wort ist sozusagen die Zwischenform zwischen dem germanischen „kalbaz" und dem englischen „calf".

Der Name „Mökkurkalfi" ist somit eher ein Spottname, den die Asen diesem Riesen gegeben haben, als eine Benennung durch die Riesen selber. Man könnte ihn in etwa mit „plumpes Kalb" übersetzen.

Da dieser Riese der dem Tyr gleichgesetzte Urriese Ymir ist, könnte sich seine Bezeichnung als „Kalb" auch drauf beziehen, daß er von der Urkuh Audhumbla gesäugt worden und daher vermutlich deren Kind, also deren „Kalb" gewesen ist.

Thor fuhr zum Holmgang und mit ihm Thialfi.

Da lief Thialfi voraus, dahin, wo Hrungnir stand, und sprach zu ihm: „Du stehst übel behütet, Jötun: zwar hast Du den Schild vor Dir; aber Thor hat Dich gesehen, er fährt niederhalb in die Erde und wird von unten an Dich kommen."

Darauf warf sich Hrungnir den Schild unter die Füße und stand darauf; die Steinwaffe aber faßte er mit beiden Händen.

Thialfis List klingt recht seltsam und es ist verwunderlich, daß Hrungnir sie dem Diener seines Gegners auch noch glaubt: Thor soll angeblich aus der Erde heraus und nicht frontal von vorne kommen, wie es eigentlich seine Art ist. Es sollte demnach eine Gottheit gegeben haben, die üblicherweise „aus der Erde heraus" kommt und die zudem noch eine Verbindung zu einem Schild hat, da Hrungnir diesen unter sich legt. Dies ist der Sonnengott-Göttervater Tyr, der am Morgen als Sonnenscheibe am östlichen Horizont wie „aus der Erde heraus" aufsteigt.

Diese Deutung paßt gut zu der Vermutung, daß es sich bei Hrungnir um eine der vielen Umdeutungen des ehemaligen Sonnengott-Göttervaters handelt. Das Versinken des Sonnen-Schildes „in der Erde" abends am westlichen Horizont wird daher zu dem Tod des Riesen Hrungnir geworden sein. Diese Umdeutung wurde dadurch erleichtert, daß der Sonnengott im Jenseits zu einem Sonnen-Riese wurde, da die Riesen zum einen die Väter der Asen und zum anderen die Wesen des Jenseits sind.

Beide Merkmale zusammen ergeben den Sonnengott, der am Abend stirbt, in das Jenseits eingeht, sich dort mit der Göttin bei der Wiederzeugung vereint und dann am Morgen als sein eigener Sohn wiedergeboren wird.

Eine letzte Bestätigung für diese Deutung ist die Bewaffnung und ähnliche Merkmale der Riesen, die sich aus dem Gott Tyr heraus gebildet haben, da nur diese Riesen von der sonst üblichen „Fels-Szenerie" abweichen:

Waffen und ähnliches einiger „Tyr-Riesen"		
Riese	*Waffen u.ä.*	*Herkunft der Waffe o.ä.*
Hrungnir	Schild	Sonnenschild
	Wetzstein	Wetzstein des Odin (Ernte?)
	Hrungnir-Herz	Sonne, Seelensymbol
Surtur	flammendes Sonnen-Schwert	Schwert des Tyr
Hymir	Met-Kessel	Göttermet
Hraesvelgr	Adler-Gestalt	Seelenvogel des Göttervaters
Thiazi	Adler-Gestalt	Seelenvogel des Göttervaters

Vermutlich ist der Schleifstein als Waffe des Hrungnir ein weiterer Spott, da Tyrs Waffe eigentlich das Schwert ist, das mit einem Schleifstein geschärft wird.

Darauf vernahm er Blitze und hörte starke Donnerschläge und sah nun Thor im Asenzorn, der gewaltig heranfuhr, den Hammer schwang und ihn aus der Ferne nach Hrungnir warf.
Hrungnir hob die Steinwaffe mit beiden Händen und hielt sie ihm entgegen: da traf sie der Hammer im Fluge und der Schleifstein brach entzwei: der eine Teil fiel zur Erde, und davon sind alle Wetzsteinfelsen gekommen; der andere fuhr in Thors Haupt, so daß er vor sich auf die Erde stürzte.

Der Splitter des Schleifsteines in Thors Haupt wird eine Verharmlosung seines Todes, d.h. einer Jenseitsreise sein. Sie ist vermutlich aus der Umdeutung der Jenseitsreise des Sonnengott-Göttervaters entstanden. Der Steinsplitter in Thors Kopf bildet eine Parallele zu der Verletzung von Thors Ziegenbock.

Der Hammer Miölnir aber traf den Hrungnir mitten auf das Haupt und zerschmetterte ihm den Schädel in kleine Stücke. Er selbst fiel vorwärts über Thor, so daß sein Fuß auf Thors Hals lag.
Thialfi aber griff Möckrkalfi an, der mit geringem Ruhm fiel.

Es ist auffällig, daß der Thor-Diener Thialfi den Lehmriesen erschlägt und nicht der Donnergott selber.
Vermutlich wollten die Priester des Thor durch diese Szene in der von ihnen neu erdachten Mythe ihren eigenen Anteil an der Absetzung des Tyr hervorheben – schließlich waren es die Priester des Thor und des Odin, die diese beiden Götter an die Stelle

des ehemaligen nordgermanischen Göttervaters Tyr gesetzt haben.

Und das Eigenlob gehörte zu den stets gut gepflegten Tugenden der Germanen …

Darauf ging Thialfi zu Thor und wollte Hrungnirs Fuß von ihm nehmen, hatte aber nicht die Macht dazu.

Da gingen die Asen alle hinzu, als sie von Thors Fall hörten, und wollten den Fuß von ihm nehmen, brachten es aber auch nicht zuwege.

Da kam Magni herbei, der Sohn Thors und Jarnsaxas, der erst drei Winter alt war, der warf Hrungnirs Fuß von Thor und sprach: „Schmach und Schande, Vater! daß ich so spät kam. Ich glaube, ich hätte diesen Riesen mit der Faust zur Hel gesandt, wär ich mit ihm zusammengetroffen."

Weder Thialfi noch die Asen selber sind in der Lage, den toten Hrungnir fortzuheben und dadurch Thor zu befreien. Erst Thors Sohn, d.h. der wiedergeborene Thor, kann den Donnergott wieder befreien.

Dieser Fortgang der Mythe entspricht ganz dem Ablauf der Jenseitsreise, bei der nicht derjenige zurückkehrt, der ins Jenseits gereist ist, sondern dessen Sohn, d.h. der von der Göttin wiedergeborene Jenseitsreisende.

Auch diese Szene ist im Sinne der allgemeinen Dynamik des Thor in den Bereich der Körperkraft übertragen worden.

Da stand Thor auf und empfing seinen Sohn wohl und sagte, er würde ein tüchtiger Mann werden, „auch will ich Dir," sagte er, „das Roß Gullfaxi geben, das Hrungnir besaß."

Da hub Odin an und sagte, Thor habe übel getan, daß er dies gute Pferd dem Sohne einer Riesenfrau gegeben habe, und nicht seinem Vater.

Da Thor in dieser Erzählung die Position des Odin als oberster Gottheit übernimmt, ist es kein Wunder, daß der nun ehemals wichtigste Gott Odin ein wenig eifersüchtig wird …

In dieser Mythe ist die endlose Wiedergeburt des immer gleichen Sonnengott-Göttervaters Tyr in eine Folge von Göttervätern umgedeutet worden: Tyr – Odin – Thor – Magni.

I 5. h) Skaldskaparmal

In dieser Erzählung erscheinen nur Thor und Loki, aber ursprünglich ist auch Thialfi dabeigewesen, um die Dreiheit vollständig zu machen. Diese frühere Variante wird anschließend an diesen Bericht aus der Edda geschildert.

Es verdient gar sehr erzählt zu werden, wie Thor nach Geirrödsgard fuhr, denn da hatte er weder den Hammer Miölnir, noch den Stärkegürtel, noch die Eisenhandschuhe bei sich, woran Loki schuld war, der ihn begleitete.

Der Name des Riesen „Geirröd" bedeutet „Speer-Rad", womit ein Schild gemeint ist. „Geirrödsgard" ist der „Gard", also der bewachte Bereich („Garten"; englisch: „to guard") des Riesen Geirröd, also seine Wohnstatt. Damit wird seine Höhle in Utgard gemeint sein, d.h. die Grabkammer in seinem Hügelgrab, in dem er liegt.

Denn dem Loki war es einstmals begegnet, als er zu seiner Kurzweil mit Friggs Falkenhemd ausflog, daß er aus Neugierde nach Geirrödsgard flog, wo er eine große Halle sah. Da ließ er sich nieder und sah ins Fenster. Aber Geirröd erblickte ihn und befahl, den Vogel zu greifen und ihm zu bringen. Der Ausgesandte gelangte mit Not die Hallenwand hinan, so hoch war sie. Loki ergötzte sich daran, wie jener ihm so mühsam nachstrebte, und dachte, es sei noch früh genug für ihn, aufzufliegen, wenn der Mann das Beschwerlichste überstanden habe. Als dieser nun nach ihm langte, da schlug er die Flügel und spreizte die Füße; aber diese hingen fest. Da wurde Loki ergriffen und dem Riesen Geirröd gebracht.

Das Motiv, des Festklebens des Loki an einem Gegenstand, der dadurch in die Macht eines Riesen gerät, findet sich auch in der Thialfi-Mythe. Dort schlägt Loki mit einem Stock nach dem Adler, in dessen Gestalt der Riese einen Anteil an dem Opfer-Stier der drei Asen Odin, Hönir und Loki verlangt. Dieser Stock bleibt jedoch an dem Adler haften und Lokis Hände bleiben an dem Stock kleben. Daraufhin schleift der Adler-Riese Thialfi den Loki solange über den Boden, bis dieser einwilligt, ihm Idun auszuliefern.

Auch in der Geirröd-Mythe wird Loki auf diese Weise gefangen und willigt schließlich ein, dem Geirrröd den waffenlosen Thor auszuliefern.

In beiden Mythen kommt ein Vogel vor: einmal Tyr-Thiazi als Adler-Seelenvogel des Göttervaters und einmal Loki als Falken-Seelenvogel. Der „klebrige Stock" wird durch die Leimruten beim Vogelfang inspiriert worden sein.

Als der ihm in die Augen sah, da ahnte ihm, daß es ein Mann sein möge, und gebot ihm, Rede zu stehen; aber Loki schwieg. Da schloß ihn Geirröd in eine Kiste und ließ ihn da drei Monate hungern.

Die Kiste und die drei Monate sind ein Hinweis auf das Jenseits, in dem Loki während der drei Sommermonate weilte. Auch die Grabkammer in einem Hügelgrab wurde „Kiste" genannt.

Daraus ergibt sich, daß Geirröd eine Variante des Tyr ist. Seine Gefangennahme des Loki ist der Beginn des Sommers.

Und als ihn Geirröd herausnahm und reden hieß, gestand Loki, wer er sei und löste sein Leben damit, daß er dem Geirröd schwur, den Thor nach Geirrödsgard zu bringen, ohne daß er den Hammer und den Stärkegürtel hätte.

Unterwegs nahm Thor Herberge bei einem Riesenweib, das Grid hieß. Sie war die Mutter Widars des Schweigsamen.

Widar ist aufgrund seiner Schuhsymbolik wahrscheinlich aus dem ehemaligen Motiv des Sonnengottes als Wanderer entstanden.

Der zunächst einmal recht unmotivierte Besuch des Thor bei der Mutter des Widar ergibt einen Sinn, wenn man davon ausgeht, daß diese Mythe aus einer früheren Beschreibung des Jenseitsweges der Sonne entstanden ist, denn dann wäre Thors Besuch bei Grid Widar-Mutter die Reise in die Unterwelt.

Sie sagte dem Thor die Wahrheit von Geirröd, er sei ein hundweiser und übel umgänglicher Jötun. Auch lieh sie ihm ihre eigenen Stärkegürtel und Eisenhandschuhe und ihren Stab, Gridarwöl genannt.

Das „Ausleihen" des Stabes, des Stärkegürtels und der Eisenhandschuhe der Grid an Thor passen gut zu der Deutung der Grid als der Göttin im Jenseits, zu der die Sonne zu ihrer Wiederzeugung reist, bei der die Göttin die Geliebte des Sonnengottes ist, um dann später kurz vor der Morgendämmerung durch die Wiedergeburt der Sonne die Mutter der Sonne zu werden. Diese drei „Leihgaben" der Grid an Thor wären in dem Zusammenhang mit der Wiedergeburt des Sonnengott-Göttervaters eine Ausweitung und Umdeutung des Lebens, das die Göttin dem Gott durch seine Wiedergeburt schenkt.

Man wird wohl davon ausgehen können, daß Gürtel, Handschuhe und Stab keine „Leihgabe" der Grid gewesen sind, sondern daß diese Mythe ursprünglich berichtet hat, woher Thor diese drei Dinge, von denen zwei für seine Kampfkraft so wesentlich sind, erhalten hat.

Evtl. sollte diese Mythe dem Thor auch die Qualität eines Priestergottes verleihen, da Stab, Handschuhe und Gürtel die Zeichen eines Priesters sind.

Auch in dieser Mythe wird von den Thor-Priestern daran gearbeitet, Thor zu einem universellen Gott zu machen.

Da fuhr Thor zu dem Fluß, der Wimur hieß, dem größten aller Flüsse. Da umspannte er sich mit den Stärkegürteln und stemmte Grids Stab gegen die Strömung;

Loki aber hielt sich unten am Gurt.

Der Wimur, der an anderen Stellen „der größte aller Flüsse" genannt wird, ist der Jenseitsfluß.

Thor hat von Grid auch deren Stab erhalten. Da der Stab in den Mythen der Germanen durchwegs das Symbol des Weltenbaumes ist, bestätigt die Benutzung dieses Stabes durch Thor beim Durchwaten des Wimur, daß Thor gerade in das Jenseits reist – dies ist zudem auch der Ort, an dem die Riesen wohnen.

Als nun Thor mitten in den Fluß kam, da wuchs dieser so stark an, daß er ihm bis an die Schulter stieg. Da sprach Thor:

„Wachse nicht, Wimur, nun ich waten muß
Hin zu des Joten Hause.
Wisse, wenn Du wächst, wächst mir die Asenkraft
Hoch bis an den Himmel."

Da sah Thor in eine Bergkluft hinauf, daß da Gialp, Geirröds Tochter quer über dem Strome stand und dessen Wachsen verursachte.
Da nahm Thor einen großen Stein aus dem Fluß auf und warf nach ihr, indem er sprach: „Bei der Quelle muß man den Strom stauen."
Sein Wurf pflegte sein Ziel nicht zu verfehlen.
In demselben Augen blick nahte er sich dem Land, ergriff einen Sperberbaumstrauch und stieg aus dem Fluß: daher das Sprichwort, der Sperberbaum sei Thors Rettung.

Die Germanen schätzten den drastischen Humor – es ist schon ein eher derbes Bild, Thor dadurch mit dem Ertrinken in dem Jenseitsfluß zu bedrohen, daß eine Riesin in den Fluß pinkelt, sodaß dieser bedrohlich anschwillt …

In dieser Szene erscheint die Jenseitsgöttin nicht mehr als die hilfreiche Riesin Grid, sondern als die bedrohliche Riesin Gjalp. Diese Polarisierung der Jenseitsgöttin in einen hilfreichen und einen bedrohlichen Aspekt durchzieht die ganze germanische Mythologie. Das bekannteste dieser Gegensatzpaare sind Freya und Hel.

Der Sperberbaum ist ein naher Verwandter der Eberesche, der heute „Elsbeere" genannt wird, und gehört zu der Familie der Mehlgewächse. Er wird wie der Stab der Grid, mit dessen Hilfe Thor durch den Jenseitsfluß watet, der Weltenbaum sein.

Als nun Thor zu Geirröd kam, wurden die Reisegefährten zuerst in das Gästehaus gewiesen. Da war nur ein Stuhl zum Sitzen, auf den setzte sich Thor. Nun wurde er gewahr, daß der Stuhl unter ihm sich gegen die Decke hob. Da stieß er mit Grids Stab

gegen die Dachsparren und drückte sich auf den Stuhl hinab. Alsbald entstand großes Gekrach und folgte lautes Geschrei. Unter dem Stuhle waren Geirröds Töchter Gialp und Gneip gewesen und beiden hatte er den Rücken zerbrochen.
Da sprach Thor:

„Einstmals übt ich die Asenstärke
In des Joten Hause,
Da Gialp und Gneip, Geirröds Töchter,
Mich zum Himmel hoben."

Hier erscheint Gjalp, die schon am Wimur nach Thors Leben getrachtet hatte, zusammen mit ihrer Schwester Greip und versucht Thor erneut zu töten, wobei sie jedoch beide ihr Leben verlieren.

Da ließ Geirröd den Thor in die Halle zu den Spielen rufen. Da waren große Feuer der ganzen Länge der Halle nach. Und als Thor in der Halle dem Geirröd gegenüber stand, da faßte Geirröd mit der Zange einen glühenden Eisenkeil und warf ihn nach Thor. Aber Thor fing ihn mit den Eisenhandschuhen in der Luft auf.
Geirröd sprang hinter eine Eisensäule, sich zu wahren. Aber Thor warf den Keil, daß er durch die Säule fuhr, durch Geirröd, durch die Wand und draußen noch in die Erde.

Somit findet die Mythe ein dem Thor angemessenes Ende …

I 5. i) Thorsdrapa

In der um 985 n.Chr. von Eilifir Godrunason verfaßten Thorsdrapa wird dieselbe Mythe erzählt, jedoch in einer ursprünglicheren Version, in der Thialfi den Donnergott begleitet.

Im folgenden werden hauptsächlich die für Thialfi wesentlichen Strophen angeführt, da die überaus reichliche Verwendung von Kenningarn in dem Lied zu jeder Strophe eine längere Erläuterung erfordert. Das vollständige Lied findet sich in dem Band 17 über Thor.

In dieser früheren Version motiviert Loki den Thor zu der Reise zu dem Riesen Geirröd ohne daß etwas über den Grund gesagt wird, aus dem heraus Loki dies tut. Es wird auch nicht gesagt, daß Thor seinen Hammer zuhause gelassen hätte.

Thor bricht zusammen mit Thialfi und Loki zu einer Fahrt über das Meer auf, das in dieser Fassung an der Stelle des Wimur erscheint.

Die Szene mit Grid fehlt und an der Stelle des Zauber- und Seherinnenstabes der Riesen benutzen die drei Wanderer wie Wikinger beim Landen aus einem Drachenschiff in der rauhen Dünung Speere als Halt. Vermutlich ist in Bezug auf diese Szene die Edda-Version die ursprünglichere – die Speere werden aus der Bilderwelt der Wikinger stammen.

Die Szene aus der Edda, in der die Riesin Gjalp den Thor in dem Fluß Wimur zu ertränken versucht, findet sich auch in der Thorsdrapa:

Die ruhmreichen, kampferprobten Krieger,
Eid-geschworene Wikinger aus Gautis Wohnstatt,
wateten mühsam,
während der Schwert-Sumpf floß.
Die Woge der Schnee-Düne der Erde stürzte,
angetrieben von dem Sturm,
dem Vermehrer des Leides des Bewohner
des Landes der Randes heftig entgegen, ...

Die „Krieger" und die „Wikinger" sind Thor, Loki und Thialfi.

„Gauti" ist ein Beiname des Odin. Seine Wohnstatt ist Walhall und im weiteren Sinne Asgard, von dem aus die drei Wanderer aufgebrochen sind.

Der „Schwert-Sumpf" ist der Fluß bzw. das Meer, das die drei durchwaten. Das Bild drückt die Gefährlichkeit dieses Durchwatens aus.

Eine „Schnee-Düne der Erde" ist ein Gletscher: Der Fluß ist vom schmelzenden Gletscherwasser angeschwollen.

Das „Land des Randes" ist Utgard. Die „Bewohner Utgards" sind die Riesen. Der „Vermehrer des Leides der Riesen" ist Thor.

... bis Thjalfi, begleitet
von dem Freund der Menschen,
in die Luft emporsprang auf die Schild-Schnur des Himmelsherrn –
das war eine große Kraft-Tat!
Die Witwen des Mimir der Bosheit
verursachten einen heftigen Strom, scharf kreischend wie Stahl.
Gridrs Niederwerfer trug den Schlachten-Baum
über das zerklüftete Land der Schweinswale.

Der „Freund der Menschen" und der „Himmelsherr" ist der Donnergott Thor.

„Mimir" ist hier eine allgemeine Umschreibung für „Riese" – auch er ist ein Tyr-

Riese. Der „Mimir der Bosheit" ist evtl. der von Thor getötete Hrungnir. Die „Witwen des Hrungnir" sind allgemein die Riesinnen und insbesondere die Riesin Gjalp, die den Wimur, den größten aller Flüsse, dadurch bedrohlich anschwellen läßt, indem sie in ihn hineinpinkelt. Gjalp wird hier anscheinend als eine Frau des Hrungnir aufgefaßt.

„Gridr" (Gier) ist die Riesin, die Thor in der Edda auf seiner Fahrt zu dem Riesen Geirröd ihren Kraftgürtel, ihre Eisenhandschuhe und ihren Zauberstab schenkte. „Gridrs Niederwerfer" ist Thor – diese Umschreibung bezieht sich offensichtlich auf eine andere Version dieser Mythe, in der Gridr die Feindin des Thor ist. Das Urbild der feindlichen Riesin ist die Jenseitsgöttin, die Tyr wiedergebiert. Aus dem Tyr-Riesen und seiner Wiedergeburts-Mutter, die bereits um 700 n.Chr. im Beowulf-Epos als Grendel und seine Mutter erscheinen, wurden im Christentum der Teufel und seine Großmutter.

Ein „Schlachten-Baum" ist ein Krieger. Hier ist Thjalfi gemeint.

Das „zerklüftete Land der Schweinswale" ist das wogende Meer.

Thor trägt den Thialfi über das Meer. Thialfis große Sprungkraft ist vermutlich eine Variante seiner großen Schnelligkeit im Laufen. Diese beiden Motive werden letztlich aus den „langen Wanderungen", d.h. den häufigen Jenseitsreisen der Priester entstanden sein.

Die Tief-Eicheln gegen die Feinde der Menschen,
die standfest der Schande widerstehen,
verpaßten nicht einen Schlag
in der Brandung von Glammis Lieblingsplatz.
Der tapfere Sohn der Landenge erschrak nicht
vor dem Schrecken der Fjord-Bäume.
Thors Mut-Stein zitterte nicht in Furcht,
auch nicht das von Thjalfi.

Die „Tief-Eichen" sind die Herzen von Thor und Thialfi. Ihre Herzen „verpaßten nicht einen Schlag", d.h. sie blieben nicht vor Schrecken kurz stehen.

Die „Feinde der Menschen" sind die Riesen; ihre Gegner sind die Asen, hier also Thor und Thialfi.

Mit „Schande" ist die Angst vor den Fluten des Flusses gemeint.

„Glammi" („Beller") ist eine Umschreibung für Wölfe allgemein und für den Fenris-Wolf und den Höllenhund Gram im Besonderen. Sein Lieblingsplatz ist der Jenseitsfluß „Gjallar" („Tosender"). Der in diesen Strophen beschriebene Fluß Wimur bzw. das Nordmeer ist mit dem Jenseitsfluß Gjallar identisch.

Der „Sohn der Landenge" ist Thor – seine Mutter ist die Erdgöttin Jörd, die hier mit

„Landenge" umschrieben wird.

Die „Fjord-Bäume" sind hohe Wogen.

Der „Mut-Stein" ist wie die „Tief-Eicheln" das Herz.

In dieser Strophe wird Thialfis Mut betont – ohne den er wohl auch nicht zum Priester des Thor geeignet wäre …

Nachdem Thor, Thialfi und Loki den Fluß bzw. das Meer überquert haben, was in der Thorsdrapa sehr ausführlich beschrieben wird, werden sie von den Riesen in Utgard angegriffen.

Schließlich gelangen die drei in die Höhle des Geirröd, wo die beiden Riesinnen Gjalp und Greip versuchen, den Thor zu töten, indem sie seinen Stuhl an die Höhlendecke quetschen. Thor kann ihnen jedoch widerstehen und tötet sie beide.

Danach kommt es zu einem heftigen Kampf zwischen Thor und Geirröd, in dem der Riese einen glühenden Eisenkeil nach Thor wirft, den dieser jedoch auffängt und ihn zurückwirft und dadurch Geirröd tötet.

Erst jetzt wird Thors Hammer erwähnt. Da Geirröd anscheinend ganz Riesen-untypisch ein Eisenschmied war, ist es denkbar, daß er Thors Hammer hergestellt hat und Thor ihn erst jetzt erhalten hat. Falls diese Deutung zutreffen sollte, wäre die List des Loki, durch die Thor ohne seinen Hammer zu dem Riesen Geirröd reist, eine spätere Umdeutung dieses Motivs.

Geirröd als Schmied erinnert an den Schmied Wieland, der aus dem Motiv des Göttervater in der Unterwelt beim Neuschmieden seines am Abend zerbrochenen Schwertes ist. Auch Geirröd wird daher auf das Bild des Tyr in der Unterwelt zurück-gehen.

Der verehrte Hel-Schläger tötete mit dem Leicht-Zermalmenden
zusammen mit dem Elfen
die Wald-Kälber des unterirdischen Fluchtortes
vor dem Glanz der Elfen-Welt.
Die Rogaländer des Zählers
der Falken-Baue waren unfähig,
den standfesten Unterstützer des Verkürzers der Lebensspanne
der Männer des Felsenkönigs zu verletzen.

Der „Hel-Schläger" ist Thor. Diese Kenning bezieht sich darauf, daß Hel in Utgard liegt und Thor dort die Riesen bekämpft.

Der „Leicht-Zermalmer" ist Thors Hammer Mjölnir.

Der „Elf" ist Thjalfi, dessen Name „Diener-Elf" bedeutet.

Die „Wald-Kälber" sind die Jungtiere der Hirsche. Der „unterirdischer Fluchtort" ist die Unterwelt, d.h. das Utgard der Riesen. Die „Jungtiere der Unterwelt" sind Nachkommen der Riesen. Der Hirsch war eines der wichtigsten Opfertiere für Tyr, der hier als Geirröd erscheint.

Die „Elfen-Welt" ist das Jenseits im Süden auf dem Berg Gimle, in dem der ehemalige Göttervater Tyr als Surtur zusammen mit den Alfen-Totengeistern wohnt. Der „Glanz der Elfen-Welt" ist die Sonne in der Unterwelt. Die Riesen fürchten die Sonne und fliehen daher in die Unterwelt.

„Rogaland" ist ein Bereich in Südwestnorwegen. In der Thorsdrapa werden nach und nach alle Ausländer, d.h. die Feinde der Wikinger, den Riesen gleichgesetzt. Die „Falken-Baue" sind die Gipfel der Berge. Ein „Zähler der Gipfel" ist ein Riese.

Die „Männer des Felsenkönigs" sind die Riesen. Der „Verkürzer der Lebensspanne der Riesen" ist Thor. Der „Unterstützer des Thor" ist Thjalfi.

Der Refrain der Thorsdrapa, der vermutlich nach jeder von dem Skalden vorgetragenen Strophe (8 Zeilen) von allen Zuhörern gemeinsam gesprochen oder wohl eher gegrölt wurde, lautet:

Röskvas Bruder
stand voll Wut,
Magnis Vater
schlug gut zu.

Die mit *„schlug gut zu"* übersetzte Passage lautet im Original *„schlug einen heftigen Hieb"*, aber diese wörtliche, schwerfällige Übersetzung entspricht nicht dem lyrischen Charakter des Originals.
„Röskvas Bruder" ist Thialfi.
„Magnis Vater" ist Thor.
Thialfi hatte anscheinend denselben cholerischen Charakter wie Thor selber.

I 5. j) Skaldskaparmal

In seinem Skaldenkunst-Lehrbuch zitiert Snorri Sturluson eine Strophe eines anderen Thor-Liedes des Skalden Eilifir, die sich auf die eben dargestellte Mythe bezieht:

Voller Wut stand Röskwas Bruder da,
und Magnis Vater kämpfte kühn:
Thors Herz-Stein zitterte nicht
voller Furcht; und auch nicht der des Thialfi.

I 5. k) Harbard-Lied

In der Lieder-Edda wird Thialfi nur ein einziges mal erwähnt. An der betreffenden Stelle war er nicht so mutig wie in den bisher betrachteten Texten, sondern ergriff vor einer Schar von Riesinnen, die ihn und Thor überfallen hatten, die Flucht. Da dieses Lied eine neuere Dichtung ist und Thialfi ansonsten stets als ausgesprochen mutig erscheint, kann man dieser Schilderung des Thialfi wohl nicht allzuviel Gewicht beimessen.

Thor und Thialfi befanden bei dieser Gelegenheit am Ufer und hatten ihr Schiff an Land gezogen und es mit Stangen abgestützt – vermutlich um es zu reparieren. Das Schiff läßt vermuten, daß sich beide wieder einmal auf einer Fahrt über das Meer zu den Riesen in Utgard befanden. Wahrscheinlich war es der Strand von Utgard, an dem die beiden von den Riesinnen überfallen worden sind.

„Hlesey" bedeutet „Insel des Meeresgottes Hler". Der Name dieser Insel vor der Nordküste Dänemarks hat sich zu der heutigen Bezeichnung „Läsö" weiterentwickelt. Diese Insel ist in den Mythen und Sagas ein häufiges Symbol für das (Wasser-)Jenseits und wird auch „Walaskialf" („Toteninsel") genannt. Sie entspricht in etwa der Jenseitsinsel Avalon („Apfelland") der Kelten.

Hler ist der ehemalige Sonnengott-Göttervater Tyr in der Wasserunterwelt, in der er der Herr der Jenseitsinsel ist.

Harbard (Odin)*:*
„Was tatest Du weiter, Thor?"

Thor:
„Berserkerbräute bändigte ich auf Hlesey:
Das Ärgste hatten sie getrieben, betrogen alles Volk."

Harbard:
„Unrühmlich tatest Du, Thor, daß Du Weiber tötetest."

Thor:
„Wölfinnen waren es, Weiber kaum.
Sie zerschellten mein Schiff, das ich auf Pfähle gestellt,
Trotzten mir mit Eisenkeulen und vertrieben Thialfi.
Was tatest Du derweil, Harbard?"

I 5. l) Kenningar

Die Namen „Thialfi" und „Röskva" finden sich nur in drei Kenningarn:

Thialfi	*Röskvas Bruder*		Eilifir	(Skaldskaparmal)
Thor	*Meister des Thialfi*		Snorri Sturluson	Skaldskaparmal
Thor	*Meister der Röskwa*		Snorri Sturluson	Skaldskaparmal

I 5. m) Die drei Götter von Uppsala

Der Bischof Adam von Bremen berichtet um 1075 n.Chr. in seiner „Hamburgischen Kirchengeschichte", daß in dem schwedischen Haupttempel in Uppsala drei Götter verehrt wurden: als Hauptgott Thor und neben ihm Odin und Freyr.

Zusätzlich zu Thor scheint dort auch noch dessen Frau Sif verehrt worden zu sein – zumindestens finden sich in den germanischen Mythen die Priester und Priesterinnen dieser vier Gottheiten als „Diener", „Dienerinnen" oder „Söhne" der betreffenden Gottheiten.

Diese vier Gottheiten erhalten von den beiden Zwergen Sindri und Brock, die die Alcis-Söhne des Tyr sind und einst in der Unterwelt dessen Schwert neugeschmiedet haben, ihre magischen Gegenstände. Dies ist eine Umdeutung der Schwertschmied-Funktion dieser beiden Zwerge in den früheren Tyr-Mythen: Sie dienen nun nicht mehr dem Tyr, sondern den neuen Herren in Asgard.

Die drei Götter von Uppsala				
Gott (und Göttin)		**Geschenk des Brock**	**Geschenk des Sindri**	**Priester(-in)**
Thor und Sif	*Thor*		Hammer Mjöllnir	Thialfi
	Sif	goldenes Haar (Getreide)		Röskwa
Odin		Speer Gungnir	Ring Draupnir	Hermodr
Freyr		Schiff Skidbladnir	Eber Gullinborsti	Skirnir

I 5. n)   Vergleich der Berichte über Thialfi

Wenn man die Berichte über Thialfi vergleicht, fällt auf, daß er nur in den „Thor tötet Tyr-Riesen"-Mythen auftritt, aber nicht in älteren Thor-Mythen wie z.B. dem Kampf des Thor gegen Jörmungandr.

Daraus kann man schließen, daß Thialfi eine neue Gestalt ist, die bei der Absetzung des Tyr durch Thor und Odin von den für diese Absetzung zuständigen Priestern erdacht worden oder zumindestens umgedeutet worden ist und nicht aus den älteren Thor-Mythen stammt. Durch die Einfügung des Thialfi in die Thor-Mythen haben sich die Thor-Priester selber ein Denkmal gesetzt.

I 5. o)   Zusammenfassung

Thialfis Name bedeutet „Diener-Elf". Da „Alben" die Bezeichnung der Totengeister in dem südlichen Himmelsjenseits des Tyr auf dem Berg Gimle sind, ist Thialfi möglicherweise ursprünglich eine Bezeichnung für den Priester des Sonnengott-Göttervaters Tyr gewesen, bevor er zu dem Diener des Thor umgedeutet worden ist.

Thialfi ist der Diener, d.h. der Priester des Thor. Er tritt in den von Thor geprägten Mythen an die Stelle des Priestergottes Hönir – so wurde aus der früheren Dreiheit „Odin, Hönir und Loki", als Thor immer wichtiger wurde, die Dreiheit „Thor, Thialfi und Loki". Noch älter ist die Dreiheit „Tyr-Thiazi, Gangr und Idi".

Tyr-Thiazi, Odin und Thor repräsentierten nacheinander den Stand der Fürsten und Krieger; Gangr, Hönir und Thialfi den Stand der Priester und Heiler; und Idi und Loki den Stand der Bauern und Handwerker.

Thialfi steht als Priester in enger Verbindung mit dem Tieropfer bei Ritualen für den Sonnengott-Göttervater, der in diesem Zusammenhang als dessen Adler-Seelenvogel erscheint.

Thiazi begleitet den Gott Thor auf dessen Reisen mit Loki in das Jenseits der Riesen – so wie vorher Odin von Hönir und Loki auf diesen Reisen begleitet worden ist.

Thiazi wird als schneller Läufer und guter Springer geschildert. Dies wird eine Umdeutung der häufigen Jenseitsreisen der Priester, die man als „lange Wanderungen" auffassen kann, in den sportlich-kämpferischen Bereich des Thor sein. Der Priestergott Hönir wurde noch mit den älteren, friedlichen Umschreibungen „Schritt-Ase" und „Langfuß" bezeichnet, die noch nicht im Sinne der Mythen des Thor umgeformt worden waren.

Thialfi wird auch als mutig und z.T. auch als cholerisch wie Thor selber geschildert – er besiegt u.a. den Lehmriesen Möckurkjalfi. Thialfi ist aber auch listig – so überredet er den Riesen Hrungnir, sich bei seinem Zweikampf mit Thor auf seinen Schild zu stellen statt ihn vor sich zu halten, da Thor ihn angeblich aus der Erde heraus angreifen werde. Dies ist eine Umdeutung der früheren Symbolik des am Morgen aus der Erde, d.h. am Horizont aufsteigenden Sonnengott-Göttervaters Tyr.

Diese Listigkeit des Thialfi ist vermutlich keine ursprüngliche Eigenschaft, sondern nur durch die Umdeutung der Sonnenaufgangs-Szene entstanden – und um die unfaßbare Dummheit der Riesen möglichst drastisch zu illustrieren. Dem derben Humor in Liedern zufolge wird es bei den Lieder-Vorträgen der Skalden nicht gerade andächtig zugegangen sein …

Thialfi ist das Urbild der Thor-Priester – die sich durch die Einführung des Thialfi in die Mythen selber ein Denkmal gesetzt haben.

I 6.   Hermodr, der Priester des Odin

Hermod ist ebenfalls einer der germanischen „Halbgötter“. Über ihn ist wie über Thialfi relativ viel bekannt.

I 6. a)   Der Name „Hermodr“

Der Name „Hermodr“ läßt sich auf drei verschiedene Weisen herleiten, die alle drei zu dem Charakter dieses Asen passen:

1. Der Name „Hermodr“ kann aus „her“ für „Heer“ und aus „modr“ für „Mut, Gemüt, Geistesverfassung“ zusammengesetzt werden und bedeutet dann „kriegerische Gesinnung“ oder „Kampf-Begeisterung“.
Diese Deutung des Namens „Hermodr“ klingt wie ein typischer Beiname des Gottes Odin.

2. Der Name „Hermodr“ kann auch aus „herm“ für „Wut, Steigerung, Rage“ oder „harm“ für „Trauer, Leid“ sowie „odr“ für „Ekstase, Rausch, besonderer Bewußtseinszustand“ zusammengesetzt werden. Dieser Name wäre jedoch eine Tautologie, da er sozusagen „Ekstase-Ekstase“ bedeutet.
Odr ist auch der Name des Mannes der Freya. Odr ist sowohl von seinem Namen her als auch von seiner Mythe her (er reist lange in die Fremde, d.h. in die Unterwelt) dem Odin sehr ähnlich.
„Odrörir“ ist einer der Namen des Göttermets. Er bezeichnet auch eines der drei Gefäße, in denen die Riesentochter den Göttermet aufbewahrt. Bei diesem Namen handelt es sich um die Bezeichnung des Trinkgefäßes für den Mets im Ritual. „Ödrörir“ setzt sich aus „odr“ für „Ekstase“ und aus „rerir“ für „rühren, bewegen, verursachen“ zusammen und bedeutet somit „der zur Ekstase anregt“.
Diese Deutung des Namens ist daher mit der Bedeutung des Namens „Odin“ identisch.

3. Die dritte Möglichkeit ist die Auffassung von „Hermodr“ als einer germanisierten Form von „Hermes“. Da die Römer den Odin als Seelenführer dem Hermes gleichsetzten und berichteten, daß „Hermes“ der wichtigste Gott der Germanen sei, führt auch diese Deutung wieder zu Odin.

Es ist somit recht sicher, daß „Hermodr“ wie auch „Odr“ ursprünglich lediglich eine Namensvariante von „Odin“ gewesen ist.

I 6. b)   Fornjot und seine Verwandten

In dieser Saga findet sich eine Genealogie, die mit dem christlichen Gott beginnt und dann über die jüdischen Propheten, die griechischen und germanischen Götter bis hin zu den skandinavischen Königen führt. Innerhalb dieser Genealogie wird auch Hermod genannt. Die folgenden Zeilen sind ca. 1/5 dieses Stammbaumes.

... ...

Sein Sohn wurde Tror genannt, den wir Thor nennen,
dessen Sohn war Lorich, den wir Hlorridi (Thor-Beiname) *nennen,*
dessen Sohn Eredei, den wir Eindridi (Thor-Beiname) *nennen,*
dessen Sohn Vingithorr (Thor-Beiname),
dessen Sohn Modi (Thor-Sohn),
dessen Sohn Magi, den wir Magni (Thor-Sohn) *nennen,*
dessen Sohn Seseph,
dessen Sohn Bediugg,
dessen Sohn Atra,
dessen Sohn Trinian,
dessen Sohn **Heremoth***, den wir* **Hermod** *nennen,*
dessen Sohn Skjaldin (der Odin-Sohn Skjöld),
... ...

Der Verfasser dieser Zeilen faßte den Namen „Hermod" offenbar als eine Variante von „Heremoth" also „Heeres-Wut" auf.

I 6. c)   Gylfis Vision

Über Hermodr findet sich in „Gylfis Vision" ein längerer Bericht:

Da frug Gangleri: „Haben sich noch andere Abenteuer mit den Asen ereignet? Eine gewaltige Heldentat hat Thor auf dieser Fahrt verrichtet."
Har antwortete: „Es mag noch von Abenteuern berichtet werden, die den Asen bedeutender scheinen.
Und das ist der Anfang dieser Sage, daß Baldur der Gute schwere Träume träumte, die seinem Leben Gefahr deuten. Und als er den Asen seine Träume sagte, pflogen sie Rat zusammen und beschlossen, dem Baldur Sicherheit vor allen Gefahren auszuwirken. Da nahm Frigg Eide von Feuer und Wasser, Eisen und allen Erzen, Steinen und Erden, von Bäumen, Krankheiten und Giften, dazu von allen vierfüßigen Tieren,

Vögeln und Würmern, daß sie Baldurs schonen wollten.

Als das geschehen und allen bekannt war, da kurzweilten die Asen mit Baldur, daß er sich mitten in den Kreis stellte und einige nach ihm schossen, andere nach ihm hieben und noch andere mit Steinen warfen. Und was sie auch taten, es schadete ihm nicht; das dünkte sie alle ein großer Vorteil.

Aber als Loki, Laufeyjas Sohn, das sah, da gefiel es ihm übel, daß den Baldur nichts verletzen sollte. Da ging er zu Frigg nach Fensal in Gestalt eines alten Weibes. Da frug Frigg die Frau, ob sie wüßte, was die Asen in ihrer Versammlung vornähmen.

Die Frau antwortete: „Sie schossen alle nach Baldur; ihm aber schadete nichts."

Da sprach Frigg: „Weder Waffen noch Bäume mögen Baldur schaden: ich habe von allen Eide genommen."

Da frug das Weib: „Haben alle Dinge Eide geschworen, Baldurs zu schonen?"

Frigg antwortete: „Östlich von Walhall wächst eine Staude, Mistel genannt, die schien mir zu jung, sie in Eid zu nehmen."

Darauf ging die Frau fort; Loki nahm den Mistelzweig, riß ihn aus und ging zur Versammlung. Hödur stand zuäußerst im Kreise der Männer, denn er war blind.

Da sprach Loki zu ihm, warum schießt Du nicht nach Baldur?

Er antwortete: „Weil ich nicht sehe, wo Baldur steht; zum anderen habe ich auch keine Waffe."

Da sprach Loki: „Tu doch wie andere Männer und biete Baldur Ehre wie alle tun. Ich will Dich dahin weisen wo er steht: so schieße nach ihm mit diesem Reis."

Hödur nahm den Mistelzweig und schoß nach Baldur nach Lokis Anweisung. Der Schuß flog und durchbohrte ihn, daß er tot zur Erde fiel, und das war das größte Unglück, das Menschen und Götter betraf.

Als Baldur gefallen war, standen die Asen alle wie sprachlos und gedachten nicht einmal, ihn aufzuheben. Einer sah den anderen an; ihr aller Gedanke war wider den gerichtet, der diese Tat vollbracht hatte; aber sie durften es nicht rächen: es war an einer heiligen Freistätte.

Als aber die Asen die Sprache wieder erlangten, da war das erste, daß sie so heftig zu weinen anfingen, daß keiner mit Worten dem anderen seinen Gram sagen mochte. Und Odin nahm sich den Schaden um so mehr zu Herzen als niemand so gut wußte als er, zu wie großem Verlust und Verfall den Asen Baldurs Ende gereichte.

Als nun die Asen sich erholt hatten, da sprach Frigg und frug, wer unter den Asen ihre Gunst und Huld gewinnen und den Helweg reiten wolle, um zu versuchen ob er da Baldur fände, und der Hel Lösegeld zu bieten, daß sie Baldur heimfahren ließe gen Asgard.

Und er hieß Hermod der Schnelle Odin-Sohn, der diese Fahrt übernahm. Da ward Sleipnir, Odins Hengst, genommen und vorgeführt, Hermod bestieg ihn und stob davon.

Die Benutzung des Sleipnir durch Hermodr ist wieder ein Hinweis darauf, daß Hermodr eigentlich Odin ist, der zu Odins Sohn umgedeutet worden ist.

Hermods Beiname „der Schnelle" ist wieder ein Hinweis auf die Jenseitsreise.

Da nahmen die Asen Baldurs Leiche und brachten sie zur See. Hringhorni hieß Baldurs Schiff, es war aller Schiffe größtes. Das wollten die Götter vom Strande stoßen und Baldurs Leiche darauf verbrennen; aber das Schiff ging nicht von der Stelle.

Bei Baldur werden die Seebestattung in einem Schiff und die Brandbestattung kombiniert, die beide, wie der archäologische Befund zeigt, sehr alte Traditionen sind.

Da wurde gen Jötunheim nach dem Riesenweib gesendet, das Hyrrokkin hieß, und als sie kam, ritt sie einen Wolf, der mit einer Schlange gezäumt war.

„Hyrrokkin" bedeutet „die Rußgeschwärzte". Dies bezieht sich vermutlich zum einen auf die Brandbestattung und zum anderen auf den Brauch, die Frau eines Fürsten oder eine Stellvertreterin für sie bei dem Tod des Fürsten zu töten und sie mitzubestatten, d.h. mitzuverbrennen – sie ist dann die „rußgeschwärzte Frau".

Eine Frau, die eng mit dem Tod verbunden ist, einen Wolf reitet und dabei eine Schlange als Zaumzeug benutzt, kann nur Hel sein, deren zwei Geschwister der Fenris-Wolf und die Midgardschlange sind.

Die Asen rufen also Hel selber zu der Bestattung herbei, damit sie Baldur ins Jenseits holt.

Als sie vom Roß gesprungen war, rief Odin vier Berserker herbei, es zu halten; aber sie vermochten es nicht anders als indem sie es niederwarfen. Da trat Hyrrokkin an das Vorderteil des Schiffes und stieß es im ersten Anfassen vor, daß Feuer aus den Walzen fuhr und alle Lande zitterten.

Da ward Thor zornig und griff nach dem Hammer und würde ihr das Haupt zerschmettert haben, wenn ihr nicht alle Götter Frieden erbeten hätten.

Da wurde Baldurs Leiche hinaus auf das Schiff getragen und als sein Weib Nanna, Neps Tochter, das sah, da zersprang sie vor Jammer und starb. Da wurde sie auf den Scheiterhaufen gebracht und Feuer darunter gezündet, und Thor trat hinzu und weihte den Scheiterhaufen mit Miölnir, und vor seinen Füßen lief der Zwerg, der Lit hieß, und Thor stieß mit dem Fuß nach ihm und warf ihn ins Feuer, daß er verbrannte.

In dieser Szene ist die Tötung der Frau des Fürsten zu einem Sterben aus Kummer umgedeutet worden.

Hier erscheinen der „gute Aspekt" der Großen Mutter und ihr „böser Aspekt" gleich nebeneinander: Nanna und Hel.

Der von Thor getötete Zwerg könnte auf die Krieger zurückgehen, die manchmal bei den Indogermanen getötet und zusammen mit dem Fürsten in dessen Hügelgrab bestattet worden sind. „Zwerg" („dwergaz") bedeutete wörtlich „Totengeist".

Und diesem Leichenbrand wohnten vielerlei Gäste bei: zuerst ist Odin zu nennen, und mit ihm fuhr Frigg und die Walküren und Odins Raben, und Freyr fuhr im Wagen und hatte den Eber vorgespannt, der Gullinborsti hieß oder Slidrugtanni. Heimdall ritt den Hengst Gulltopp und Freyja fuhr mit ihren Katzen. Auch kam eine große Menge Hrimthursen und Bergriesen.

Es ist beachtenswert, daß auch die Riesen zu Baldurs Bestattung kamen, da sie doch sonst die Feinde der Asen und insbesondere des Thor waren. Sie hatten hier anscheinend noch ihre ursprüngliche Bedeutung der „Asen-Ahnen aus der Frühzeit".

Odin legte auf den Scheiterhaufen den Ring, der Draupnir hieß, der seitdem die Eigenschaft gewann, daß jede neunte Nacht acht gleich schöne Goldringe von ihm tropften. Baldurs Hengst wurde mit allem Geschirr zum Scheiterhaufen geführt.

Draupnir ist das Symbol der Götter und vor allem der bestandenen Jenseitsreise gewesen.

Von Hermod aber ist zu sagen, daß er neun Nächte tiefe dunkle Täler ritt, so daß er nichts sah, bis er zum Giöllflusse kam und über die Giöllbrücke ritt, die mit glänzendem Gold belegt ist.

Die „neun Nächte" sind ein typisches Jenseitsreise-Motiv in den germanischen Mythen – die „9" ist ein Adjektiv mit der Bedeutung „zum Jenseits gehörend".

Der „Gjöll" oder „Gjallar" („Lärmer, Tosender") ist der Jenseitsfluß, über den die „Gjallarbru" („Brücke über den tosenden Fluß") führt.

Das Gold auf dieser Brücke ist möglicherweise eine Assoziation zu dem Gold in den Hügelgräbern, aber es könnte auch in Zusammenhang mit der „goldenen" Sonne stehen, deren abendlicher Untergang und deren morgendliches Aufgehen, bei dem sie diese Brücke überquert, das wichtigste Gleichnis für den Tod und die Wiedergeburt gewesen ist.

Modgud heißt die Jungfrau, welche die Brücke bewacht: die fragte ihn nach Namen und Geschlecht und sagte, gestern seien fünf Haufen toter Männer über die Brücke geritten, „und nicht donnert sie jetzt minder unter Dir allein, und nicht hast Du die Farbe toter Männer: Warum reitest Du den Helweg?"

Er antwortete: „Ich soll zu Hel reiten, Baldur zu suchen. Hast Du vielleicht Baldur auf dem Helweg gesehen?"

Da sagte sie, Baldur sei über die Giöllbrücke geritten, „aber nördlich geht der Weg hinab zu Hel."

Der Eingang zur Hel lag im Norden in Niflheim unter der nördlichen Wurzel des Weltenbaumes Askr Yggdrasil.

Da ritt Hermod dahin, bis er an das Helgitter kam. Da sprang er vom Pferd und gürtete es fester, stieg wieder auf und gab ihm die Sporen: Da setzte der Hengst so mächtig über das Gitter, daß er es nirgends berührte. Da ritt Hermod auf die Halle zu, stieg vom Pferd und trat in die Halle.

Da sah er seinen Bruder Baldur auf dem Ehrenplatze sitzen. Hermod blieb dort die Nacht über.

Aber am Morgen verlangte Hermod von Hel, daß Baldur mit ihm heim reiten solle, und sagte, welche Trauer um ihn bei den Asen sei.

Aber Hel sagte, das solle sich nun erproben, ob Baldur so allgemein geliebt werde als man sage, „und wenn alle Dinge in der Welt, lebendige sowohl als tote, ihn beweinen, so soll er zurück zu den Asen fahren, aber bei Hel bleiben, wenn eins widerspricht und nicht weinen will."

Da stand Hermod auf und Baldur geleitete ihn aus der Halle und nahm den Ring Draupnir und sandte ihn Odin zum Andenken, und Nanna sandte der Frigg einen Überwurf und noch andere Gaben, und der Fulla einen Goldring.

Der Goldring, den Nanna der Fulla sendet, zeigt, daß sie eine Jenseitsgöttin ist, da der goldene Ring die erfolgreiche rituelle Jenseitsreise symbolisierte.

Da ritt Hermod seines Weges zurück und kam nach Asgard und sagte alle Dinge, die er da gehört und gesehen hatte.

Hermodr hat in dieser Mythe zweifellos die Funktion eines Schamanen – was üblicherweise der Aufgabenbereich des Odin ist.

Danach sandten die Asen Boten in alle Welt und geboten Baldur aus Hels Gewalt zu weinen. Alle taten das, Menschen und Tiere, Erde, Steine, Bäume und alle Erze – wie Du schon gesehen haben wirst, daß diese Dinge weinen, wenn sie aus dem Frost in die Wärme kommen.

Als die Gesandten heimfuhren und ihr Gewerbe wohl vollbracht hatten, fanden sie in einer Höhle ein Riesenweib sitzen, das Thökk (Dunkel) genannt wurde. Die baten sie auch, den Baldur aus Hels Gewalt zu weinen.

Sie antwortete:

„Thökk muß weinen mit trocknen Augen
Über Baldurs Ende.
Nicht im Leben noch im Tod hatt ich Nutzen von ihm:
Behalte Hel was sie hat."

Man glaubt, daß dies Loki, Laufeyjas Sohn, gewesen sei, der den Asen so viel Leid zugefügt hatte.

Auch die „Fuchskehre-Reimform", in der diese Strophe geschrieben worden ist und die sich durch einen Widerspruch in jeder zweiten Zeile auszeichnet (*„weinen – trocken"; „Leben – Tod"*), spricht dafür, daß Thökk Loki ist, denn Loki ist der Gott der Widersprüche.

I 6. d) Hakonarmal

Dieses Preislied auf König Hakon den Guten von Norwegen wurde nach seinem Tod in der Schlacht von Fitjar im Jahr 961 n.Chr. von Eyvindr Finnson Skalden-Verderber verfaßt. König Hakon der Gute ist der Bruder von König Erik Blutaxt, der sieben Jahre vor ihm gestorben war.

Diese Ruhmeslieder wurden nach alter indogermanischer Tradition kurz nach dem Tod eines Königs oder wichtigen Kriegers verfaßt und bildeten dann sozusagen ein neues Kapitel in dem auswendig gelernten Geschichtsbuch der Sänger.

Der Vater der beiden Brüder war König Harald Schönhaar, der geschworen hatte, sich nicht die Haare und die Fingernägel zu schneiden, bis er König von Norwegen war – und deshalb nach einer Weile Harald Strubbelkopf genannt wurde. Glücklicher-weise gelang es ihm, König von Norwegen zu werden, sodaß er sich die Haare scheren lassen konnte. Fortan wurde er Harald Schönhaar genannt.

Gamle Eriksson, Sigurd Sleva und Harald Graumantel, drei der Söhne von Erik Blutaxt, wollten sich jedoch einen Teil des Reiches von Hakon dem Guten unter-werfen und überfielen den norwegischen König daher mit einem Überraschungs-angriff. Hakon gewann zwar die Schlacht von Fitjar, aber er starb an seinen Wunden. Hakon der Gute bestimmte, daß seine drei Neffen nach seinem Tod Norwegen regie-ren sollte. Von ihnen wurde Harald II der einflußreichste der drei Teilreich-Könige.

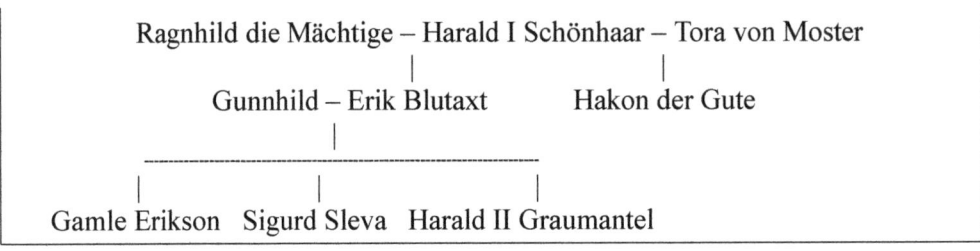

Nach der Schlacht saß König Hakon der Gute schwerverletzt auf dem Schlachtfeld und sprach mit den Walküren Gondul und Skogul, die in dieser Schlacht die Schicksale der Krieger gelenkt hatten.

Odin sandte die beiden Götter Hermodr und Bragi aus, um König Hakon willkommen zu heißen.

Einen König zu empfangen scheint eine durchaus passende Aufgabe für den Schamanen-Gott Hermodr zu sein, da sich auch diese Tätigkeit auf den Weg zwischen Diesseits (Schlachtfeld) und Jenseits (Walhalla in Asgard) bezieht. Der Dichter-Gott Bragi ist an dieser Stelle zumindest aus der Sicht eines Skalden unverzichtbar, da über den Tod eines Königs schließlich ein Lied gedichtet werden muß.

Nun saß der Fürst mit gezogenem Schwert,
mit geborstenem Schild und zerfetzter Rüstung;
das Heer der Menschen war nicht glücklichen in ihren Herzen
und wandte seinen Weg nach Walhalla.

„Nach Walhalla gehen" bedeutet „sterben".

Da sprach Gondul, während sie auf dem Stab ihres Speeres lehnte:
„Nun wächst das Gefolge der Götter,
da Hakon mit einem so großen Heer
von den Asen heimgerufen wurde."

Der Kriegs-Herr hörte, worüber die Walküren sprachen,
hochherzig, auf dem Rücken ihrer Rösser –
weisheitsvoll sprachen sie, saßen mit Kriegshelmen
und von Schilden beschützt.

Hakon:
„Warum hast Du uns, Speer-Skogul, den Sieg vorenthalten?
Denn wir waren es wert, daß die Götter ihn uns gegeben hätten."

Skogul:
„Wir haben entschieden, daß ihr die Schlacht
gewonnen habt und eure Feinde flohen."

Die Aussage der Walküre Skogul scheint zu bedeuten, daß der schwer verletzte König Hakon noch nicht erkannt hat, daß sein Heer die Schlacht in Kürze gewinnen wird.

„Nun müssen wir beide reiten," sprach die grimmige Skögul,
„zu den grünen Heimen der Gottheiten,
um dort Odin zu berichten, daß der Edling
nun selber kommt, um ihn zu sehen."

„Hermod und Bragi," sprach Hropta-Tyr,
„Geht und heißt den Helden willkommen;
denn ein König kommt, der kühn gekämpft hat,
zu unseren Hallen hier."

„Hropta-Tyr" bedeutet wörtlich „weiser Tyr" und ist eine Umschreibung für Odin.

I 6. e) Eiriksmal

Das Eiriksmal wurde entweder um 954 n.Chr. oder kurz danach auf Veranlassung von Gunnhild, Königin von Norwegen, zu Ehren ihres in der Schlacht gefallenen Mannes Erik Blutaxt verfaßt. Leider ist nur der Anfang dieses Preisliedes erhalten.

Das Lob des Königs könnte kaum größer sein: Selbst Odin träumt von seiner Ankunft und Bragi vergleicht den Aufruhr, den Eriks Kommen auslöst, mit der Rückkehr Baldurs aus Walhalla. Der König wird zudem von zwei der wichtigsten Helden aus der Völsungen-Saga empfangen: von Siegmund und von Sinfjötli, die der Vater und der Halbbruder von Siegfried Drachentöter sind. Diese beiden haben hier offensichtliche dieselbe Funktion wie im Hakonarmal Bragi und Hermodr.

„Was ist das
für ein Traum?",
sprach Odin
kurz vor Sonnenaufgang.

„Ich dachte, daß Walhalla
für ein getötetes Heer bereitet wird.
Ich weckte die Einherier
und gebot ihnen aufzustehen

und die Bänke zu bedecken
und die Becher zu reinigen.
Ich gebot den Walküren Wein
zu bringen als ob ein Fürst käme.

Ich habe Hoffnung,
daß edle Helden
aus der Welt nahen –
so glücklich ist mein Herz."

„Was ist das für ein Aufruhr?"
sprach Bragi, „als wenn
Tausende in Bewegung wären –
naht ein besonders großes Heer?

All die Bohlen
der Bänke knirschen
als wenn Baldur zu Odins Heim
zurückkehren würde."

„Du redest gewiß Narrheiten,
weiser Bragi", antwortete Odin,
„obwohl Du alle Dinge
so gut kennst.

Der Lärm kündet
den Helden Erik an,
der nun zu Odins
Heim kommt."

„Siegmund und Sinfjötli!
Erhebt euch geschwind
und geht
dem Fürsten entgegen.

Wenn es Erik ist,
heißt ihn willkommen!
Ich glaube nun gewiß,
daß er es ist."

„Warum hoffst Du,
daß es Erik ist
und nicht ein anderer König?",
frug Siegmund.

„Weil er sein Schwert
in vielen Ländern gerötet hat,"
antwortete Odin,
„und eine blutbefleckte Klinge trug."

„Warum hast Du ihm
den Sieg genommen,
wenn Du doch wußtest,
daß er kühn ist?"

„Dies kann niemand klar wissen,"
antwortete Odin,
„Der graue Wolf blickt
auf die Hallen der Götter."

„Heil Dir, Erik!"
rief Siegmund,
„Du sollst hier willkommen sein!
Betritt die Halle, weiser Fürst!

Eines möchte ich Dich fragen:
Welche Helden begleiten Dich
aus dem Brüllen der Schlacht?" –

„Hier sind fünf Könige mit mir, "
sprach Erik,
„ich werde Dir
all ihre Namen künden.
Ich selber bin der sechste. "

I 6. f) Hyndla-Lied

Im Hyndla-Lied besucht Freya ihre Riesin-Freundin Hyndla (Hel), um sie nach Walhalla zu holen. Die Szenerie ist schon teilweise von der Mythe in die Sage übertragen worden, wie das Verehren des Odin („Heervater") durch Freya und Hyndla oder das Motiv der Opfergabe der Freya an Thor deutlich zeigen.

Auch Hermodr erscheint in diesem Lied nicht wie ein Gott bzw. Odins-Sohn, sondern wie ein irdischer König oder Held, der unter dem Schutz des Odin steht. Leider wird hier nur gesagt, daß er seine Waffen von Odin erhalten hat.

Diese Auffassung eines Gottes als eines Königs der Vorzeit entspricht der allgemeinen (christlichen) Deutung der heidnischen Götter um 1200 n.Chr.

Freyja:
„Wache, Maid der Maide, meine Freundin, erwache!
Hyndla, Schwester, Höhlenbewohnerin.
Nacht ist's und Nebel; reiten wir nun
Wallhall zu, geweihten Stätten.

Laden Heervatern in unsre Herzen:
Er gönnt und gibt das Gold den Werten.
Er gab Hermod Helm und Brünne,
Ließ den Siegmund das Schwert gewinnen.

Gibt Sieg den Söhnen, gibt andern Sold,
Worte manchem und Witz den Mannen,
Fahrwind den Schiffern, den Skalden Lieder,
Mannheit und Mut dem heitern Mann.

Dem Thor werd ich opfern, werd ihn erflehen,
Daß er günstig immerdar sich Dir erweise,
Ob freilich kein Freund der Riesenfrauen.

Nun wähl aus dem Stall Deiner Wölfe einen,
Und laß ihn rennen mit dem Runenhalfter. "

I 6. g) Beowulf-Epos

Im Beowulf-Epos, das um 750 n.Chr. von einem Angelsachsen in England verfaßt worden ist, wird Hermodr an zwei Stellen erwähnt und dort auch schon als ein dänischer König der Vorzeit angesehen.

Es ist natürlich auch denkbar, daß nicht nur der Odins-Sohn, sondern auch Könige den kriegerischen Namen „Hermodr" getragen haben – aber es könnte zwischen beiden eine Assoziation bestanden haben.

Auch hier findet sich die Schreibweise „Heremod", woraus man schließen kann, daß „Heeres-Wut", also „Kampf-Ekstase" die ursprüngliche Bedeutung des Namens „Hermod" ist, der somit der Bedeutung „Ekstase" des Namens „Odin" entspricht.

Der von allen Menschen / die meisten Ehren
Geerntet im Streit / und an Ansehn wuchs,
Seit bei Heremod hinschwand / der hitzige Mut,
Die rüstige Kraft. /

An den adligen Scyldingen, / Ecgwelas Sprossen,
Hat Heremod einst / anders gehandelt:
Zur Freude nicht, / zum Fluche wuchs er,
Zum Verderben heran / für der Dänen Volk;
Er tötet' im Zorne / die Tischgenossen,
Die eig'nen Höflinge – / einsam drum
Mußt' flieh'n aus der Menschen / Gemeinschaft der Fürst.

I 6. h) Sögubrot af nokkrum fornkonungum

In diesem „Saga-Bruchstück über einige Könige aus alter Zeit" aus Dänemark und Schweden werden in einer Traumdeutung mehrere Götter erwähnt, zu denen auch Hermod gehört.

Als die Neuigkeit von der Heirat von Aud der Tiefsinnigen bis zu ihrem Vater König Ivar dem Weitumfassenden gelangte, fand er es unverschämt, daß König Radbard sie ohne seine Erlaubnis geheiratet hatte.

Der Beiname „Weitumfassender" des schwedischen Königs Ivar, der von ca. 620-700 n.Chr. lebte, bezieht sich darauf, daß ihm Königreiche von Großbritannien bis Rußland Tribut zahlen mußten.

Da versammelte er ein großes Heer aus seinem gesamten Reich, aus Schweden und Dänemark. Er versammelte ein so großes Heer, daß er mehr Schiffe hatte als man zählen konnte. Er brach mit seinem Heer auf und zog nach König Radbards Land östlich des Baltikums und erklärte, daß er dessen gesamtes Königreich verwüsten und versengen werde.

König Ivar war damals bereits sehr alt. Und als er seine Heeresmacht nach Osten in den Golf von Finnland gebracht hatte, beabsichtige er, seine Schiffe mit seinem Heer dort zu verlassen, wo das Reich des Königs Radbard begann.

Da geschah es eines Nachts, als der König auf dem Achterdeck seines Schiffes schlief, daß er träumte, daß ein großer Drache von Meer her geflogen kam und Funken von ihm aufflogen wie Funken von einer Schmiede und alle Länder rings um ihn her erleuchteten. Hinter ihm flogen alle Vögel her – es schienen ihm alle Vögel der Nordlande zu sein.

Dann sah er eine große Wolke von Norden her nahen und er sah, daß sie so großen Regen und so große Stürme brachte, daß er dachte, daß alle Wälder und alle Länder von dem Wasser, das herniederströmte, fortgespült werden würden. Mit ihr kamen Donner und Blitze.

Und als der große Drache vom Meer aus über das Land flog, da kam über ihn der Regen und der Sturm und eine solch große Finsternis, daß er ab dem Augenblick weder den Drachen noch die Vögel mehr sehen konnte, auch wenn er den großen Lärm der Donner und des Sturmes hören konnte. Das Unwetter zog nach Süden und nach Westen und umgab sein ganzes Reich.

Und ihm schien, daß er da nach seinen Schiffen blickte und sie waren zu nichts anderem als zu Walen geworden, alle von ihnen, und sie schwammen ins Meer hinaus.

Und er erwachte und rief seinen Ziehvater Hord zu sich und erzählte ihm seinen Traum und bat ihn, ihn ihm zu deuten.

Hord sprach, daß er zu alt sei, um zu wissen, wie man Träume verstehen müsse. Er stand auf einem Felsen unterhalb des Endes des Piers, während der König auf dem Achterdeck lag und eine Ecke seines Zeltes angehoben hatte, während sie miteinander sprachen.

Der König war in einer schlechten Stimmung und sprach: „Komm an Bord, Hord, und deute meinen Traum! "

Hord sprach, er könne nicht an Bord kommen, „aber Dein Traum braucht keine Deutung. Du kannst selber sehen, was er bedeutet und daß es sehr wahrscheinlich ist, daß es bald eine Veränderung des Herrschers in Schweden und Dänemark gibt. Und nun ist die Gier des Grabes in Dir, der Hunger, der das Ende eines Menschen ankündet – dieser Gedanke von Dir, Dir alle Reiche zu unterwerfen. Aber was Du nicht weißt, ist, daß das Ergebnis Dein Tod sein wird und daß Deine Feinde Dein Königreich besitzen werden."

Der König sprach: „Komm her und sprich Deine Schicksals-Prophezeiungen!"

Hord sprach: „Hier will ich stehen und von hier aus sprechen."

Der König sprach: „Wer war Halfdan der Tapfere unter den Asen?"

Hord antwortete: „Er war Baldur unter den Asen und all die Götter weinten – im Unterschied zu Dir."

„Du sprichst gut," sagte der König, „komm her und sage mir Deine Botschaften!"

Hord sprach: „Hier will ich stehen und von hier aus sprechen."

Der König sprach: „Wer war Hroerek unter den Asen?"

Hord antwortete: „Er war Hönir, der der Ängstlichste unter den Asen war, auch wenn er schlecht zu Dir gewesen ist."

„Wer war Helgi der Kühne unter den Asen?" sprach der König.

Hord antwortete: „Er war Hermod, der den größten Mut hatte und Dir nicht gut gesonnen war."

Der König frug: „Wer war Gudrod unter den Asen?"

Hord antwortete: „Er war Heimdall, der der Närrischste unter den Asen war, auch wenn er schlecht zu Dir gewesen ist."

Der König sprach: „Wer bin ich unter den Asen?"

Hord antwortete: „Du mußt die Schlange sein, die das Schlimmste in der Welt ist, die, die sie Midgardschlange nennen."

Der König antwortete sehr wütend: „Wenn Du mein Verhängnis verkündest, dann laß mich Dir sagen, daß Du nicht mehr länger leben wirst, denn ich kenne Dich, dort wo Du stehst, Du großer Thurse! So fahre selber zur Midgardschlange und laß uns sehen, wer von uns der Bessere ist, wenn es zum Kampf kommt!"

Da sprang der König vom Achterdeck herab und er war so wütend, daß er durch die untere Ecke des Zeltes sprang. Hord stürzte hart von dem Felsen und stürzte in das Meer und das war das letzte, was die Wächter auf dem Schiff des Königs jemals von ihnen beiden sahen.

Der Drache und die vielen Vögel sind der König und sein Heer. Der Sturm ist sein nahender Tod und die Dunkelheit sein Ende. Die Wale sind die daraufhin führerlosen Schiffe, die heimkehren.

Die Fragen des Königs und die Schicksalsprophezeiungen des Hord machen den Eindruck, als ob sie in einer bestimmten Tradition ständen, die beiden gut bekannt ist

– eine Art Frage-und-Antwort-Dialog, der evtl. eine feststehende Form war, in der man vielleicht ein Orakel oder eine Seherin befragte.

Hord ist Odin in der Verkleidung des Ziehvaters des Königs Ivar – Odin ist oft der Todesbote, der ein Leben lang von dem Göttervater beschützten und daher immer siegreichen Könige in den Sagas. Am ausführlichsten ist dies in der Völsungen-Saga in der letzten Schlacht des Königs Sigmund, dem Vater des Sigurd/Siegfried beschrieben worden.

Halfdan, Hroerek, Helgi der Kühne und Gudrod sind Könige gewesen, die möglicherweise von König Ivar als seine Vorfahren angesehen worden sind. König Halfdan ist ein König der Dänen gewesen und herrschte von ca. 580-620 n.Chr. Er war ein Nachkomme von König Scyld, der ein Sohn des Odin war. Hroerek und Helgi der Kühne waren Söhne des Königs Halfdan. Ein dänischer König Gudrod ist nur aus der Zeit um 800 n.Chr., also 100 Jahre nach dem von 620-700 lebenden König Ivar bekannt.

Vermutlich waren diese vier Könige die direkten Vorfahren des Königs Ivar. Die Zeitangaben sind nur sehr grobe Schätzungen und die Reihenfolge von Hroerek und Helgi dem Kühnen ist ungewiß – sie kann auch andersherum gewesen sein als unten angeführt. Aus der Njals-Saga sind die direkten Vorfahren des Ivar bekannt, sodaß sich der Stammbaum der Skyldinge von Halfdan bis hin zu Ivar recht sicher rekonstruieren läßt:

- Odin
- Scyld, erster König von Dänemark
- ... ...
- **Helgi der Kühne** Halfdan-Sohn, König von Dänemark,
- **Gudrod**, vermutlich ein Sohn des Helgi, König von Dänemark
- **Hroerek** Halfdan-Sohn, König von Dänemark,
- Valdar Hroerek-Sohn, König von Dänemark,
- Harald der Alte Valdar-Sohn, König von Dänemark,
- **Halfdan der Tapfere**, König von Dänemark von ca. 580-620 n.Chr.,
- **Ivar der Weitumfassende** Halfdan-Sohn, König von Dänemark von ca. 650-700 n.Chr.

Der Dialog zwischen Odin/Hord und König Ivar ist anscheinend eine Art Anrufung der Ahnen des Königs.

Dazu paßt auch, daß König Ivar sich erkundigt, zu welchen Göttern seine Königs-Vorfahren geworden sind. Dies zeigt u.a., daß sich die Könige zumindestens nach ihrem Tod mit einem der Asen identifizierten. Dies läßt vermuten, daß sich diese Könige auch schon bei ihrer Krönung mit dem entsprechenden Gott vereinten und dann während ihrer Herrschaftszeit unter dessen Schutz standen. Diese Auffassung des Königtums ist weltweit verbreitet.

Die fünf Könige sind Odin/Hord zufolge zu folgenden Göttern geworden:

die Dänenkönige und ihre Schutzgottheiten			
König	*Gott*	*Beschreibung des Gottes*	*Kommentar zu Ivar*
Halfdan der Tapfere	Baldur	*all die Götter weinten*	*Du hast nicht geweint.*
Hroerek	Hönir	*der ängstlichste unter den Asen*	*Er war schlecht zu Dir.*
Helgi der Kühne	Hermod	*hat den größten Mut*	*Er war Dir nicht gut gesonnen.*
Gudrod	Heimdall	*der närrischste unter den Asen*	*Er war schlecht zu Dir.*
Ivar der Weit-umfassende	Jörmungandr	*Du mußt die Schlange sein, die das Schlimmste in der Welt ist, die, die sie Midgardschlange nennen.*	

Die Aussage zu Baldur ist leicht verständlich, da Baldur aus dem Jenseits zurückgekehrt wäre, wenn alle Wesen um ihn geweint hätten. Da nur Loki in der Gestalt der Riesin Thökk sich zu weinen weigerte, setzt Odin hier König Ivar dem Loki gleich.

Der Ase Hermod ist vermutlich deshalb der Mutigste, weil er auf Friggs Bitte hin die Fahrt in Jenseits unternommen hat, um zu versuchen, ihren Sohn Baldur von Hel zurückzuholen. Wenn dieser Schamanengott schlecht zu Ivar gewesen ist, könnte dies bedeuten, daß er die Verbindung zwischen Ivar und den Göttern aufgelöst hat – was das Ende des Königtums des Ivar bedeuten würde.

Heimdall wird der närrischste unter den Asen genannt – der Grund für diese Aussage ist recht unklar. Heimdall ist wahrscheinlich eine Gestalt des früheren Göttervaters Tyr und verkörpert einen seiner Aspekte. Wenn er dem Ivar nicht gut gesonnen war, dann bedeutet dies das Ende der Verbindung zwischen dem König und dem Göttervater. All dies sind letztlich auch Bilder dafür, daß Odin (Hord) dem Ivar die ihm bei seiner Krönung verliehene Gunst und seinen Schutz und seine Macht entzieht.

Der Vergleich des Ivar mit der Midgardschlange stellt Ivar zunächst als das Wesen dar, das von Thor getötet wird – ein deutlicher Hinweis auf sein nahes Ende. Zudem nehmen die Toten den Vorstellungen der Germanen zufolge in ihrem Hügelgrab die Gestalt einer Schlange oder eines Drachen an, sodaß der Vergleich des Ivar mit Jörmungandr auch eine Umschreibung dafür ist, daß Ivar nun zu einem Drachen werden, d.h. sterben wird.

Schließlich bleibt noch die Gleichsetzung des Königs Hroerek mit dem Gott Hönir.

Zunächst einmal wird Hönir wie die anderen Götter und Wesen wohl auch etwas mit dem Königtum zu tun gehabt haben. Daß er schlecht zu Ivar gewesen ist, wird wie bei Heimdall und Hermod wohl bedeuten, daß die Verbindung zwischen König Ivar und den Göttern von Hönir durchtrennt worden ist. Wenn der König von dem Priester, dessen Urbild Hönir ist, gekrönt worden ist, d.h. wenn dieser Priester-Gott die Verbindung des Königs zu dem Göttervater hergestellt hat, ist es plausibel, daß er sie auch wieder auflösen kann. Die Bezeichnung des Hönir als des ängstlichsten aller Asen ist vielleicht dadurch zu erklären, daß er als Priester-Schamane kein Krieger ist. Vielleicht liegt dem aber auch eine unbekannte Mythe zugrunde.

I 6. i) Kenningar

Es gab nur wenige Kenningar, in denen der Name „Hermodr" verwendet worden ist:

Ase	Hermodr		Snorri Sturluson	Thulur
Ase	Hermodr		Thordr Ameisen-Skalde	Bruchstücke
Toter (im Hügelgrab)	Hermodr des Lagers der Schlangen		Thordr Märi-Skalde	(Skaldskaparmal)

I 6. j) Jakob Grimm: Deutsche Mythologie

Außer Höðr flicht sich sodann noch Hermôðr in den verlauf von Balders geschichte, Hermôðr wird zu Hel entsandt, den geliebten bruder aus der unterwelt zurückzufordern. Von ihm weiß schon Saxo nichts, die angelsächsische genealogie setzt ihren Heremôð unter Vôdens vorfahren und nennt Sceldva oder den sageberühmten Sceáf seinen sohn, während er dem Norden erst mit Baldr von Oðinn abstammt; auf ähnliche weise sahen wir Freyr sowol für den vater als den sohn Niörðs angenommen. ein jüngerer Heremôð tritt im Beovulf auf, aber in verwandtschaft mit den alten geschlechtern. er ist vielleicht der neben Sigmundr genannte held, welchem Oðinn helm und brunie verlieh? auch angelsächsische urkunden gewähren den namen, und in althochdeutsch erscheint Herimuot, Herimaot sehr oft, doch kein gedicht, keine sage meldet von ihm.

Hermôðr heißt in sögubrot bazt hugaðr und ist gleich Helgi d. h. dem Helgi vergleichbar. Im Beovulf wird er unmittelbar nach Sigemund genannt, er geräth in der

Eoten gewalt und macht seinem volk sorge. auch wird er getadelt. bedeutet Hermôđr militandi fessus? dagegen spricht, daß althochdeutsch neben Herimuot und Herimaot nie Herimuodi vorkommt. Hermôdes porn begegnet in Kembles, terra quae anglice Hermodesodes nuncupatur im chartol. mon.

Auch die althochdeutschen Namensvarianten „Herimuot" und „Herimaot" bedeuten „Heeres-Wut". Diese Deutung des Namens „Hermod" ist also gut gesichert.

I 6. k) Zusammenfassung

Der Name des Hermod bedeutet „Heeres-Wut" im Sinne von „Kampf-Ekstase".

Hermod wird zwar als der Sohn des Odin angesehen, aber er wird recht sicher eine Verselbständigung eines Beinamens des Odin sein. Er hat von Odin die Funktion des Jenseitsbegleiters, d.h. des Schamanen übernommen – was wiederum damit identisch ist, daß Hermod das Urbild des Odin-Priesters ist.

Da sich Hermod auch in der vor allem auf die Südgermanen zurückgehenden althochdeutschen Tradition findet, wird es den Odin-Beinamen „Hermod" auch schon vor 500 n.Chr., als Thor und Odin den Tyr als den nordgermanischen Göttervater abgesetzt haben, gegeben haben.

Als Schamane trug Hermod den Beiname „der Schnelle" – ähnlich wie der Priester-Gott Hönir „Langfuß" und „Schritt-Meili" genannt wurde und Thialfi als „Schneller" bezeichnet worden ist – alle vier Beinamen sind Anspielungen auf die lange Reise in das Jenseits und zurück.

Hermods bekannteste Tat ist seine Reise zu dem toten Baldur ins Jenseits und zurück – das Urbild der Jenseitsreisen. Von dort brachte er Odins Ring Draupnir, Fullas goldenen Haarreif (der mit Draupnir identisch sein wird) und Friggs Umhang (vermutlich ein Unsichtbarkeits-Umhang) zurück – Ring und Mantel sind Symbole der Jenseitsreise (siehe „Ring" in Band 57 und „Unsichtbarkeit" in Band 64).

Als Odins-Sohn hat Hermod von seinem Vater Helm und Brünne erhalten.

I 7.   Gna, die Priesterin der Frigg

Gna ist eine der unbekannteren Göttinnen, aber die mehrfache Verwendung ihres Namens in Kenningarn zeigt, daß sie damals den Wikingern durchaus geläufig gewesen sein muß.

I 7. a)   Der Name Gna

Die Bedeutung des Namens „Gna" ist unsicher. Snorri selber leitet ihn von den Worten „gnäfr, gnäpa" für „hoch emporragen" und von „gnäfa" für „sich mit etwas brüsten" ab. Diese beiden Worte sind Ableitungen des Adjektivs „gnäpr" für „hoch, steil".

Gna könnte somit „die Hohe", d.h. „die Erhabene" bedeuten, was eine Analogie zu Odins Bezeichnung als „Har" („Hoher, Erhabenere") wäre.

Möglicherweise bezieht sich ihr Name auch im Sinne von „die Aufsteigende" auf ihr fliegendes Pferd, mit dem sie durch durch die Luft, d.h. in der Höhe reiten kann.

I 7. b)   Gylfis Vision

Gna erscheint u.a. in der Aufzählung und Beschreibung der Asinnen in Gylfis Vision:

Da frug Gangleri: „ Welches sind die Asinnen? "

Har antwortete: „Frigg ist die vornehmste ... ... Die dreizehnte ist Gna, welche Frigg in ihren Geschäften nach allen Weltteilen schickt. Sie hat ein Pferd, das durch Luft und Flut rennt und Hofvarpnir heißt.

Einst geschah es, daß sie von etlichen Wanen gesehen ward, als sie durch die Luft ritt.

Da sprach einer:

'Was fliegt da, was fährt da,
Was lenkt durch die Luft?'

Sie antwortete:

'Ich fliege nicht, obwohl ich fahre
und lenke durch die Luft
Auf Hofvarpnir, den Hamskerpir
Zeugte mit Gardrowa.'

Nach Gnas Namen gebraucht man den Ausdruck 'gnäfa' von allem Hochfahren-
den.“

Gna ist anscheinend so etwas wie eine „Walküre in Friggs Diensten". Sie besitzt ein
fliegendes Pferd, das in dieser Eigenschaft Odins Sleipnir, den magischen Schuhen
des Loki und dem magischen Schiff Skidbladnir des Freyr gleicht. Das „Fliegen
durch Luft und über Wasser" ist in aller Regel ein Bild für die Astralreise – ähnlich
dem Hexenbesen oder dem fliegenden Teppich der orientalischen Kollegen der germanischen Zauberinnen und Zauberer.

Diese „Flugmittel" sind sehr wahrscheinlich als Rationalisierung der „out of body"-
Erlebnisse („Astralreise") entstanden, bei denen man sich selber als unsichtbar und
als schwebend erlebt. Dieses Erlebnis tritt u.a. bei einem Nahtod auf und ist die „klas-
sische Einweihung" eines Schamanen.

Der Name „Hofvarpnir" bedeutet „Hufwerfer". Dieser Name würde zu allen schnel-
len Pferden passen und sagt nichts weiter über Hofvarpnir und seine Reiterin Gna aus.

Die Bedeutung des Namens von Hofvarpnirs Vater Hamskerpir ist unklar. Ein
„hams" ist eine abgestriffene Schlangenhaut und auch das Fell, mit dem sich ein
Zauberer in ein Tier verwandelt. „Skerpir" ist ein germanisches Adjektiv für „scharf,
trocken, öde, verbrannt, fest, straff, stark, kühn" – vielleicht ist ein straff gespanntes
Fell gemeint …

Der Name von Hofvarpnirs Mutter Gardrofa bedeutet „die das Gatter zerschlägt".

Snorri Sturluson ist offensichtlich der Ansicht, daß der Name der Göttin Gna sich
von dem Verb „gnäfir" für „aufragen" ableitet. Sie müßte dann eigentlich eine Göttin
des Weltenbaumes oder etwas ähnliches sein, wofür es allerdings in der spärlichen
Überlieferung zu dieser Göttin keinen Hinweis gibt – außer dem ganz indirekten, daß
sie auf ihrem Pferd fliegen, d.h. wie über die Regenbogenbrücke auch nach Asgard
reisen kann und der Weltenbaum ebenfalls ein Weg von Midgard nach Asgard ist.

Es wäre daher denkbar, daß „Gna" in etwa „die, die nach Asgard hinaufffliegt" bedeutet. Dies wäre ein passender Name für eine Walküren-ähnliche Frigg-Botin.

Aus welchem Grund nur Wanen sie durch die Luft fliegen gesehen haben oder aus
welchem Grund sich nur die Wanen über den Anblick der Gna auf ihrem fliegenden
Pferd gewundert haben, ist unklar. Gna scheint demnach jedenfalls eine Asin und
keine Göttin der Wanen gewesen zu sein.

Sollte dem die Erinnerung daran zugrundeliegen, daß Frigg aus der Wanen-Göttin
Freya heraus entstanden ist und nur ihren Namen dem südgermanischen Dialekt

entsprechend verändert hat? Sehr wahrscheinlich ist diese Möglichkeit nicht …

I 7. c) Thulur

Gna tritt noch einmal in einer Liste von 27 Göttinnen auf, aber dort wird nichts Neues über sie gesagt.

Nun nenne ich
alle Asinnen-Namen:
Frigg und Freyja,
Fulla und Snotra,
Gerdr und Gefjun,
Gna, Lofn, Skadi,
Jörd und Idunn,
Ilmr, Bil, Njörun.

Hlin und Nanna,
Hnoss, Rindr und Sjöfn,
Sol und Saga,
Sigyn und Vör,
Var und Syn
sind die edlen Namen,
aber zum Schluß müssen noch
Thrudr und Ran genannt werden.

I 7. d) Ynglingatal

Thjodolfr von Hvini benutzt den Namen „*Gna*" im Ynglangatel als eine Heiti („Ein-Wort-Umschreibung") für „Frau".

I 7. e) Lausavisur

In einem spontanen Vers beschreibt der Skalde Olaf der Schwarze Legg-Sohn eine Frau als „Feuer-Gna", d.h. als „Herdfeuer-Göttin".

I 7. f)   Jomsvikingardrapa

In diesem Lied des Skalden Bjarni Bischof Kolbeinsson wird eine Frau als „*Ring-Gna*", d.h. als „Schmuck-Göttin" umschrieben.

I 7. g)   Lausavisa

In einem Gelegenheitsreim (Lausavisa) benutzte der Skalde Olvir Schlitzohr (seine Nase und Ohren waren ihm als Strafe abgeschnitten worden) die Frauen-Kenning „*Gna des Kiefern-Feuers*".

Diese Kenning ist ein wenig wirr: „Kiefern-Feuer" muß „Gold" bedeuten, da eine „Gold-Gna" eine schmucktragende Frau ist. „Gold" müßte jedoch mit „Feuer des Meeres" o.ä. umschrieben werden. Die Alternative wäre „Gold-Kiefer" gewesen, wobei „Kiefer" dann die Frau repräsentieren würde.

Olvir Schlitzohr hat hier die beiden traditionellen Frauen-Kenningar „Gold-Gna" und „Gold-Kiefer" miteinander vermischt.

I 7. h)   Zusammenfassung

> Gna ist eine Botin der Frigg auf einem fliegenden Pferd. … mehr ist leider nicht über sie bekannt.
>
> Ihr Name bedeutet möglicherweise „Hohe" und könnte sich, wenn diese Deutung zutreffen sollte, auf ihr Reiten in der Luft, d.h. in der Höhe beziehen.
>
> Vermutlich ist sie die Priesterin-Schamanin der Frigg.

I 8.   Skirnir, der Priester des Freyr

Über Skirnir wird nur an zwei Stellen berichtet. Dort hat er beide Male die Funktion eines Schamanen, da er im Auftrag der Götter ins Jenseits reist.

I 8. a)   Der Name „Skirnir"

„Skirnir" bedeutet „der Helle". Dieser Name entspricht inhaltlich dem der Alfen („Weiße, Strahlende"), dem der Wanen („Glänzende") und dem des Riesen Beli („Scheinender"), der mit dem ehemaligen Sonnengott-Göttervater Tyr identisch ist. Der Sonnen- und Schwertgott Tyr als Herr von Muspelheim ist in der Edda zu dem Feuer- und Schwertriesen Surt geworden, der der Anführer der Muspelheim-Riesen ist.

Da Skirnir der Diener des Freyr ist, der in der Halle „Alfheim" wohnt und die Alfen im Süden in dem Muspelheim-Jenseits des ehemaligen Sonnengott-Göttervaters Tyr wohnen, wird die Wahl des Namens „Skirnir" für Freyrs Diener kein Zufall sein.

Dazu kommt, daß „Diener" eine bei vielen Völkern sehr geläufige Bezeichnung für „Priester" ist. Auch in den Isländersagas werden Priester als „Diener des Gottes X" bezeichnet.

Der „Diener" Skirnir erhielt seinen Namen somit in Anlehnung an seinen „Herrn" Freyr, der ein Wanen-Gott und der „Herr der Alfen" ist.

Die Wortfamilie, zu der der Name „Skirnir" gehört, ist recht aufschlußreich, da sie u.a. mehrere Fachbegriffe aus dem Tätigkeitsbereich der Priester enthält.

Das Zentrum der Wortfamilie ist das Verb „skina" für „scheinen, leuchten", von dem „skira" für „putzen, reinigen" abgeleitet ist.

Das Substantiv „Reinheit" zu diesen Verben lautet „skir-leikr", was wörtlich „Glanz-Ähnlichkeit" bedeutet.

Das dazu gehörige Adjektiv „skirr, skiri, skirari, skirstr" bedeutet „klar, rein, hell, gereinigt" und wird sowohl für Wasser, Glas, Metall, den Himmel usw. als auch für die menschliche Stimme verwendet.

Nahe Ableitung von diesem Zentrum sind „skir-ligr" für „leuchtend", „skir-dräpr" für „gleißend" und „skirna" für „klar werden, aufklaren (Wetter)".

Das Substantiv „skirsla, skirsli, skirsl" bedeutet „Klärung, Prüfung, Untersuchung". Dies kann durch den Verstand, durch Ausprobieren oder durch ein Gottesurteil wie z.B. eine Feuerprobe geschehen.

Das 'religiöse Substantiv' dazu ist „skirsl" für „Reinigung, Gottesurteil".

Davon leiten sich die beiden juristischen Begriffe „skir-skota" für „sich einem Urteil unterwerfen, sich auf ein Urteil beziehen" sowie „skir-skota til" für „jemanden bitten, sich beschweren, ein Urteil anfechten" ab. Mit dem Verb „skirsla" ist folglich auch die juristische Klärung z.B. an einem Thing gemeint.

Ein religiös-juristischer Begriff ist das Verb „skira sik" („sich reinigen"), mit dem der Nachweis der eigenen Unschuld durch einen Eid oder durch ein Gottesurteil bezeichnet wurde.

Das Adjektiv „skir-borinn" ist ein juristisch-moralischer Begriff, der „ehelich geboren", wörtlich „rein-geboren" bedeutet.

Mit „skir-leitr" bezeichnete man die „strahlende Ausstrahlung" eines Menschen.

Als die Christianisierung der Germanen begann, wurde von diesem Wortstamm die Bezeichnung „skirn" für „Taufe, Bekehrung zum Christentum" abgeleitet, die wörtlich „Reinigung (vom falschen Glauben)" bedeutet.

Das Verb dazu ist „skira" für „taufen, zum christlichen Glauben bekehren" – wörtlich „reinigen".

Der „Täufer" bzw. Missionar" war folglich ein „skirari", d.h. ein „Reiniger".

Zu diesem Zweig des Verbes „skirna" gehört eine große Zahl von zusammengesetzten Substantiven: „skirnar-brunna" für „Taufbecken", „skirnar-vatn" für „Taufwasser", „skirnar-embätti" und „skirnar-thjonusta" für „Taufe, Bekehrung", „skirnar-nafn" für „Taufname", „skirnar-hald" für „Tauf-Helfer, Pate", „skiri-fadir" für „Pate, Tauf-Vater", „skirnar-dagr" für „Tauftag" und schließlich „skirnar-klädi" für „Taufkleider".

Der Gründonnerstag vor Ostern, wurde „skir-dagr" oder „skir-thorsdagr" genannt, was wörtlich „Reinigungs-Tag" bzw. „Reinigungs-Donnerstag" bedeutet und sich auf die Fußwaschung der zwölf Jünger durch Christus bezieht.

Ein weiterer durch das Christentum entstandener oder zumindest verstärkter Zweig dieser Wortfamilie besteht aus den Worten „skir-lifi" für „Keuschheit", „skir-lifr" für „auf reine Weise lebend, keusch" und „skir-liga" für „auf reine/keusche Weise".

Der Name „Skirnir" wird diesem Wortfeld zufolge eine ganze Reihe von ursprünglich germanischen Assoziationen gehabt haben: Reinheit, Klarheit, Leuchten, Prüfung, Eid und Gottesurteil.

Dazu kamen dann durch das Christentum vermutlich als Umdeutungen bereits vorhandener Ansätze noch einige neue Assoziationen hinzu: Taufe, Bekehrung und Keuschheit.

Die Wurzel dieses Wortfeldes in der urgermanischen Sprache zentriert sich um das Verb „skeinan" für „scheinen, schimmern, leuchten, glänzen, beleuchten, strahlen".

Ein weiteres nah verwandtes Verb ist „skeirjan" mit den Bedeutungen „reinigen, klären, erhellen, schimmern, auslegen, erklären, taufen, klären, klar machen, sagen, frei werden". Dieses Verb bezieht sich eher auf die geistige als auf die physische Helligkeit. Mit „auslegen" enthält es auch einen Aspekt der Tätigkeit der Priester(innen) und Seher(innen).

Das Adjektiv dazu lautet „skeina" und bedeutet „sichtbar, scheinend, offenbar, leuchtend, offensichtlich, klar, deutlich".

Das germanische Adjektiv, das den Schwerpunkt auf die geistige Helligkeit und Klarheit legt, lautete „skeiriz". Es bedeutete „klar, rein, schier, hell, berühmt (wörtlich: „klar sichtbar"), weiß, glänzend, funkelnd, lauter, unvermischt, eifrig, scharfsinnig".

Das entsprechende Substantiv ist in erster Linie „skeiman" für „Schein, Helligkeit, Licht, Schimmer, Strahl, Glanz". Diese Wort wurde manchmal jedoch auch für sein Gegenteil benutzt, da.h. als Bezeichnung für „Schatten, Schattenbild, Schemen, Maske" benutzt. Damit ist ursprünglich vermutlich die hellsichtige Wahrnehmung des „Schattens eines Toten", d.h. seines milchig-weiß leuchtenden Lebenskraft-Körpers („Bettlaken-Gespenst") gemeint gewesen. Die Wahrnehmung dieses leuchtenden Totengeist ist auch die Wurzel der Bezeichnung „Alfen", d.h. „Weiße, Leuchtende" für die Totengeister gewesen.

Das germanische Substantiv „skeinä" weicht in seiner Bedeutung nur geringfügig von „skeiman" ab und bedeutet „Schein, Erscheinen, Glanz, Offenbarung, Schimmer, Klarheit, Licht, sowie Schatten". Es fehlen somit „Helligkeit" und „Strahl", während „Erscheinen", „Offenbarung" und „Klarheit" hinzukommen. „Skeiman" ist somit mehr die physische Helligkeit, während „skeinä" eher die geistige Helligkeit ist.

Die dazugehörige moralische Helligkeit wurde durch das Substantiv „skeirilaika" (altnordisch: „skir-leikr") ausgedrückt. Dieses Wort hat die Bedeutungen „Reinheit, Unverdorbenheit, Keuschheit, Gesundheit".

Es findet sich auch schon bei den Germanen ein Verb „skeiran" mit der Bedeutung „klar machen, klären, untersuchen, prüfen", aus dem dann später das altnordische Verb „skirsl" wurde.

Die indogermanische Wurzel dieser Wortfamilie laute „skand" und bedeutet „scheinen, glitzern".

Von diesem Wort wurde auch „skand", einer der Name für den Mond, abgeleitet, der sich z.B. in dem indischen „Candra" erhalten hat. Das milchigweiße Licht des Mondes entspricht ziemlich genau der hellsichtigen Wahrnehmung des Leuchtens von Totengeistern. Es ist daher nicht verwunderlich, daß es eine Bezeichnung für den Mond und für die Totengeister gibt, die von derselben indogermanischen Wortwurzel abstammen.

Die Entwicklung der Wortfamilie, zu der der Name „Skirnir" gehört, sieht in leicht vereinfachter Form und unter Weglassung der durch das Christentum verursachten

Entwicklungen wie folgt aus:

Die Entwicklung des Namens Skirnir				
Indogermanisch		**Germanisch**		**Altnordisch**
skand (scheinen)	skand (scheinen)	skeinan (scheinen)		skina (scheinen)	Skirnir
		skeirjan (geistige Helligkeit)	skeirjan (geistige Helligkeit)	skira (geistige Helligkeit)	
			skeiman (leuchtender Totengeist)	-	
			skeiran (prüfen)	skirsl (prüfen)	
	skand (Mond)	(diese Bedeutung hat sich im Germanischen nicht erhalten können)			

Der Name „Skirnir" hat somit die Hauptbedeutung „Scheinender". Die beiden inhaltlich sehr ähnlichen Namen „Alfen" („Weiße, Helle") und „Wanen" („Glänzende") lassen vermuten, daß allen drei Namen dieselbe Grundvorstellung zugrundeliegt.

Die Alfen waren die Bewohner des Jenseits in dem südlichen Himmel. Sie sind daher die Geister der Toten.

Das Wesen der Wanen wird sehr stark von den Jenseitsreise der Toten geprägt: Freya ist die Göttin der Wiedergeburt im Jenseits und Freyr ist der Urahn und somit das Urbild des Toten.

Das Wortfeld um „Skirnir" enthält unter anderem das „Scheinen", mit dem die Qualität des Mondlichtes gemeint ist, da diese Art von Licht auch als Bezeichnung des Mondes verwendet worden ist. Die Wahrnehmung des Geistes eines Toten als ein „Bettlaken-Gespenst" geht auf die hellsichtige Wahrnehmung solcher Geister zurück, die weltweit als ein milchigweißes, neblig-rauchiges Schemen beschrieben wird. Dieses Leuchten der Totengeister entspricht recht genau dem Licht des Mondes. Man kann daher vermuten, daß die „Schatten" und „Schemen", die sich in dem germanischen Wortfeld des Verbes „skeinan" finden, auf eben diese Totengeister beziehen, die als leuchtende Schemen wahrgenommen werden können.

Der Name „Skirnir" bezieht sich somit auf die Geister der Toten (Alfen, Wanen, Schemen) – was für einen Schamanen-Priester eine sehr passende Bezeichnung ist, da er beruflich vor allem mit diesen Totengeistern zu tun hat.

Die intellektuellen und richterlichen Tätigkeiten, die in dem Wortfeld zu „Skirnir" auftreten, gehörten bei den Indogermanen ebenfalls zu den Aufgaben der „Priester", die zugleich auch Historiker, Dichter, Heiler, Richter usw. waren.

Das Wort „Skirnir" findet sich auch in der Bezeichnung „Bilskirnir" für die Halle des Thor in Asgard:

„Bilskirnir" setzt sich aus „bil, bifa" für „zittern, erschrecken" und aus „skirnir" für „Leuchten" zusammen. „Bilskirnir" ist daher vermutlich „das aufleuchtende Helle" oder das „erschreckende Helle", d.h. der Blitz des Thor.

I 8. b) Skirnirs Fahrt

Freyr, der Sohn Niörds, hatte sich einst auf Hlidskialf gesetzt und überschaute die Welten alle.

Der Hochsitz („Thron") der Odin ist ein Seherstuhl wie ihn auch die Seherinnen und die Nornen haben. Es ist ungewöhnlich, daß sich jemand anderes auf Odins Hochsitz niederlassen darf. Entweder wird Freyr selber die Sehergabe besessen haben oder diese Szene soll lediglich erklären, warum Freyr bis in das Jenseits blicken konnte.

Die Formulierung „alle Welten" ist so gut wie immer eine rationalisierende Umdeutung von „Jenseits".

Da sah er nach Jötunheim und sah eine schöne Jungfrau aus ihres Vaters Haus in ihre Frauenkammer gehen. Daraus erwuchs ihm große Gemütskrankheit.

Die Riesinnen sind bei den Germanen so gut wie immer die Jenseitsgöttin – entweder die wunderschöne Göttin der Wiederzeugung (und der Wiedergeburt) oder die schreckliche, häßliche und gefürchtete Todesbringerin Hel.

Skirnir hieß Freyrs Diener. Niördr bat ihn, Freyr zum Reden zu bringen.

Niörd ist Freyrs Vater, der sich offenbar Sorgen um seinen Sohn wegen dessen Liebeskummer macht. Auch Skadi, Niörds Frau, sorgt sich im Folgenden um Freyr – sie wird hier als seine Mutter dargestellt.

Beide beauftragen Skirnir, mit Freyr zu reden. Skirnir scheint wohl auch so etwas wie ein Vertrauter des Freyr gewesen zu sein, daß Niörd ihm mehr als sich selber zutraut, Freyr zum Reden zu bewegen.

Dies würde gut zu der Deutung des Skirnir als ehemaligem Priester des Freyr passen – und außerdem ein gewisses Selbstbewußtsein der Freyr-Priester verraten, was den Zugang dieser Priester zu ihrem Gott betrifft.

Da sprach Skadi:
„Erhebe Dich, Skirnir, und schau, ob Du unsern Sohn
zum Reden bewegen kannst
Um zu erkunden, wem der Kluge wohl
So bitterböse sein mag."

Skirnir (zu Skadi):
„Eine üble Antwort werde ich von eurem Sohn erhalten,
Wenn ich ihn anspreche
Um zu erfahren, wem der Kluge wohl
So bitterböse ist."

Skirnir (zu Freyr):
„Sage mir, Freyr, volkwaltender Gott,
Was ich zu wissen wünsche:
Warum weilst Du allein im weiten Saal,
Herr, den ganzen Tag?"

Freyr:
„Wie soll ich sagen Dir jungem Gesellen
Der Seele großen Gram?
Die Alfenbestrahlerin leuchtet alle Tage,
Doch nicht zu meiner Liebeslust."

Die „Alfenbestrahlerin" ist die Sonne. Da Freyrs Halle den Namen „Alfheim" trägt, ist die Wahl der Kenning „Alfenbestrahlerin" an dieser Stelle vielleicht nicht nur einfach irgendeine Kenning, sondern Absicht. Das Muspelheim-Jenseits im südlichen Himmel ist zudem mit dem Sonnengott-Schwertgott-Göttervater Tyr verbunden, der zur Zeit der Edda bereits zu Surtur, dem Riesenkönig mit dem flammenden Sonnenschwert geworden ist – auch auf diese Weise sind die Alfen mit der Sonne assoziiert. Auch die häufige Assoziation des Göttervaters in den Liedern mit dem „Süden" läßt eine enge Verbindung zwischen der Sonne und Muspelheim sowie den dort wohnenden Alfen vermuten.

Diese Verbindungen zeigen insgesamt, daß sich auch Freyr in dem südlichen Muspelheim-Himmelsjenseits des ehemaligen Göttervaters Tyr befindet bzw. Tyrs Halle nach dessen Absetzung übernommen hat.

Skirnir (zu Freyr):
„Dein Gram kann so groß nicht sein,
Daß Du ihn mir nicht erzählen könntest.
Teilten wir doch die Tage der Jugend:
So mögen wir zwei uns Vertrauen schenken."

Freyr:
„In Gymirs Gärten sah ich gehen
Mir liebe Maid.
Ihre Arme leuchteten und Luft und Meer
Schimmerten von dem Scheine.

Mehr lieb ich die Maid als ein Jüngling mag
Im Lenz seines Lebens.
Von Asen und Alfen will es nicht einer,
Daß wir beisammen seien."

Der Tyr-Riese und Meeresgott Gymir, der mit Ägir und Hler identisch ist, ist der Vater der Riesin Gerdr. „Gymirs Gärten" sind, da sie in Utgard liegen, auch eine Umschreibung für das Jenseits, für die „Gärten der Hel".

Skirnir (zu Freyr):
„Gib mir Dein rasches Roß, das mich sicher
Durch die flackernde Flamme führt;
Gib mir das Schwert, das sich von selber schwingt
Gegen der Reifriesen Brut."

Die „flackernde Flamme" ist die Waberlohe, die die Grenze zwischen Diesseits und Jenseits markiert. Dieses Motiv ist durch den Brauch der Brandbestattung entstanden, bei der die Flammen das Tor zwischen Diesseits und dem Jenseits sind.

Das Schwert des Freyr ist offenbar ein magisches Schwert, da es von selber kämpfen kann. Eigentlich sollte man solch ein Schwert bei dem Schwertgott Tyr vermuten und nicht bei dem friedfertigen Freyr, der anschließend an diese Szene auch schwertlos ist.

Im Zusammenhang mit Tyr gab es das Motiv des abendlichen Zerbrechens des Schwertes bzw. des Versinkens des Schwertes in den tiefen Wassern des Jenseits. In der Nacht wurde dann das Schwert neugeschmiedet bzw. aus den tiefen Wassern zurückgeholt, sodaß der Sonnengott-Göttervater am Morgen im Sonnenaufgang mit seinem Schwert wieder in das Diesseits zurückkehren konnte.

Es hat den Anschein, als ob diese Symbolik, in der der das Schwert des Göttervaters dessen Schicksal teilt (Zerbrechen des Schwertes = Tod des Tyr), auf Freyr abgefärbt hätte. Dies läßt vermuten, daß es einst einen engeren Zusammenhang zwischen Tyr und Freyr gegeben hat. Dieser Zusammenhang wird auch dadurch nahegelegt, daß Freyrs Halle Alfheim vermutlich in dem Alfenhimmel in Muspelheim steht, dessen Herr Tyr/Surtur ist.

Zu dieser Deutung paßt auch gut, daß Freyr sein Schwert verliert, als die von ihm geliebte Frau (Riesin) im Jenseits erlangen will, denn in der ehemaligen Tyr-Mythe folgt auf den Verlust des Schwertes (Tod des Tyr) die Vereinigung mit der Jenseits-göttin.

Freyr wird bei der Absetzung des Tyr als Göttervater einen Teil von dessen Mythen übernommen haben.

Freyr:
„Nimm denn mein rasches Roß, das Dich sicher
Durch das Dunkel und die flackernde Flamme führt;
Nimm mein Schwert, das von selber
In der Hand des Mutigen schwingt."

Skirnir (zu Freyrs Roß):
„Dunkel ist's draußen: wohl dünkt es mich Zeit
Über feuchte Berge zu fahren.
Wir beide vollführen's, fängt uns nicht beide
Jener kraftreiche Riese."

Die *„feuchten Berge"* sind vermutlich ein weiteres Motiv für die Jenseitsgrenze. Der *„kraftreiche Riese"* wird wohl Gymir, der Vater der Gerdr, sein.

Skirnir fuhr gen Jötunheim zu Gymirs Wohnung. Da waren wütige Hunde an die Türe des hölzernen Zaunes gebunden, der Gerds Saal umschloß.
Er ritt dahin, wo der Viehhirte am Hügel saß und sprach zu ihm:

„Sag mir, Hirte, der am Hügel sitzt
Und die Wege bewacht,
Wie kann ich schauen die schöne Maid
Die von Gymirs Grauhunden bewacht wird?"

Der Hirte scheint hier die Funktion des Schamanen/Jenseitsfährmannes zu haben, der den Jenseitsreisenden über die Grenze zwischen Diesseits und Jenseits geleitet und sich mit den Gegebenheiten an diesem speziellen Ort auskennt. Diese Szene erinnert sehr an das Fiölswin-Lied, in der Tyr-Svipdag zu der Halle der Freya-Menglöd kommt und an deren Tor von Odin-Fiölswin befragt wird.

Hirte:
"Bist Du dem Tode nah oder bereits tot,
Mann auf dem Rücken der Mähre?
Mit Gymirs göttlicher Tochter zu sprechen
bleibt Dir immerdar unvergönnt."

Die Anspielung auf den Tod bestätigt, daß es sich bei Skirnirs Fahrt um eine Reise in das Jenseits handelt – was gut zu der Deutung des Skirnir als dem Schamanen-Priester des Freyr paßt.

Die Umschreibung „göttliche Tochter" könnte einfach eine Hervorhebung ihres hohen Standes und ihrer Unerreichbarkeit sein – vielleicht ist diese Benennung aber auch eine Erinnerung daran, daß diese Riesin ursprünglich einmal die Jenseitsgöttin gewesen ist. Die Übersetzung „göttliche Tochter" ist allerdings unsicher, da die Worte in dem Lied auch „gute Tochter" bedeuten könnten.

Gymir ist ein Name des Meeresgottes, d.h. des ehemaligen Sonnengott-Göttevaters Tyr als Riese in der Wasserunterwelt. Seine „göttliche Tochter" sollte daher die Jenseitsgöttin sein, die oft von der Wiedergeburts-Mutter des Göttervaters zu seiner Tochter umgedeutet worden ist.

Skirnir (zu dem Hirten):
"Kühnheit steht dem besser als Klagen,
Der zur Fahrt bereit ist.
Bis auf den Tag genau ist mein Alter bestimmt
Und meines Lebens Länge."

Die beiden letzten Verse beziehen sich darauf, daß die Nornen bei der Geburt den Todestag eines Menschen festlegen, den er nicht ändern kann.

Gerda (zu ihrer Magd):
"Welch ein Getöse hör ich ertönen
Hier in unsern Hallen?
Die Erde bebt davon und alle Wohnungen
In Gymirsgard erzittern."

Magd (zu Gerda):
„Ein Mann ist hier außen von der Mähre gestiegen
Und läßt im Grase sie grasen."

Gerda (zur Magd):
„Bitte ihn einzutreten in unsern Saal
Und den milden Met zu trinken,
Obwohl mir ahnt, daß hier außen sei
Meines Bruders Mörder."

In der Lokasenna wird von Loki auf eine ähnliche Mythe angespielt: *„Schweig, Idun! Von allen Frauen bist Du, sage ich, die Männertollste, denn Du legtest die Arme, die sorgfältig gewaschenen, um den Mörder eines Bruders."*

Der „Mörder eines Bruders" ist in den alten Mythen entweder Loki oder Tyr gewesen, da sich die Brüder Tyr (Sommergott) und Loki (Wintergott) in einer endlosen Folge abwechselnd töteten. In den neueren Mythen sind dies Baldur (Nachfolger des Tyr) und Hödur (Nachfolger des Loki).

Gerdr entspricht offenbar der Idun – beide sind die Jenseitsgöttin, die sich im Frühjahr mit Tyr vereint und ihn anschließend wiedergebiert, und die sich im Herbst mit Loki vereint und ihn anschließend wiedergebiert.

Dieses Motiv zeigt, daß das Skirnir-Lied eine Umdeutung einer älteren „Tyr und Loki"-Mythe ist.

Dies paßt dazu, daß Freyr in Tyrs Halle sitzt und sein Schwert besitzt.

Gerda (zu Skirnir):
„Wer bist Du von den Alfen oder Asensöhnen
Oder weisen Wanen?
Warum fuhrst Du allein durch flackernde Flamme,
Um unsere Säle zu schauen?"

Skirnir:
„Ich bin keiner der Alfen noch der Asensöhne,
Noch der weisen Wanen.
Doch fuhr ich alleine durch die flackernde Flamme,
Um eure Säle zu sehen.

Elf allgoldene Äpfel habe ich:
Die will ich Dir, Gerda, geben,
Um Deine Liebe zu erkaufen, damit Du Freyr bekennst,
Daß Dir niemand lieber ist als er."

Skirnir sagt hier über sich, daß er ein Mensch ist – auch wenn er einen Alben/Wanen-Namen trägt. Dies würde zu seiner Deutung als Priester des Freyr passen, da diese Schamanen-Priester durch ihren Beruf eng mit den Ahnen verbunden gewesen sind und somit durchaus einen Alben-Namen tragen konnten.

Diese bereits bei ihrem Beginn eher rustikale Werbung nach dem Prinzip „Gold für Liebe" ist nicht ganz so plump, wie es vielleicht wirkt, weil der Apfel ein Symbol der Wiedergeburt und der Seele ist: Die Äpfel der Idun gaben den Göttern ihre ewige Jugend und in der Völsungen-Saga wird berichtet, wie Odin und Frigg dem kinderlosen König Rerir (Sigurd/Siegfrieds Urgroßvater) und seiner Frau auf deren Bitte hin durch eine Walküre einen magischen Apfel senden, durch dessen Verspeisen die Königin dann schwanger wird.

Die elf goldenen Äpfel könnten somit auch als eine Bitte an Gerda, dem Freyr eine Wiedergeburt zu schenken, aufgefaßt werden. Allerdings ist dieses Motiv hier schon zu einer realen Brautwerbung umgedeutet worden.

Gerda:
„Die elf Äpfel nehme ich nicht an
für die Minne eines Mannes!
Freyr und ich sollen, solange wir beide atmen,
Niemals zusammen sein!"

Solche schwierige Brautwerbungen finden sich des öfteren einmal in den Mythen und Sagas, wenn es sich um umgedeutete Jenseitsreisen und Wiedergeburten handelt. Auch Odin muß in der Erzählung in der „Gesta danorum" („Geschichte der Dänen") zu vielen Listen und Gestaltwandlungen greifen, bis er sich endlich mit der Riesin/Königstochter Rindr vereinen kann, damit sie den Baldur-Rächer Vali gebären kann.

Diese Schwierigkeiten bei der Brautwerbung werden ursprünglich die Schwierigkeiten und Hindernisse auf dem Weg in das Jenseits gewesen sein. Die möglichen Probleme bei dieser so wesentlichen Wiederzeugung sollten u.a. durch die Opferung eines Herdentieres bei der Bestattung beseitigt werden werden, durch die die Zeugungskraft des Tieres auf den Toten im Jenseits übertragen wurde.

Die wichtigste Jenseitsreise ist einst die des Sonnengott-Göttervaters Tyr durch die nächtliche bzw. winterliche Unterwelt gewesen. Aus dieser Mythe stammen eine ganze Reihe von umgedeuteten Motiven in diesem Lied.

Skirnir:
„Ich gebe Dir den Ring, der mit Odins jungem Erben
In der Glut lag –
Acht ebensoschwere Ringe entträufeln ihm
In jeder neunten Nacht."

Als nächstes bietet Skirnir der Gerdr Odins Ring Draupnir an, der das wichtigste Symbol der Jenseitsreise gewesen ist und ursprünglich vermutlich ein Symbol der Sonne gewesen ist, die am Abend stirbt und am Morgen wiedergeboren wird. Durch dieses Angebot wird es offensichtlich, daß es sich bei Skirnirs Brautwerbung um eine Jenseitsreise handelt – genauso wie bei Odins Reise zu Rindr oder Swipdags Reise zu Menglöd.

Die Glut, in der der Ring gelegen hat, ist Baldurs Bestattungsfeuer gewesen.

Gerda:
„Nach dem Ring, der mit Odins jungem Erben
in der Lohe lag, verlangt mich nicht.
In Gymirsgard bedarf ich des Goldes nicht:
Mein Vater hat genügend Schätze für mich."

Skirnir:
„Siehst Du, Mädchen, das scharfe, Zauber-Schwert,
Das ich in der Hand halte?
Das Haupt hau ich Dir ab von Deinem Hals,
Wenn Du Dich Freyr verweigern willst."

Hier beginnt Freyr mit genauso gewaltsamen Methoden wie Odin in der Gesta danorum bei seiner Werbung um Rindr. Auch im Edda-Lied über Wieland den Schmied, der der Göttervater Tyr als Schmied seines zerbrochenen magischen Schwertes in der Unterwelt ist, gibt es Hinweise darauf, daß er bei seiner Vereinigung mit Bödwild Zwang angewendet hat.

Die friedlichen Brautwerbungs-Varianten der Wieland-Mythe, der Odin/Rindr-Mythe sowie die friedliche Brautwerbung Swipdag/Menglöd-Mythe zeigen, daß die Anwendung von Gewalt bei der Brautwerbung, also dem Streben der Wiederzeugung erst eine recht späte Entwicklung ist, in der das Vertrauen in die Götter bereits unter dem Einfluß des Christentums zu schwinden begann und daher die Furcht vor dem Tod schließlich die Oberhand erhielt. Und Angst führt oft zu Gewalt … auch in den Mythen …

Gerda:

„Ich werde niemals Zwang erdulden
wegen der Minne eines Mannes!
Aber wenn Dich Gymir sieht, dann bin ich sicher,
Daß ihr Kühnen einen Kampf beginnen werdet. "

Nach dieser standhaften Gegenwehr der Gerda beginnt Skirnir nun mit einer langen Litanei von Drohungen, die durchaus durch die von den germanischen Priestern bei Bestattungen gesprochenen Texte inspiriert sein könnten, da sie auf magische Weise der Jenseitsgöttin drohen, wenn sie den Toten nicht zu seiner Wiederzeugung empfangen sollte.

Falls diese Deutung zutreffend sein sollte, werden diese Texte aber wohl erst in einer sehr späten Phase der germanischen Religion solche Drohungen enthalten haben, da solch eine angstgeleitete Haltung gegenüber den Götter fast immer ein Zeichen dafür ist, daß sich die betreffende Religion bereits in der Auflösung befindet.

Skirnir:

„Siehst Du, Mädchen, das scharfe Zauber-Schwert,
Das ich in der Hand halte?
Seine Schneide wird den alten Riesen erschlagen,
wird Deinen Vater töten!

Ich werde Dich, Maid, mit der Zauberrute
Zu meinem Willen zwingen!
Du wirst dorthin kommen, wo Dich die Kinder der Menschen
Nicht mehr sehen werden!"

Die Zauberrute ist der Zauberstab der Seher und Seherinnen, der ihre Verbindung zu den Göttern symbolisiert und den Weltenbaum verkörpert. Die Drohung mit einem Zauberstab bestätigt die Vermutung, daß Skirnir ein Freyr-Priester ist. Die Drohung selber ist wohl ein Zwang durch Hypnose, die zumindestens von den Druiden der den Germanen nahe verwandten Kelten gut bekannt ist.

Die beiden letzten Verse klingen danach, als ob Gerdr durch den Zauberstab getötet werden sollte, denn der Ort, an dem sie die „Kinder der Menschen nicht mehr sehen" ist die Unterwelt.

Skirnir droht Gerda offensichtlich damit, sie durch Hypnose willenlos zu machen und schließlich durch Magie bzw. durch eine Verfluchung zu töten.

Skirnir:

„Auf dem Felsen des Adlers sollst Du in der Frühe sitzen:
Von der Welt fortgewandt zu Hel!
Die Speisen sollen Dir widerwärtiger sein als irgendeinem
Auf der Erde der von den Menschen verabscheute Midgardswurm!"

Der Adler ist der Seelenvogel des Göttervaters. Der am Morgen auf einem Felsen sitzende Adler ist ein Bild für die wiedergeborene Sonne. „Felsen" ist oft eine Umschreibung für „Hügelgrab" und bezieht sich auf die Felsen, aus denen die Grabkammer in dem Hügelgrab errichtet worden ist. Dieser Felsen entspricht dem „Arhaug" („Adlerhügel") des Franmar Tyr-Priester.

Die Drohung an Gerda, daß sie am Morgen auf diesem Felsen sitzen, aber nicht in das Diesseits, sondern zur Hel blicken muß, bedeutet, daß sie die Unterwelt nicht mehr mit der Morgensonne verlassen darf – es ist ein ziemlich heftiger Fluch, mit dem Skirnir hier droht.

Da der Adler der Seelenvogel des Göttervaters ist und Gerdr in diesem Fluch auf dessen Hügelgrab sitzt, wird deutlich, daß Gerdr einst die Wiedergeburts-Göttin gewesen ist, mit der sich Tyr in seinem Hügelgrab („Felsen") vereint hat und die ihn anschließend als Adler-Seelenvogel wiedergeboren hat. Dann sitzt er als der Adler-Riese Hraesvelgr am Horizont – dort wo die Sonne aufgeht … weil der Tyr-Adler mit der aufgehenden Sonne identisch ist.

Es ist auch hier deutlich, daß Skirnir die Bilder für seinen Fluch aus den alten Tyr-Mythen nimmt und diese dann zu etwas Bedrohlichem umdeutet.

Skirnir:

„Ein scheußliches Wunderwesen wirst Du draußen werden,
Hrimnir wird Dich angaffen, alle werden Dich anstarren!
Du wirst weiter bekannt werden als der Wächter der Götter:
Dann kannst Du hinter Gittern hervorgaffen!"

Die Gefangenschaft in der Hel wird hier als eine Besonderheit beschrieben, die alle auf sie blicken lassen wird.

Der Name des oft erwähnten Riesen „Hrimnir" bedeutet „Rußiger" und entspricht somit dem Namen „Surtur". Er könnte somit der am Morgen aus der Unterwelt zurückkehrende Sonnengott-Göttervater Tyr sein. Hrimnir wäre dann mit dem „Adler auf dem Felsen am Morgen" aus der vorigen Strophe identisch, was hier durchaus einen Sinn ergäbe.

Der „Wächter der Götter" ist Heimdall, der auf der Regenbogenbrücke, die hinauf nach Asgard führt, steht und allen wohlbekannt ist.

Das Gitter, durch das Gerda in die Welt blicken wird, ist das Gitter „Walgrind" („Gitter-Tor am Totenreich") vor dem Tor zur Hel.

Diesen Flüchen scheint die Vorstellung zugrunde zu liegen, daß man die Unterwelt normalerweise am Morgen wieder verlassen kann – vermutlich zusammen mit der Sonne.

Skirnir:
„ Einsamkeit und Abscheu, Zwang und Ungeduld
Werden Dir Trübsinn und Tränen bringen!
Setze Dich nieder, denn ich werde Dir nun
den anschwellenden Strom Deines Leides verkünden,
Deinen zweischneidigen Schmerz!

Trolle sollen Dich ängstigen den ganzen den Tag
Hier im Gehege der Joten!
Du sollst Dich krümmen den ganzen Tag
Hier vor der den Hallen der Hrimthursen:

Der Speise beraubt,
Um Speise verzweifelt!
Leid statt Lust wird Dein Lohn sein
und Du wirst Dein Unglück mit Tränen tragen!

Mit einem dreiköpfigen Thursen wirst Du Dein Leben teilen
Oder unvermählt altern!
Die Sehnsucht wird Dich
Von Morgen zu Morgen scheuchen!
Wie die Distel wirst Du verdorren, die sich
In die Öffnung des Ofens gedrängt hat!"

Der „dreiköpfige Riese" erinnert an den Riesen Thrivaldi („dreifacher Herrscher"). Auch dieser Riese ist ursprünglich der Sonnengott-Göttervater in der Unterwelt gewesen und entspricht somit dem Surtur und dem Hrimnir.

Die Flüche des Skirnir beziehen sich offenbar zu einem großen Teil auf den Sonnenaufgang, der der Gerda verwehrt werden soll. Dies bestätigt die Vermutung, daß Freyr hier von dem ehemaligen Sonnengott-Göttervater Tyr die Rolle des Bräutigams der Jenseitsgöttin übernommen hat.

Skirnir:

„Ich ging zum Hügel in den tiefen Wald,
Um Zauberstäbe zu finden:
Und Zauberstäbe habe ich gefunden!"

Diese Zauberstäbe sind entweder Seher(innen)-Stäbe oder Stäbe, auf die man bei Verfluchungen, Segnungen u.ä, Runen ritzte. Der Umstand, daß Skirnir erst bei dieser Gelegenheit nach solchen Stäben gesucht hat, spricht dafür, daß es Runen-Stäbe sind, denn den Seher(innen)-Stab erwirbt man sich nach der Ausbildung zur Seherin bzw. zum Seher.

Skirnir:

„Odin ist Dir gram! Der Asenfürst grollt Dir!
Und Freyr verflucht Dich!
Fliehe, üble Maid, bevor Dich
Der Zauberzorn der Götter vernichtet!

Hört es, ihr Joten! Hört es, ihr Reifriesen!
Hört es, Suttungs Söhne! Hört es, ihr Asen selber!
Wie ich der Maid verbiete, wie von der Maid verbanne
die Gesellschaft mit Männern!
Die Gemeinschaft mit Männern!"

Hier verflucht Skirnir die Gerda, daß sie nie mit einem anderen Mann mehr zusammen sein wird, wenn sie sich dem Freyr verweigert. Dies kann man nur noch eine Brachial-Brautwerbung nennen …
„Suttungs Söhne" sind die Riesen.

Skirnir:

„Hrimgrimnir heißt der Riese, der Dich haben soll
Hinter dem Totentor!
Dort werden verworfene Knechte
Dir Ziegen-Harn in kotige Kelche gießen:
Anderer Trank wird Dir nicht eingeschenkt!
Maid, nach Deinem Willen!
Maid, nach meinem Willen!"

Diese Textstelle ist vermutlich eine Umdeutung des Wiedergeburts-Trankes, den die Jenseitsgöttin den Toten reicht. Er entspricht Menglöds Met, den Odin trinkt.

„Ein Thurs-Rune schneid ich Dir in drei Stäbe:
Ohnmacht, Unmut, Ungeduld.
Ich werde sie abschneiden, so wie ich sie eingeschnitten habe,
Wenn ich es tun muß!"

Die drei Runen, die Skirnir in die drei Stäbe geritzt hat, sind mit allen seinen Flüchen aufgeladen worden. Wenn Skirnir nun die Runen wieder von den Stäben abschneidet, sind sie „aktiviert" worden und das Schicksal wird seinen Lauf nehmen. Offenbar war es notwendig, die Runen durch das Abschneiden zu „töten", d.h. ins Jenseits zu senden, damit sie von dort aus durch die magische Kraft der Götter zu Wirklichkeit werden.

Skirnir stellt Gerda nun vor die Wahl, Freyr als Mann anzunehmen oder mit dem Fluch belegt zu werden.

Diese „Fluch-Litaneien" scheinen bei den westlichen Indogermanen eine übliche magische Erpressungs-Methode gewesen zu sein, denn auch von den Kelten sind sehr lange und sehr kunstvoll ausgearbeitete Flüche bekannt, für die der Sturmzauber des Taliesin aus dem „Book of Taliesin" ein sehr anschauliches Beispiel ist.

Gerda:
„Nun sei Dir Heil, Held – nimm den Eiskelch
voller firnen Metes.
Ich hätte nie gedacht, daß ich einen
Von dem Stamm der Wanen wählen würde."

„Firn" ist der Schnee vom Vorjahr oben auf einem Gletscher, der im Laufe eines Jahres zu einer eisähnlichen Masse zusammengedrückt worden ist. Das Adjektiv „firn" bedeutet „eiskalt" oder „eisgekühlt". Vornehmen Gästen servierte man den Met offenbar „on the rocks".

Skirnir:
„Meiner Werbung Erfolg wüßte ich gerne gesichert,
bevor ich von hier gehe.
Wann meinst Du in Minne dem mannhaften Sohn
Des Niörd zu nahen?"

Gerda:
„Barri heißt der Wald mit den stillen Wegen,
den wir beide kennen:
Nach neun Nächten soll Niörds Sohn dort
Gerd Freude gönnen.“

„Barri“ bedeutet „Nadelwald“ – kein besonders spezifischer Name für einen Wald. Da sich Freyr und Gerdr dort treffen und der Hintergrund dieser Mythe die Wiederzeugung im Jenseits ist, wird dieser Wald mit „Myrkwid“ („Düsterwald“) identisch sein, der auf dem Weg ins Jenseits liegt und manchmal auch das Jenseits selber zu verkörpern scheint.

Die „neun Nächte“ sind wieder ein Hinweis auf die Jenseitsreise, da die „9“ die Zahl des Jenseits ist.

Da ritt Skirnir heim. Freyr stand draußen, grüßte ihn und frug ihn, was er zu berichten habe:

„Sage mir, Skirnir, eh Du den Sattel abwirfst
Oder vorrückst den Fuß,
Was Du ausgerichtet hast in Riesenheim
Nach meiner Meinung und nach Deiner!“

Skirnir:
„Barri heißt der Wald mit den stillen Wegen,
den wir beide kennen:
Nach neun Nächten will Gerda dort
Niörds Sohn Freude gönnen.“

Freyr:
„Lang ist eine Nacht, länger sind zwei:
Wie kann ich drei ertragen?
Oft scheint ein Monat mir minder lang
Als eine halbe Nacht des Harrens.“

Die „3“ ist die Zahl des Sonnen-Zyklus, die jedoch in den neueren Mythen und Sagen und später auch in den Märchen schon zu der allgemeinen „magischen Zahl“ geworden ist.

Dieses Lied beschreibt die Vorbereitung der Jenseitsreise des Freyr zu Gerda durch den Schamanen und Freyr-Priester Skirnir. Dies wird die Jenseitsreise nach dem Tod des Freyr sein, nach der er der Urahn der Menschen wurde und zudem das Vorbild für eine erfolgreiche Wiederzeugung und Wiedergeburt.

Die häufigen Anspielungen auf den am Morgen wiedergeborenen Sonnengott-Göttervater („Tyr") zeigen, daß Freyr dieses Motiv von dem ehemaligen Sonnengott-Göttervater übernommen hat.

I 8. c) Gylfis Vision

Dieselbe Geschichte hat Snorri Sturluson in seiner „Edda" in Prosa zusammengefaßt. In dieser Erzählung finden sich leider keine neuen Details über Skirnir.

Gymir hieß ein Mann, und seine Frau Örboda; sie war Bergriesengeschlechtes. Deren Tochter ist Gerd, die schönste aller Frauen.

Der Name „Örboda" oder „Aurboda" bedeutet „Lichtbotin". Dieser Name ist ein sehr sicherer Hinweis darauf, daß diese Riesin eigentlich der Planet Venus als die Botin des Lichts der Sonne ist.

Die Venus-Göttin ist bei den Indogermanen oft eng mit der Himmelsgöttin verbunden, die am Morgen die Sonne gebiert. Örboda wäre dann wie Gerda die Göttin der Wiedergeburt im Jenseits – nur daß bei Gerda der zur Zeit der Edda vorherrschende Riesinnen-Charakter dominiert und bei Örboda die Symbolik des Morgensternes Venus und evtl. auch noch die ursprüngliche indogermanische Vorstellung der Himmelsgöttin als Sonnenmutter.

Aufgrund der Wiedergeburts-Vorstellungen wiederholt sich in den Mythen der Indogermanen der Charakter der Eltern-Generation oft in der Kindergeneration – so wie Freyr und Freya wahrscheinlich die verjüngte Wiederkehr ihrer Eltern Niörd und Nerthus sind.

Wenn dies auch hier zutrifft, könnten Gerdr und Freyr auch die verjüngte Entsprechung zu Gymir und Örboda sein. Freyr hätte hier (wie auch Thor) dann die Rolle des wiedergeborenen Tyr-Gymir übernommen.

Die Bedeutung des Namens des Tyr-Riesen „Gymir" ist unsicher – sie kann „Erdmann", „Winterlicher", „Beschützer" oder „Beller" bedeuten. Er wird in der Überlieferung mehrfach dem Meeresriesen Ägir gleichgesetzt, der vermutlich auch zu den Riesen zählt, die aus dem Bild des Göttervaters in der Unterwelt entstanden sind.

Wenn dies zutrifft, wäre Gymir der „alte, sterbende Gott" und Freyr derselbe Gott als der „junge, wiedergeborene Gott".

Es wäre auch denkbar, daß „Gymir" wie „Hymir" eine Erweiterung des Namens des Urriesen „Ymir" ist, mit dem Tyr als Riese im Jenseits gleichgesetzt worden ist.

Eines Tages war Freyr auf Hlidskialf gegangen und sah über alle Welten. Als er nach Norden blickte, sah er in einem Gehege ein großes und schönes Haus. Zu diesem Hause ging ein Mädchen, und als sie die Hände erhob, um die Türe zu öffnen, da leuchteten von ihren Händen Luft und Wasser, und alle Welten strahlten von ihr wieder.

Dieses Leuchten erinnert an die mögliche Bedeutung „Lichtbotin" des Namens „Örboda" der Mutter der Gerda. Die Szene, die hier beschrieben wird, könnte durchaus eine tiefere Bedeutung haben: Gerda erhebt die Hände, öffnet eine Tür und alle Welt beginnt zu strahlen – dies klingt wie das Öffnen des Tores am Horizont im Osten, durch das dann die Sonne bzw. in früherer Zeit der Sonnengott-Göttervater Tyr auf seinem Streitwagen in die Welt hinausfährt.

Und so rächte sich die Vermessenheit des Freyrs an ihm, daß er sich an diese heilige Stätte gesetzt hatte und er ging harmvoll davon. Und als er heim kam, sprach er nicht, auch mochte er weder schlafen noch trinken und niemand wagte es, das Wort an ihn zu richten.

Da ließ Niörd den Skirnir, Freyrs Diener, zu sich rufen und bat ihn, zu Freyr zu gehen, mit ihm zu reden und zu fragen, warum er so zornig sei, daß er mit niemand reden wolle.

Skirnir sagte, er wolle gehen, aber ungern, denn er erwarte eine üble Antwort von ihm.

Und als er zu Freyr kam, frug er, warum Freyr so finster sei und mit niemandem rede.

Da antwortete Freyr und sagte, er habe ein schönes Weib gesehen und um ihretwillen sei er so harmvoll, daß er nicht länger leben möge, wenn er sie nicht haben solle, „und nun sollst Du fahren und für mich um sie bitten, und sie mit Dir heimführen, ob ihr Vater wolle oder nicht, und will ich Dir das wohl lohnen."

Da antwortete Skirnir und sagte, er wolle die Botschaft werben, wenn ihm Freyr sein Schwert gebe. Das war ein so gutes Schwert, daß es von selbst focht. Und Freyr ließ es ihm daran nicht mangeln und gab ihm das Schwert.

Da fuhr Skirnir und warb um das Mädchen für ihn und erhielt die Verheißung, nach neun (drei) Nächten wolle sie an den Ort kommen, der Barrey heiße, und mit Freyr Hochzeit halten.

Und als Skirnir dem Freyr sagte, was er ausgerichtet habe, da sang Freyr so:

„Lang ist eine Nacht, länger sind zwei,
Wie kann ich drei ertragen?
Oft schien mir ein Monat minder lang
Als eine halbe Nacht des Harrens. "

Das ist die Ursache, warum Freyr kein Schwert hatte, als er mit Beli stritt und ihn
mit einem Hirschhorn erschlug.

I 8. d)   Gylfis Vision

Das Schwert, daß Freyr dem Skirnir geschenkt hat, wird später in „Gylfis Vision"
noch einmal erwähnt:

Freyr streitet wider Surtur und kämpfen sie ein hartes Treffen bis Freyr erliegt, und
das wird sein Tod, daß er sein gutes Schwert vermißt, das er dem Skirnir gab.

I 8. e)   Gylfis Vision

Die zweite Mythe, in der Skirnir auftritt, findet sich nur als Prosa-Fassung in
„Gylfis Vision", aber nicht als Skalden-Lied.

Har sprach: „Loki hatte noch andere Kinder. Angurboda hieß ein Riesenweib in
Jötunheim: mit der zeugte Loki drei Kinder: das erste war der Fenriswolf, das andere
Jörmungand die Midgardschlange, das dritte war Hel.
Als aber die Götter erfuhren, daß diese drei Geschwister in Jötunheim erzogen wür-
den, und durch Weissagung erkannten, daß ihnen von diesen Geschwistern Verrat und
großes Unheil bevorstehe, indem sie Böses von Mutter-, aber noch schlimmeres von
Vaterswegen von ihnen erwarten zu müssen glaubten, schickte Allvater die Götter,
daß sie diese Kinder nähmen und zu ihm brächten.
Als sie aber zu ihm kamen, warf er die Schlange in die tiefe See, welche alle Länder
umgibt, wo die Schlange zu solcher Größe erwuchs, daß sie mitten im Meer um alle
Länder liegt und sich in den Schwanz beißt.
Die Hel aber warf er hinab nach Niflheim und gab ihr Gewalt über neun Welten,
daß sie denen Wohnungen anwiese, die zu ihr gesendet würden: solchen nämlich, die
vor Alter oder an Krankheiten starben. Sie hat da eine große Wohnstätte; das Gehege
umher ist außerordentlich hoch und mit mächtigen Gittern verwahrt. Ihr Saal heißt

106

Elend, Hunger ihre Schüssel, Gier ihr Messer, Träg ihr Knecht, Langsam ihre Magd, Einsturz ihre Schwelle, ihr Bett Kümmernis und ihr Vorhang drohendes Unheil. Sie ist halb schwarz, halb menschenfarbig, also kenntlich genug durch grimmiges, furchtbares Aussehen.

Den Wolf erzogen die Götter bei sich und Tyr allein hatte den Mut, zu ihm zu gehen und ihm zu Essen zu geben. Und als die Götter sahen, wie sehr er jeden Tag wuchs, und alle Vorhersagen meldeten, daß er zu ihrem Verderben bestimmt sei, da faßten die Asen den Beschluß, eine sehr starke Fessel zu machen, welche sie Läding hießen. Die brachten sie dem Wolf und baten ihn, seine Kraft an der Kette zu versuchen. Der Wolf hielt das Band nicht für überstark und ließ sie damit machen, was sie wollten. Aber das erstemal, daß der Wolf sich streckte, brach das Band und er war frei von Läding.

Darauf machten die Asen eine andere noch halbmal stärkere Fessel, die sie Droma nannten. Sie baten den Wolf, auch diese Kette zu versuchen, und sagten, er wurde seiner Kraft wegen sehr berühmt werden, wenn ein so starkes Geschmeide ihn nicht halten könnte. Der Wolf bedachte, daß dieses Band viel stärker sei, daß aber auch seine Kraft gewachsen sei, seit er das Band Läding gebrochen hatte; zugleich erwog er, daß er sich entschließen müsse, einige Gefahr zu bestehen, wenn er berühmt werden wolle. Er ließ sich also das Band anlegen. Als die Asen damit fertig waren, schüttelte sich der Wolf und reckte sich und schlug das Band an den Boden, so daß die Stücke weit davon flogen. So brach er sich los von Droma. Es wurde danach sprichwörtlich, sich aus Läding zu lösen, oder aus Droma zu befreien, wenn von einer schwierigen Sache die Rede ist.

Danach fürchteten die Asen, daß sie den Wolf nicht wurden binden können. Da schickte Allvater den Jüngling Skirnir, der Freys Diener war, zu einigen Zwergen in Schwarzalfenheim, und ließ das Band Gleipnir verfertigen.

Skirnir reist hier wie in „Skirnirs Fahrt" in das Jenseits – diesmal zu den Zwergen statt zu den Riesen. Diese Jenseitsreisen sind die wichtigste Tätigkeit eines Schamanen.

Dieses war aus sechserlei Dingen gemacht: aus dem Schall des Katzentritts, dem Bart der Weiber, den Wurzeln der Berge, den Sehnen der Bären, der Stimme der Fische und dem Speichel der Vögel. Hast Du auch diese Geschichte nie gehört, so magst Du doch bald finden, daß sie wahr ist und wir Dir nicht lüge – wenn Du wohl bemerkt hast, daß die Frauen keinen Bart, die Berge keine Wurzeln haben und der Katzentritt keinen Schall gibt, so magst Du mir wohl glauben, daß das übrige ebenso wahr ist, was ich Dir gesagt habe, wenn Du auch von einigen dieser Dinge keine Erfahrung hast."

Da sprach Gangleri: „An den Dingen, die Du zum Beispiel anführst, kann ich allerdings die Wahrheit erkennen; aber wie war das Band beschaffen?"

Har antwortete: „Das kann ich Dir wohl sagen: Das Band war schlicht und weich wie ein Seidenband und so stark und fest, wie Du sogleich hören sollst. Als das Band den Asen gebracht wurde, dankten sie dem Boten für das wohl verrichtete Geschäft und fuhren dann auf die Insel Lyngwi im See Amswartnir, riefen den Wolf herbei, zeigten ihm das Seidenband und baten ihn, es zu zerreißen. Sie sagten, es wäre wohl etwas stärker, als es nach seiner Dicke das Aussehen habe. Sie gaben es einer dem anderen und versuchten ihre Stärke daran, allein es riß nicht. Doch sagten sie, der Wolf werde es wohl zerreißen mögen.

Der Wolf antwortete: 'Um dieses Band dünkt es mich so, als wenn ich wenig Ehre damit einlegen möchte, wenn ich auch eine so starke Fessel entzweireiße; falls es aber mit List und Betrug gemacht ist, obgleich es so schwach scheint, so kommt es nicht an meine Füße.'

Da sagten die Asen, er möge leicht ein dünnes Seidenband zerreißen, da er zuvor die schweren Eisenfesseln zerbrochen habe. Wenn Du aber dieses Band nicht zerreißen kannst, so haben die Götter sich nicht vor Dir zu fürchten und wir werden Dich dann lösen.

Der Wolf antwortete: 'Wenn ihr mich so fest bindet, daß ich mich selbst nicht lösen kann, so spottet ihr meiner, und es wird mir spät werden, Hilfe von euch zu erlangen: darum bin ich nicht gesonnen, mir dieses Band anlegen zu lassen. Ehe ihr mich aber der Feigheit zeiht, so lege einer von euch seine Hand in meinen Mund zum Unterpfand, daß es ohne Fälsch hergeht.'

Da sah ein Ase den andern an, die Gefahr schien ihnen doppelt groß und keiner wollte seine Hand herleihen, bis Tyr zuletzt seine Rechte darbot und sie dem Wolfe in den Mund legte. Und da der Wolf sich reckte, da erhärtete das Band, und je mehr er sich anstrengte, desto stärker ward es. Da lachten alle außer Tyr, denn er verlor seine Hand.

Da Fenrir ursprünglich der ehemalige Sonnengott-Göttervater Tyr gewesen ist, sollten die drei Fesseln Läding, Droma und Gleipnir die Bänder sein, mit denen Tyr während der neun Wintermonate in seinem Hügelgrab gefesselt lag.

Als die Asen sahen, daß der Wolf völlig gebunden sei, nahmen sie den Strick am Ende der Kette, der Gelgia hieß, und zogen ihn durch einen großen Felsen, Giöll genannt, und festigten den Felsen tief im Grund der Erde. Auch nahmen sie noch ein anderes Felsenstück, Thwiti genannt, das sie noch tiefer in die Erde versenkten und das ihnen als Widerhalt diente.

Der Wolf riß den Rachen furchtbar auf, schnappte nach ihnen und wollte sie beißen; aber sie steckten ihm ein Schwert in den Gaumen, daß das Heft wider den Unterkiefer, und die Spitze gegen den Oberkiefer stand: damit ist ihm das Maul gesperrt. Er heult entsetzlich, und Geifer rinnt aus seinem Maul und wird zu dem

Fluß, den man Wan nennt.
So liegt er bis zur Götterdämmerung."

Die Felsen, an die Fenrir gefesselt wird, sind die Grabkammer des Tyr-Hügelgrabes, d.h. die Unterwelt Hel.

Das Schwert ist die Waffe des Tyr. Die einzelnen Motive aus der Tyr-Mythe sind hier zu Feinden umgedeutet worden, um sie zu schwächen (Tyr ↔ Fenrir; Tyr ↔ Tyr-Schwert).

Da sprach Gangleri: „Wahrlich, üble Kinder zeugte Loki, und dieses ganze Geschlecht ist furchtbar. Aber warum töteten die Asen den Wolf nicht, da sie doch Übles von ihm erwarteten?"
Har antwortete: „Die Asen halten ihre Heiligtümer und Freistätten so sehr in Ehren, daß sie mit dem Blut des Wolfs sie nicht beflecken wollten, obgleich Weissagungen verkündeten, daß er Odins Mörder werden solle."

I 8. f)   Gylfis Vision

Der Name der Halle des Gottes Thor enthält das Wort „Skirnir", aber es wird wohl kaum nach dem Diener/Priester des Freyr benannt worden sein. „Bil" bedeutet „Bruch, Lücke, Schreck, Nachgeben". „Bil-skirnir" wäre somit der „Lichtschreck", womit wohl der Schreck bei dem plötzlichen Erscheinen des Blitzes des Thor gemeint sein könnte.

Har antwortete: „Thor ist der vornehmste von ihnen. Er heißt Asathor oder Ökuthor, und ist der stärkste aller Götter und Menschen. Ihm gehört das Reich, das Thrudwang genannt wird, aber sein Palast heißt Bilskirnir. Dieser Palast hat fünfhundertundvierzig Gemächer und ist das größte Gebäude, das je gemacht worden ist.
So heißt es in Grimnismal:

Fünfhundert Gemächer und viermal zehn
Weiß ich in Bilskirnirs Bau.
Von allen Häusern, die Dächer haben,
Glaub ich meines Sohns das größte."

I 8. g) Ägirs Trinkgelage

In diesem Lied wird bestätigt, daß Freyr sein Schwert dafür gab, daß Gerdr seine Braut wird – eine Umdeutung der Mythe, in der das Schwert des Göttervaters Tyr bei dessen Tod zerbricht und er anschließend zu seiner Wiederzeugung in die Unterwelt zu der Jenseits-Göttin/Riesin reist.

Loki:
„Mit Gold erkauftest Du Gymirs Tochter
Und gabst dem Skirnir Dein Schwert.
Wenn aber Muspels Söhne durch Myrkwid reiten,
Womit willst Du streiten. Unseliger?"

I 8. h) Zusammenfassung

Skirnir ist vermutlich nach den „leuchtenden Schemen", als die die Totengeister einem hellsichtigen Menschen erscheinen, benannt worden.

Skirnir ist der Diener-Priester des Freyr, dessen Aufgabe noch stark durch den Schamanismus geprägt ist: Er reist für die Götter in das Jenseits und stellt die Verbindung zu den Ahnen (Zwerge) und zu der Jenseitsgöttin der Wiedergeburt (Riesin Gerda) her.

Ihm entsprechen im Kult des Thor dessen Diener-Priester Thialfi und im Kult des Odin dessen Sohn-Priester Hermod.

Bei der Absetzung des Tyr als Göttervater durch Thor und Odin hat auch Freyr einen Teil der „Beute" erhalten – u.a. die Sonnenaufgangs-Göttin Gerdr und das „selbstkämpfende Schwert". Dieses Schwert hat Freyr als Lohn für die Brautwerbung an Skirnir weitergegeben.

I 9.   Byggvir, der Priester des Freyr

I 9. a)   Der Name „Byggvir"

Der Namen „Byggvir" des Dieners des Freyr bedeutet „Gersten-Mann". Er hat offenbar einen Bezug zum Brot und vor allem zum Bier, das aus Gerste gebraut wird.

I 9. b)   Lokasenna

Ägir, der mit anderm Namen Gymir hieß, bereitete den Asen ein Gastmahl, nachdem er den großen Kessel erlangt hatte, wie eben gesagt ist. Zu diesem Gastmahl kamen Odin und Frigg, sein Weib.

Thor kam nicht, denn er war auf der Ostfahrt. Sif war zugegen, Thors Weib, desgleichen Bragi und Idun sein Gemahl. Auch Tyr war da, der nur eine Hand hatte, denn der Fenriswolf hatte ihm die andre abgebissen, als er gebunden wurde. Da waren auch Niörd und Skadi, sein Weib, Freyr und Freyja, und Widar, Odins Sohn.

Auch Loki war da und Freyrs Diener Byggwir und Beyla. Da waren noch viele Asen und Alfen.

... ...

Byggvir:
„Wenn ich so edler Herkunft wäre wie Ingunar-Freyr
Und in einem so hohen Stuhl sitzen würde,
Dann würde ich diesen Krächzer des Übels zu Mark zermalmen
Und seinen ganzen Körper in Stücke schlagen!"

„Ingunar Freyr" ist eine Variante von „Yngvi-Freyr". Der „hohe Stuhl" ist ein Thron oder ein erhabener Sitzplatz, der nur den Vornehmen zusteht.

Byggvir hat zwar die Wut des Thor, aber nicht die Kraft, um seiner Wut Taten folgen zu lassen …

Loki:
„Was ist das für ein winziges Wesen, das ich dort kriechen sehe
und das schnüffelt und schnappt?
Du wirst immer an Freyrs Ohren zu finden sein
Oder schwer stöhnend an der Mühle!"

Dies sind auserlesene Beleidigungen: Zunächst vergleicht Loki den Byggvir mit einem Hund – was schon eine arge Beleidigung ist. Dann sagt er dadurch, daß dieser „Hund" an den Ohren des Freyr zu finden ist, daß Freyr auf den Rat dieses „Hundes" hört – und somit noch unter diesem „Hund" steht. Schließlich macht Loki dem Bygg-vir noch einmal deutlich, daß Byggvir als Mühlen-Knecht weit unter dem Kämpfer Loki steht – und Freyr steht natürlich noch unter seinem Knecht …

Byggwir:
„Byggwir ist mein Name und ich bin geschickt,
Wie Götter und Menschen zugestehen müssen
Und ich bin stolz, daß hier die Kinder des Hropt
alle zusammen Ale trinken!"

„Hropt" bedeutet „Schrei(-Gott)" und ist ein Beiname des Odin – der Name spielt entweder auf Odins Raben an oder die Schreie im Kampf. „Kinder des Odin" ist eine Kenning für die Gesamtheit des Asen und Wanen.

Byggwir ist vermutlich geschickt im Bierbrauen und evtl. auch im Backen.

I 9. c) Zusammenfassung

Byggvir ist ein Diener des Freyr und der Mann der Beyla, die ebenfalls eine Dienerin des Freyr ist.

Da sein Name „Byggvir" die Bedeutung „Gersten-Mann" hat und der Name seiner Frau „Bohne" oder „Biene" bedeutet, werden beide wohl Verkörperungen eines Bau-ern-Ehepaares sein – Freyr war u.a. der Gott der Fruchtbarkeit der Felder.

Byggvir wird zudem als Müller bezeichnet und als geschickt geschildert – vermut-lich braut er aus der Gerste auch das Bier, das die Asen trinken.

Sehr wahrscheinlich hat sich Byggvir in der englischen Ballade über den Tod von John Barleycorn („John Gerstenkorn") erhalten, in der das Bierbrauen gleichnishaft beschrieben wird.

Die vermutlich bekannteste Version des Byggwir ist vermutlich „Gerstenmann Butterbur", der Wirt des Gasthauses „Zum tänzelnden Pony" in Bree in Tolkiens „Herr der Ringe".

I 10. Beyla, die Priesterin des Freyr

I 10. a) Der Name „Beyla"

Die Bedeutung des Namens „Beyla" der Dienerin des Freyr ist unsicher und könnte „Kuh", „Bohne" oder „Biene" bedeuten.

I 10. b) Lokasenna

Ägir, der mit anderm Namen Gymir hieß, bereitete den Asen ein Gastmahl, nachdem er den großen Kessel erlangt hatte, wie eben gesagt ist. Zu diesem Gastmahl kamen Odin und Frigg, sein Weib.

Thor kam nicht, denn er war auf der Ostfahrt. Sif war zugegen, Thors Weib, desgleichen Bragi und Idun sein Gemahl. Auch Tyr war da, der nur eine Hand hatte, denn der Fenriswolf hatte ihm die andre abgebissen, als er gebunden wurde. Da waren auch Niörd und Skadi, sein Weib, Freyr und Freyja, und Widar, Odins Sohn.

Auch Loki war da und Freyrs Diener Byggwir und Beyla. Da waren noch viele Asen und Alfen.

... ...

Beyla:
„Alle Felsen beben, von der Bergfahrt kehrt
Hlorridi heim.
Zum Schweigen bringt er den, der hier mit Schmach belädt
Die Götter all und Gäste."

Loki:
„Schweig Du, Beyla! Du bist Byggwirs Weib
Und aller Untat voll.
Kein ärger Ungeheuer ist unter den Asenkindern,
Ganz bist Du mit Schmutz besudelt."

Die Untat der Beyla, auf die sich Loki hier bezieht, ist nicht bekannt. In der Lokasenna beleidigt Loki zwar alle Anwesenden, aber seine Beleidigungen haben alle eine Grundlage in den Mythen der Germanen.

I 10. c) Zusammenfassung

Beyla ist eine Dienerin des Freyr und die Frau des Byggvir, der ebenfalls ein Diener des Freyr ist.

Da ihr Name „Kuh", „Bohne" oder „Biene" bedeutet und der Name ihres Mannes „Byggvir" die Bedeutung „Gersten-Mann" hat, werden wohl beide Verkörperungen eines Bauern-Ehepaares sein – Freyr war u.a. der Gott der Fruchtbarkeit der Felder.

Beyla könnte eine Priesterin des Freyr gewesen so wie ihr Mann Byggwir vermutlich der Priester des Freyr gewesen ist.

Wenn Freya mehr Wesenszüge einer Erd- und Fruchtbarkeitsgöttin hätte, könnte man auch annehmen, daß Byggwir zu Freyr und Beyla zu Freya gehört – aber das sieht der Überlieferung zufolge eher unwahrscheinlich aus.

I 11.   Ottar, der Priester der Freya

I 11. a)   Der Name „Otr"

Der Name „Ottar" bedeutet „Otter".

I 11. b)   Hyndla-Lied

Im Hyndla-Lied besucht Freya ihre Riesin-Freundin Hyndla, um sie nach Walhalla zu holen.

Freya:
„Maid, erwache, erwache, meine Freundin,
meine Schwester Hyndla, in Deiner hohlen Höhle!
Die Dunkelheit bricht an und wir müssen reiten
nach Walhalla, um die heilige Halle aufzusuchen.

„Hyndla" bedeutet „Hündin". Ein Riesin in einer Höhle, die diesen Namen trägt und zudem die Freundin-Schwester der Freya ist, kann nur Hel sein. Auch in der Baldur-Mythe kommt Hel unter dem Namen Hyrrokkin („Rußgeschwärzte") auf einem Wolf reitend (ihr Bruder Fenrir), den sie mit einem Schlangen-Zaumzeug (Midgardschlange) lenkt, zu der Bestattung des toten Asen.

Laß uns Heervaters Hilfe suchen –
seinen Gefolgsleuten gibt er gerne Gold;
dem Hermoth gab er Helm und Kettenpanzer
und Sigmund gab er ein Schwert als Geschenk, ...

„Heervater" ist Odin.
„Hermoth" ist sein Sohn Hermodr, den er anscheinend mit Waffen ausstattete – dies wird vermutlich keine Anspielung auf eine unbekannte Mythe sein, sondern einfach das damals übliche Verhalten von Vätern gegenüber ihren heranwachsenden Söhnen.
Sigmund, der Vater von Sigurd/Siegfried, konnte als einziger das Schwert aus dem Eichenstamm in der Völsungen-Halle ziehen, das Odin dort hineingeschlagen hatte. Mit diesem Schwert erschlug später Sigurd den Drachen Fafnir.

... Triumph den einen und Schätze den anderen,
vielen Weisheit und Geschick mit Worten,
guten Wind den Seefahrern, den Skalden ihre Kunst,
und ein mutiges Herz so manchem Helden.

Diese Strophe ist möglicherweise erst später eingeschoben worden.

Dem Thor werde ich Ehre erbieten und ich werde ihn bitten
daß Du immer seine Gunst finden wirst;
auch wenn er die Bräute der Riesen nur wenig liebt.

Diese Strophe hat nur drei Zeilen, aber es gibt keine Lücke im Original, die auf eine fehlende Zeile hinweisen könnte. Der Skalde, der dieses Lied verfaßt hat, hat sich nicht mehr ganz an die alten Regeln der Dichtung gehalten, die eine regelmäßige Verszahl pro Strophe verlangen.

Führe aus Deinem Stall einen Deiner Wölfe hervor,
und laß ihn neben meinem Eber laufen;
denn langsam geht mein Eber auf den Wegen der Gefallenen
und ich möchte mein gutes Roß nicht erschöpfen. "

Der „Weg der Gefallenen" ist der Weg der toten Krieger nach Walhalla.
Das „gute Roß" ist hier eine Heiti für Freyas Eber Hildiswini („Kampfschwein").

Hyndla:
„ Du bittest mich mit Falschheit, Freya, zu kommen,
das sehe ich in dem Glanz Deiner Augen;
auf dem Weg der Gefallenen geht Dein Geliebter mit Dir:
Ottar der Junge, Innsteins Sohn. "

Anscheinend hat Freya ihren Geliebten in einen Eber verwandelt und gibt diesen nun als ihr Reittier Hildiswini aus. Dies erklärt, warum Freyas Reittier hier „Eber" genannt wird. Hyndla hat offenbar bemerkt, daß Freya auf einem männlichen Tier reitet und hält ihr nun diesen Täuschungsversuch vor.

Es ist denkbar, daß Reiten auf dem Eber auch eine erotische Anspielung gewesen ist. Der Eber und die Bache waren Symbole der Zeugungskraft der (männlichen) Toten und der Fruchtbarkeit der Jenseitsgöttin, die die Toten in der Unterwelt für ihre

Wiederzeugung zusammen mit Freya brauchten, die auch „Syr" („Sau") genannt wurde. Aus dieser Funktion der Jenseitsgöttin-Geliebten bei der Wiederzeugung heraus ist Freya sekundär auch zur Liebesgöttin geworden.

Eine sexuelle Assoziation der damaligen germanischen Zuhörer dürfte bei dieser Kombination der Göttin Freya und der Verwandlung ihres Geliebten Ottar in einen Eber recht sicher gewesen sein – zumal im Bestattungsritual für den Jenseitsreisenden ein männliches Herdentier geopfert wurde und der Betreffende dann mit diesem Tier identifiziert wurde, indem man ihn in das Fell dieses Tieres einhüllte.

Ottar als Eber befindet sich somit dieser Jenseitsreise-Symbolik zufolge gerade auf dem Weg zu den Göttern – auf dem „Weg der Gefallenen".

Freya:
„Mir scheint, Du hast wilde Träume, da Du sagst,
daß mein Geliebter bei mir auf dem Weg der Gefallenen sei:
da strahlt der Eber mit Borsten aus Gold,
Hildiswini, der von den geschickten Zwergen
Dain und Nabbi gefertigt worden ist."

Auch diese Strophe hat eine unregelmäßige Länge.

Dain und Nabbi haben offenbar Hildiswini in derselben Weise angefertigt wie die Zwerge Sindri und Brock den Eber Gullinborsti, der Freyas Bruder Freyr gehört.

Die Szene wechselt jetzt: Freya und Hyndla sind nun in Walhalla angelangt und steigen von ihren „Rossen", d.h. von ihrem Eber bzw. ihrem Wolf ab.

Freya:
„Laß uns nun von unseren Sätteln steigen
und von den Vorfahren der beiden Helden sprechen,
von den Männern, die von den Göttern droben stammen,
von Ottar dem Jungen und Angantyr,
die um keltisches Metall gewettet haben.

Der Besitz, um den die beiden Könige wetten, wird als „valr" bezeichnet, das „welsch, keltisch, irisch" bedeutet. Da die beiden Könige Germanen sind, klingt dies sehr nach geraubten Goldschätzen.

Die beiden Könige stammen wie alle germanischen Könige von den Göttern ab. Da Ottar ein König ist, könnte es sich bei dieser Jenseitsreise auch um eine Krönungs-Jenseitsreise handeln. Das wird durch die folgenden Verse bestätigt, in denen Ottar als

117

„sehr junger Held" bezeichnet wird.

Wir müssen auf die Schätze seines Vaters achten,
denn der Held ist noch sehr jung, der nun die Früchte seines Volkes besitzt.

Er hat für mich einen Tempel aus Steinen erbaut
und zu Glas sind die Steine geworden,
die oft von dem Blut von Tieren gerötet wurden –
Ottar vertraute stets in die Göttin.

Die Altarsteine sind durch vermutlich durch das eingetrocknete Blut der Opfertiere auf ihnen „zu Glas geworden".

Die „Göttin" ist Freya selber, die diese Verse spricht.

Ottar hat mit Angantyr um einen großen Schatz gewettet und vertraut berechtigterweise darauf, daß Freya ihm helfen wird, diese Wette zu gewinnen, da er ihr einen Tempel erbaut hat und zudem ihr Geliebter ist.

Wenn Ottar der Freya einen Tempel erbaut hat, ist er nach den Regeln der Nordgermanen auch der Priester der Freya in diesem Tempel. Da Ottar in einem mythologischen Lied als Geliebter des Freya erscheint, besteht der Verdacht, daß Ottar mehr als nur ein Mensch sein könnte.

Sag mir nun die alten Namen
von allen, die in den alten Zeiten geboren wurden:
Wer von den Skiöldungen, wer von den Skilfingen,
wer von den Othlingen, wer von den Ynglingen,
wer von den Wölfingen, wer von den Wölsungen,
wer von den Freigeborenen, wer von den Hochgeborenen
die edelsten Männer sind, die in Midgard leben?"

Es ist eigentlich erstaunlich, daß Freya einer Riesin Fragen zu dem Stammbaum der beiden Helden stellt. Dies wird jedoch verständlich, wenn man davon ausgeht, daß Hyndla Hel ist, die als Göttin des Totenreiches natürlich alle Toten kennt.

Die Skiöldungen sind die Nachkommen des dänischen Königs Skiöld, der ein Sohn des Odin ist.

Die Skilfinger sind die Nachkommen des Königs Skelfir, der ein Reich im Osten besaß.

Die Othlinger sind die Nachkommen von König Authi, dem Sohn von Halfdan dem Alten, von dem u.a. auch Sigurds Mutter Eylimi abstammt.

118

Die Ynglinger sind die Nachkommen des Königs Yngvi, der der Sohn von Odin und der Bruder von König Scyld ist.

Die Ylfinger („Wölfe") stammen von Hildebrand ab, der zwei Wölfe im Wappen trug.

Die Wölsungen sind die Nachkommen von König Völsung, dem Sohn des Rerir, dem Sohn des Sigi, der ein Sohn des Odin gewesen ist. Von ihm stammt Sigurd ab.

Den folgenden Versen zufolge ist auch Ottar in Walhalla, wo der Wettstreit zwischen ihm und Angantyr entschieden wird. Anscheinend hat er sich von seiner Ebergestalt in einen Menschen zurückverwandelt.

Hyndla:
„Du bist Ottar, der Sohn des Instein,
und Instein ist der Sohn von Alf dem Alten,
Alf der des Ulf, Ulf der des Säfari,
und Säfaris Vater war Svan der Rote.

Deine Mutter strahlend mit schönen Armreifen,
wurde, denke ich, Hledis die Priesterin genannt;
Frothi war ihr Vater und Friaut ihre Mutter –
ihre Sippe muß die mit den mächtigsten Männer scheinen.

In den alten Zeiten war der edelste von allen Ali,
vor ihm Halfdan, der erste der Skiöldungen;
berühmt sind die Schlachten, die der Held focht,
bis in die vier Ecken des Himmels wurde die Kunde seiner Taten getragen.

Gestärkt durch Eymund, den stärksten der Männer,
erschlug er Sigtrygg mit dem eiskalten Schwert;
Seine Braut war Almveig, die beste der Frauen,
und achtzehn Jungen gebar ihm Almveig.

Neun dieser Jungen von Halfdan und Almveig, die Neunlinge gewesen sein sollen, starben; die anderen neun begründeten die meisten der vornehmen norwegischen Familien. Es hat den Anschein, als ob diese zwei mal neun Söhne mit den neun Töchtern des Ägir und mit der allgemeinen Jenseits-Symbolik der „9" zusammenhängen würden. Evtl. waren es nur neun Söhne und die neun toten Söhne sind aus dem symbolisch-rituellen Tod bei der Krönung entstanden.

Von ihnen stammen die Skiöldungen ab, von ihnen kommen die Skilfinger
von ihnen die Othlinger, von ihnen die Ynglinge,
von ihnen die Wölfinger, von ihnen die Wölsungen,
von ihnen kommen die Freigeborenen, von ihnen die Hochgeborenen,
die edelsten Männer, die in Midgard leben:
und alle sind Deine Verwandten, Ottar, Du Narr!

Hyndla antwortet Freya hier mit derselben Formulierung, mit der sie Hyndla vorher gefragt hat.

Hyndlas Beschimpfen des Ottar als „Narr" könnte sich entweder auf seine Unwissenheit beziehen oder darauf, daß Hyndla ihn nicht besonders schätzt.

Hildigund war der Edlen Mutter,
die Tochter der Svava und des Seekönigs;
und alle sind Deine Verwandten, Ottar, Du Narr!
Es ist viel zu wissen – willst Du noch mehr hören?

Hildigund ist die Mutter der Friaut, die die Mutter der Hledis ist, deren Sohn Ottar ist.

Die Gefährtin des Dag war eine Mutter von Helden,
Thora, die ihm die tapfersten Kämpfer gebar:
Frathmar und Gyrth und die die Freiki-Zwillinge,
Am und Jofumar, Alf den Alten;
Es ist viel zu wissen – willst Du noch mehr hören?

Dag war einer der neun überlebenden Söhne des Halfdan und der Almveig. Von ihm stammen die Döglinger ab.

Ketil war ihr Mann, der Erbe des Klypp,
Er war Deiner Mutter Mutter-Vater;
vor den Tagen des Kari war Frothi
und von Hild wurde damals Hoalf geboren.

Ketil Hortha-Kari war der Urahn vieler isländischer Familien.

König Hoalf von Horthaland, Sohn von Hjorleif und Hild, ist der Held der Halfs-Saga.

Die nächste war Nanna, die Tochter des Nökkvi
ihr Sohn wurde Deines Vaters Verwandter;
alt ist die Linie und noch länger
und alle sind Deine Verwandten, Ottar, Du Narr!

Nannas Sohn hat anscheinend einen Bruder von Ottars Vater Instein geheiratet.

Isolf und Osolf, die Söhne des Olmoth,
dessen Frau Skurhild war, die Tochter des Skekkil,
die zu den großen Helden zählen –
und alle sind Deine Verwandten, Ottar, Du Narr!

Olmoth war einer der Söhne von Ketil Hortha-Kari.

Gunnar das Bollwerk, Grim der Zähe,
Thorir Eisen-Schild, Ulf der Gaffer,
Brod und Hörvir kenne ich beide;
sie waren in dem Haus von Hrolf dem Alten.

Ulf trug als Beinamen entweder „der Gaffer" oder „der Gähnende" – beides klingt nicht sehr heldenhaft …
Die Art, in der diese Männer mit Ottar verwandt sind, ist unklar.

Hervarth, Hjorvarth, Hrani, Angantyr,
Bui und Brami, Barri und Reifnir,
Tind und Tyrfing, die Hadding-Zwillinge –
sie alle sind Deine Verwandten, Ottar, Du Narr!

Hier werden die zwölf Berserker aufgezählt, die die Kinder von Arngrim und Eyfura sind, über die in der Hervor-Saga berichtet wird. Seltsamerweise hat einer der Söhne des Angantyr denselben Namen wie das magische Schwert von Arngrims Schwiegervater Sigrlami, der Arngrim dieses Schwert vererbt hat: „Tyrfing" („Finger des Tyr").

Ostwärts in Bolm wurden in alter Zeit
die Söhne des Arngrim und der Eyfura geboren

mit Berserker-Wut und großen Taten
fuhren sie wie Feuer über Land und See dahin,
und alle sind Deine Verwandten, Ottar, Du Narr!

Die Söhne des Jörmunrek wurden damals
alle den Göttern als Opfer gegeben;
er war der Verwandte des Sigurd – hör' gut, was ich nun sage –
der Feind der Heere und Fafnirs Töter.

Jörmunrek ist der Ostgotenkönig Ermanerich, der um 376 beim Einbruch der Hunnen starb – dies war der Beginn der Völkerwanderungszeit. Er war mit Sigurds (=Siegfried) Tochter Schwanhild verheiratet. Fafnir war der Drache in Sigurds Drachenkampf. Fafnirs Brüder hießen Regin und Ottar.

Aus dem Samen der Völsungen war der Held entsprungen
und Hjordis wurde in Hrauthungs Sippe geboren
und Eylimi kam von den Othlingen –
und alle sind Deine Verwandten, Ottar, Du Narr!

Hjordis, die Mutter des Sigurd, war Sigmunds Frau und die Tochter des Königs Eylimi. Eine noblere Verwandtschaft kann Ottar gar nicht haben.

Gunnar und Högni, die Erben Gjukis,
und ebenso Gudrun, die ihre Schwester war;
aber Gottorm war nicht von Gjukis Sippe,
obwohl er der Bruder von beiden war:
sie alle sind Deine Verwandten, Ottar, Du Narr!

Gunnar, Högni und Gudrun waren die Kinder des Burgunderkönigs Gjuki mit seiner Frau Grimhild, während Gotthorm, der Mörder des Sigurd, der Sohn der Grimhild aus einer früheren Ehe ist.

Von Hwednas Söhne war Haki nicht der schlechteste;
Hvednas Vater war Hjörvard.

Hvedna war die Frau des Königs Halfdan von Dänemark.

Harald Kampfzahn wurde von Auth geboren,
Hrörek der Ring-Schenker war ihr Mann;
Auth die Tiefsinnige war Ivars Tochter,
aber Rathbard war der Vater von Randver:
sie alle sind Deine Verwandten, Ottar, Du Narr!

Ivar war der König von Schweden. Nachdem Ivar Hrörek getötet hatte, floh Auth nach Rußland und heiratete dort König Rathbarth.

Nun folgt die „Kleine Vision der Seherin". Vermutlich soll es den Stammbaum der Helden an den Stammbaum der Götter anschließen. In entsprechender Weise beginnen die Nationalepen der indogermanischen Völker stets mit der Geschichte ihre Götter, die mehr oder weniger nahtlos in die Geschichte der Vorzeitkönige übergeht und schließlich zu einem historischen Bericht wird.

In der „Kleinen Vision der Seherin" wird hauptsächlich der endlose, zyklische Kampf zwischen dem Sommergott Tyr-Heimdall und dem Wintergott Loki beschrieben (siehe auch den Band 16 über Loki). Da Ottar in diesen 15 Strophen nicht vorkommt, sind sie hier ausgelassen worden.

… … …

Freya:
„Bring nun meinem Eber das Erinnerungs-Bier
damit alle Worte, die Du gesprochen hast,
auch am dritten Morgen von jetzt an noch in Ottars Geist haften,
wenn ihre Sippen Ottar und Angantyr berichten."

Dieses „Erinnerungs-Bier" könnte der Met bzw. das Wasser des Mimir aus seiner Quelle sein, da „Mimir" „Erinnerung" bedeutet.

Offenbar hat es ein Ritual gegeben, bei dem der Jenseitsreisende seine Ahnenreihe oder etwas anderes auswendig lernte und dabei ein Horn mit Met trank.

Hyndla:
„So sollst Du von dannen ziehen, denn gerne würde ich schlafen,
Von mir sollst Du wenig Gutes erhalten;
Meine Edle, hinaus in die Nacht wirst Du springen
so wie Heidrun zwischen den Böcken.

Heidrun ist die Ziege, die von den Blättern des Weltenbaumes frißt und die statt

Milch den Asen den Göttermet gibt. Da dieser Ziegen-Met mit dem Wasser/Met aus Mimirs Quelle identisch ist, ist es wahrscheinlich, daß mit dem „Erinnerungs-Bier" der Göttermet gemeint ist.

Die Ziege Heidrun wird die Jenseitsgöttin bei der Wiederzeugung sein, wenn sich der Jenseitsreisende durch den für ihn geopferten Ziegenbock selber in einen Ziegenbock verwandelt hat.

Hyndla scheint nicht bereit zu sein, dem Ottar den Göttermet zu reichen, der, wie im Wegtam-Lied berichtet wird, bei Hel für Baldur bereitsteht. Hel scheint die Hüterin des Mets zu sein.

Zu Odr sollst Du rennen, der Dich immer geliebt hat,
und zu den vielen anderen, die schon unter Deine Schürze gekrochen sind;
Meine Edle, hinaus in die Nacht wirst Du springen
so wie Heidrun zwischen den Böcken. "

Odr ist Odin. Vielleicht ist Ottar hier dem Odr gleichgesetzt worden.

Freya:
„ Der Riesin werde ich Flammen aufsteigen lassen,
sodaß Du fortan nicht unverbrannt reisen wirst. "

Diese Flammen werden die Waberlohe sein, die das Diesseits vom Jenseits trennt. Dieses Motiv wird durch den Brandbestattungen entstanden sein. Aufgrund dieses Brauches heißt Hel-Hyndla auch „Hyrrokkin", d.h. „die Rußgeschwärzte".

Hyndla:
„Ich sehe Flammen lodern, die Erde steht in Flammen,
und jeder muß um seines Lebens willen geben, was verlangt wird,
also bring ich dem Ottar den Bier-Trank –
voller Gift für ein böses Schicksal! "

Freya:
„Deine bösen Worte sollen nichts Schlimmes bewirken,
auch wenn Deine schlimmen Drohungen bitter sind;
einen vollen guten Trunk soll Ottar finden,
wenn ich die Hilfe aller Götter erlange. "

Diese Stelle klingt ein wenig wie Hels Forderung an Hermodr, daß sie Baldur nur dann ins Diesseits zurückkehren läßt, wenn alle Wesen um ihn weinen – was Loki zu verhindern weiß.

- - -

Die Stellung des Ottar in diesem Lied entspricht der „fernen Reise" des Odr, des Mannes der Freya. Beide Reisen könnten Jenseitsreisen sein, da die „fernen fremden Länder" nicht nur bei den Germanen ein beliebtes Symbol für das Jenseits gewesen sind.

Wenn diese Deutung des Ottar zutrifft, dann ergeben sich für Otr/Ottar aus dem Hyndla-Lied mehrere Motive:

1. Ottar hat der Freya einen Tempel errichtet und wird daher ein Freya-Priester sein.

2. Er wird von Freya in einen Eber verwandelt – sehr wahrscheinlich, damit er sich mit Freya in der Gestalt einer Sau vereinen kann.

3. Er benötigt im Jenseits den Göttermet, den er nur von Hel-Hyndla-Hyrrokkin erhalten kann.

4. Das ursprüngliche Bild der Großen Mutter im Jenseits ist in diesem Lied in die „gute" Göttin-Geliebte Freya und in ihre Schwester, die „böse" Riesin-Todesbringerin Hel auseinandergefallen. Göttin und Riesin streiten sich nun um Ottar – Hyndla will ihn mit einem Gifttrank töten, während Freya ihn mit dem Göttermet in seiner Wette mit Angantyr siegen lassen und ins Leben zurückkehren lassen will. Diese Absichten der beiden „Schwestern" bestätigen noch einmal die Annahme, daß die Grundstruktur dieses Liedes die rituelle Jenseitsreise ist.

I 11. c)   Skaldskaparmal

„Aus welchem Grund wird das Gold auch das 'Wergeld für den Otter' genannt?"
„Es wird erzählt, daß drei der Asen ausfuhren, die Welt kennenzulernen: Odin, Loki und Hönir.

Odin Loki und Hönir sind eine häufig auftretende Götterdreiheit, von der es eine ganze Reihe von Variationen gibt. Sie stellen die drei Stände dar:

die drei Brüder					
Stand	*Asen*		*Wieland-sage*	*Siegfried-sage*	*Gesta Danorum*	*Märchen*
Krieger, Fürsten	Woden	Odin	Egil	Fafnir	Odin als Krieger	Bogen-schütze
Priester, Heiler	We	Hönir	Slagfid	Otter	Odin als Heiler	Heiler
Bauern, Handwerker	Wili	Loki	Völund	Regin	Odin als Schmied	Schmied

Sie kamen zu einem Fluß und gingen an ihm entlang bis zu einem Wasserfall, und bei dem Wasserfall war ein Otter, der hatte einen Lachs gefangen und aß ihn blinzelnd.

Da hob Loki einen Stein auf und warf nach dem Otter und traf ihn am Kopf. Da rühmte Loki seine Jagd, daß er mit einem Wurf Otter und Lachs erjagt habe.

Bei einem Mord durch Loki besteht eine große Wahrscheinlichkeit, daß der Ermordete der ehemalige Tyr ist: Der Wintergott Loki tötet im Herbst den Sommergott Tyr.

Darauf nahmen sie den Lachs und den Otter mit sich. Sie kamen zu einem Gehöft und traten hinein, und der Bauer, der es bewohnte, hieß Hreidmar und war ein gewaltiger Mann und sehr zauberkundig. Da baten die Asen um Nachtherberge und sagten, sie hätten Mundvorrat bei sich, und zeigten dem Bauern ihre Beute.

Als aber Hreidmar den Otter sah, rief er seine Söhne Fafnir und Regin herbei und sagte, ihr Bruder Otr war erschlagen, und auch, wer es getan hätte. Da ging der Vater mit den Söhnen auf die Asen los, sie griffen und banden sie und sagten, der Otter wäre Hreidmars Sohn gewesen. Die Asen boten Lösegeld soviel als Hreidmar selbst verlangen würde, und das wurde zwischen ihnen vertragen und mit Eiden bekräftigt.

Der Hinweis, daß Hreidmar „gewaltig und zauberkundig" sei, spricht dafür, daß er ein Zwerg ist, da diese in der Regel die zauberkundigen Wesen sind. Da der Name von Hreidmars Sohn „Regin" („König") darauf hinweist, daß auch Regins Vater Hreidmar ein König ist, wäre dieser somit ein Zwergenkönig. Er entspräche dann dem Schmied Wieland, der „Albenkönig" genannt wird. Beide Titel gehören zu dem Göttervater Tyr in der Unterwelt, den nur dieser ist der König im Jenseits.

Dies würde auch die Macht des Hreidmar erklären, durch die er die drei Asen

126

binden und von ihnen Lösegeld verlangen kann.

Die Vermutung, daß Otter der ehemalige Sonnengott-Göttervater Tyr ist, wird durch die Deutung der Hreidmar-Familie bestätigt: Hreidmar ist der alte Tyr; Regin, Fafnir und Otter sind seine drei Söhne, die die drei Stände repräsentieren – wobei die Zuordnung zu den drei Ständen bei ihnen schon recht unscharf geworden ist.

Da wurde der Otter abgezogen, und Hreidmar nahm den Balg und sagte, sie sollten den Balg mit rotem Gold füllen und ebenso von außen hüllen, und damit sollten sie Frieden kaufen.

Da sandte Odin den Loki nach Schwarzalfenheim und er kam zu dem Zwerg, der Andwari hieß und ein Fisch im Wasser war.

Loki griff ihn mit den Händen und heischte von ihm zum Lösegeld alles Gold, das er in seinem Felsen hatte. Und als sie in den Felsen kamen, trug der Zwerg alles Gold hervor, das er hatte, und das war ein gar großes Gut.

Die Schwarzalfen sind die Zwerge.

Der „Felsen" ist die aus Felsplatten errichtete Grabkammer in dem Hügelgrab des Zwerges Andwari.

Da verbarg der Zwerg unter seiner Hand einen kleinen Goldring: Loki sah es und gebot ihm, den Ring herzugeben. Der Zwerg bat, ihm den Ring nicht abzunehmen, weil er mit dem Ring, wenn er ihn behielte, sein Gold wieder vermehren könne. Aber Loki sagte, er solle nicht einen Pfennig übrig behalten, nahm ihm den Ring und ging hinaus.

Da sagte der Zwerg, der Ring solle jeden, der ihn besäße, das Leben kosten.

Loki versetzte, das sei ihm ganz recht und es solle gehalten werden nach seiner Voraussage; er werde es aber dem schon zu wissen tun, der ihn künftig besitzen solle.

Da fuhr er zurück zu Hreidmars Haus und zeigte Odin das Gold, und als er den Ring sah, schien er ihm schön; er nahm ihn vom Haufen und gab das übrige Gold dem Hreidmar. Da füllte er den Otterbalg, so dicht er konnte, und richtete ihn auf, als er voll war. Da ging Odin hinzu und sollte ihn mit dem Gold hüllen. Als er das getan hatte, sprach er zu Hreidmar, er solle zusehen, ob der Balg gehörig gehüllt sei. Hreidmar ging hin und sah genau zu und fand ein einziges Barthaar und gebot auch das zu hüllen, denn sonst wäre ihr Vertrag gebrochen.

Da zog Odin den Ring hervor, hüllte das Barthaar und sagte, hiermit habe er sich nun der Otterbuße entledigt. Und als Odin seinen Speer genommen hatte und Loki seine Schuhe, daß sie sich nicht mehr fürchten durften, da sprach Loki, es sollte dabei bleiben, was Andwari gesagt hatte, daß der Ring und das Gold den Besitzer das Leben kosten solle, und so geschah es seitdem.

Darum heißt das Gold Otterbuße und der Asen Notgeld.

Speer und Schuhe sind die magischen Gegenstände der beiden Götter: Odins Speer verfehlt nie sein Ziel und kehrt nach dem Wurf immer wieder zu Odin zurück (so wie auch Thors Hammer Mjöllnir) und Loki kann mithilfe seiner magischen Schuhe durch die Luft laufen.

Als Hreidmar das Gold zur Sohnesbuße empfangen hatte, verlangten Fafnir und Regin ihren Teil davon zur Brudersbuße; aber Hreidmar gönnte ihnen nicht einen Pfennig davon. Da kamen die Brüder überein, ihren Vater des Goldes wegen zu töten.

Als das geschehen war, verlangte Regin, daß Fafnir das Gold zur Hälfte mit ihm teilen sollte. Fafnir antwortete, es sei wenig Hoffnung, daß er das Gold mit seinem Bruder teilen werde, da er seinen Vater um das Gold erschlagen habe, und gebot ihm sich fortzumachen, denn sonst würde es ihm ergehen wie dem Hreidmar.

Hreidmar ist das erste Opfer des Fluches des Andwari.

I 11. d) Das andere Lied über Sigurd Fafnir-Töter

In diesem Lied wird dieselbe Geschichte erzählt:

Regin übernahm Sigurds Erziehung und Unterricht und liebte ihn sehr. Er erzählte dem Sigurd von seinen Voreltern und den Abenteuern, wie Odin, Hönir und Loki einst zu Andwaris Wasserfall kamen. In diesem Wasserfall war eine Menge Fische. Ein Zwerg, der Andwari hieß, war lange in dem Wasserfall in Hechtsgestalt und fing sich da Speise.

„Otr hieß unser Bruder", sprach Regin, „der fuhr oft in den Wasserfall in Otters Gestalt. Da hatte er einst einen Lachs gefangen und saß am Flußrand und aß blinzelnd.

Loki warf ihn mit einem Stein zu Tode. Da dauchten sich die Asen sehr glücklich gewesen zu sein und zogen dem Otter den Balg ab.

Denselben Abend suchten sie Herberge bei Hreidmar und zeigten ihm ihre Beute. Da griffen sie sie mit Händen und legten ihnen Lebenslösung auf: sie sollten den Otterbalg mit Gold füllen und außen mit rotem Golde bedecken.

Da griffen sie sie mit Händen und legten ihnen Lebenslösung auf: sie sollten den Otterbalg mit Gold füllen und außen mit rotem Golde bedecken. Da schickten sie Loki aus, das Gold zu beschaffen. Er kam zu Ran und erhielt ihr Netz und warf das Netz vor den Hecht und er lief in das Netz.

Da sprach Loki:

„Was für ein Fisch ist's, der in der Flut rennt,
Kann sich vor Witz nicht wahren?
Aus Hels Hause löse Dein Haupt nun
Und schaffe mir glänzende Glut."

Andwari, der Hecht:
„Andwari heiß ich, Oïn hieß mein Vater;
Durch manchen Flußfall fuhr ich.
Früh fügte mir eine feindliche Norne,
Ich sollt im Wasser waten."

Loki:
„Sage mir, Andwari, so Du anders willst
Bei Menschen länger leben,
Welche Strafe wird Menschensöhnen,
Die sich mit Lug verletzen?"

Andwari:
„Harte Strafe wird Menschensöhnen,
Die in Wadgelmir waten.
Wer mit Unwahrheit den andern verlügt,
Überlang schmerzen die Strafen."

Loki sah all das Gold, das Andwari besaß. Aber als dieser das Gold entrichtet hatte, hielt er einen Ring zurück. Loki nahm ihm auch den hinweg.
Da ging der Zwerg in den Stein und sprach:

„Nun soll das Gold, das Gust hatte,
Zweien Brüdern das Ende bringen
Und der Edelinge acht verderben:
Mein Gold soll keinem zu Gute kommen."

Fafnir und Regin verlangten von Hreidmar Verwandten-Buße wegen ihres Bruders Otr. Er aber sagte nein dazu. Da tötete Fafnir seinen Vater Hreidmar mit dem Schwert, als er schlief.

Hreidmar rief seinen Töchtern:
„Lyngheid und Lofnheid! Mein Leben ist aus,
Um Rache trauere ich Betrübter."

Lyngheid:
„Die Schwester mag selten, wenn der Vater erschlagen ist,
Der Brüder Verbrechen ahnden."

Hreidmar:
„Erzieh ein Mädchen, wolfherzige Maid,
Entspringt Deinem Schoße nicht ein Sohn;
Gib der Maid einen Mann, es mahnt die Not:
So soll ihr Sohn uns Rache schaffen."

Da starb Hreidmar; aber Fafnir nahm das Gold. Da verlangte auch Regin sein Vatererbe. Aber Fafnir sagte nein dazu. Da suchte Regin Rat bei Lyngheid, seiner Schwester, wie er sein Vatererbe erlangen solle.

Sie sprach:
„Vom Bruder erbitte brüderlich
Das Erb und edlern Sinn.
Nicht steht es dir zu, mit dem Schwerte
Von Fafnir zu fordern das Gut."

Der Frauenname „Lyngheid" setzt sich aus „lyng" für „gebogen, Heide" und „heidio" für „strahlend, schön" oder „heidr" für „Heide" oder zusammen. Der Name bedeutet somit entweder „Frau aus der Heide" oder „strahlende/schöne Frau aus der Heide". Möglicherweise bestand hier eine Assoziation zu der zauberkundigen Frau „Heid" aus der Mythologie, die mit Gullveig identisch ist, die die Götter dreimal töteten und die dreimal ins Leben zurückkehrte. Da die Heide zudem ein Symbol für das Jenseits war (der Drache Fafnir liegt auf der „Geizheide"), könnte „Heide-Frau" eine Umschreibung für „Priesterin/Seherin" gewesen sein – zu ihr würde auch gut ein solcher Wiedergeburts-Zauber wie der der Gullveig passen. Diese Priesterin könnte aufgrund ihrer Fähigkeiten durchaus als „strahlend/schön" bezeichnet werden.

Zu der Priesterin-Funktion der beiden Hreidmar-Töchter paßt gut, daß Hreidmar der Jenseitskönig („Zwergenkönig") ist, der letztlich eine verselbständigte Erscheinungsform des Göttervaters Tyr/Odin ist. Man kann zumindestens vermuten, daß die beiden Tochter des Hreidmar Priesterinnen des Tyr/Odin gewesen sind.

„Lofnheid" ist genauso gebildet wie „Lyngheid", nur daß das Bestimmungswort in diesem Fall „das germanische Substantiv „lofn" mit der Bedeutung „Liebe, Lobpreisung, Preis-Lied" ist. „Lyng" und „lofn" werden zwei Eigenschaften der „heid"-Priesterin sein: „lyng" ist ihr Strahlen und ihre Schönheit, während „lofn" ihre Beliebtheit, Ehrwürdigkeit und somit ihr Geachtetsein bezeichnet.

In dem Band 38 über Sigurd/Siegfried werden diese Szenen ausführlich besprochen.

I 11. e) Völsungen-Sage

Dies ist eine dritte Version dieser Szene:

„Die Geschichte beginnt,“ sprach Regin: „Hreidmar war meines Vaters Name – ein mächtiger Mann und ein wohlhabender. Sein erstgeborener Sohn wurde Fafnir genannt, sein zweiter Otter, und ich war der dritte und kleinste von allen sowohl an Kühnheit als auch vom Körperbau, aber ich war geschickt in der Arbeit mit Eisen und Silber und Gold, woraus ich Dinge erschaffen konnte, die schon recht ansehnlich waren.

Mein Bruder Otter hatte eine andere Fertigkeit und er hatte auch eine andere Natur, denn er war ein großer Fischer und übertraf darin alle anderen Menschen, daß er am Tage das Aussehen eines Otters hatte und dann in dem Fluß lebte und brachte die Fische mit seinem Maul an das Ufer und brachte dann seine Beute unserem Vater – und das gefiel ihm gut. Die meiste Zeit verbrachte er in seiner Otter-Gestalt und danach kam er heim und aß alleine und schlief, denn das trockene Land bedeutete ihm nicht viel.

Aber Fafnir war bei weitem der stärkste und grimmigste von uns und wollte stets, daß alles nach seinem Willen geschah.

Nun,“ sprach Regin, „gab es einen Zwerg, der Andvari genannt wurde, der immer in der Gestalt eines Hechtes in den Stromschnellen lebte, die Andvari-Stromschnellen genannt werden, und hatte dort genug Fleisch für sich selber, denn in dem Wasserfall lebten viele Fische.

Nun ging Otter wie gewohnt in diese Stromschnellen und bracht Fische an Land und legte sie nebeneinander ans Ufer.

Hier wird gesagt, daß der Tyr-Zwerg Andwari, der die Gestalt eines Hechtes annehmen konnte, und der Tyr-Otter in demselben Wasserfall gelebt haben. Sie werden daher einst beide der ehemalige Sonnengott-Göttervater Tyr in der Wasserunterwelt gewesen sein – einmal als Zwerg, einmal als Hecht und einmal als Otter.

Daraus ergibt sich, daß die drei Asen das Wergeld für den von Loki getöteten Tyr-Otter dem Tyr-Hreidmar mit dem Gold, daß sie dem Tyr-Zwerg geraubt haben, bezahlt haben.

Auf diese Weise kann man effektiv die bisherigen Mythen zerstören und ihre Bestandteile in umgedeuteter Weise in die neuen Mythen einbauen. Dies ist eine spezielle Form der Maxime „Teile und herrsche!“

Wenn man ein organisches Ganzes in sich gegenseitig bekämpfende Teile zerlegen kann, nimmt man diesem System dadurch seine Kraft und kann es anschließend leichter entsprechend den eigenen Interessen formen und lenken – das wußten auch die Priester des Thor und des Odin, die um 500 n.Chr. Odin an die Stelle des nord-

131

germanischen Göttervaters Tyr gesetzt haben.

Und so kam es, daß Odin, Loki und Hönir, als sie ihres Weges gingen, zu den Andvari-Stromschnellen kamen. Otter hatte gerade einen Lachs gefangen und gegessen und schlummerte nun am Ufer. Da nahm Loki einen Stein und warf ihn auf den Otter, so daß er ihn damit tötete. Die Götter waren mit ihrer Beute sehr zufrieden und begannen dem Otter das Fell abzuziehen.

Am Abend kamen sie zu Hreidmars Haus und zeigten ihm, was sie gefangen hatte, Da ergriff Hreidmar sie und legte ihnen solcherart Wergeld auf: Sie sollten das Otterfell mit Gold füllen und es mit rotem Gold bedecken.

Da sandten sie Loki aus um das Gold für sie zu sammeln. Er kam zu Ran und erhielt von ihr ihr Netz und ging damit zu den Andvari-Stromschnellen, warf das Netz vor den Hecht und der Hecht schwamm in das Netz und war gefangen.

Da sprach Loki:

„Welcher Fisch aller Fische
schwimmt kräftig in der Strömung,
aber hat nicht den Verstand vorsichtig zu sein?
Dein Haupt mußt Du auslösen,
sonst schicke ich es zur Hel:
Finde für mich die blassen Flammen des Wassers!"

Flammen des Wassers = Gold

Er antwortete:
„Andvari nennt mich das Volk,
nennen meinen Vater Oinn,
durch viele Stromschnellen bin ich gezogen,
denn eine Norne des bösen Schicksals
hat mir in diesem Leben bestimmt,
durch wässrige Wege stets zu waten."

Loki frug:
„Sage mir, Andwari, wenn Du noch länger
Unter Menschen leben willst:
Welche Strafe erhalten Menschensöhnen,
Die sich mit Lügen verletzen?"

Andwari antwortete:
„Harte Strafe erhalten Menschensöhne,
Die in Wadgelmir waten.
Wer mit Unwahrheit den andern belügt,
den schmerzen sehr lange die Strafen."

Da sah Loki das Gold des Andvari.

Nachdem er dem Loki das Gold gegeben hatte, hatte er nur einen Ring zurück-
behalten, aber auch den nahm Loki von ihm.

Da schwamm der Zwerg in eine Höhle in den Felsen und schrie, daß der Goldring
und, ja, das ganze Gold das Verhängnis eines jeden Mannes sein solle, der es ab
dieser Zeit besitzen wird.

Die Asen entrichteten dem Hreidmar den Schatz, füllten den Otterbalg und stellten
ihn auf die Füße. Da sollten die Asen das Gold darum legen und den Otter hüllen.
Aber als es getan war, ging Hreidmar hinzu und sah ein Barthaar und hieß auch das
hüllen. Da zog Odin den Ring Andwara-Naut hervor und hüllte das Haar.

Loki:
„Genug Gold wurde Dir gegeben
ein großes Wergeld hast Du dafür erhalten,
daß ich mein Haupt behalten kann –
aber Dir und Deinem Sohn
ist es nicht bestimmt zu gedeihen:
Möge es das Verderben von euch beiden sein!"

Hreidmar:
„Gaben gabst Du, doch nicht freundlich,
Gabst nicht aus ganzem Herzen.
Eures Lebens wärt ihr ledig,
Wußt ich diese Gefähr zuvor."

Loki:
„Noch übler ist was zu ahnen mich dünkt,
Denn um ein Weib werden Verwandte kämpfen.
Noch nicht geborene Helden
werden sich wegen des Hort hassen."

Hreidmar:

„Das rote Gold ist mir vergönnt.
Denk ich, so lang ich lebe.
Deine Drohungen fürcht' ich keinen Deut;
Aber hebt euch heim von hinnen."

Seit jener Zeit aber wurde Gold auch „Otter-Wergeld" genannt – aus genau diesem Grunde.
Danach," sprach Regin, „schlug Fafnir seinen Vater und tötete ihn und ich erhielt nichts von dem Schatz."

I 11. f)   Der hürne Seyfried

Nun mögt ihr gerne hören / von dem Nibelungenhort,
Man sah bei keinem Kaiser / so reichen Schatz hinfort.
Den fand Siegfried der Kühne / bei einer steinen Wand;
Ein Zwerg hielt ihn verschlossen, / der war Niblung genannt.

Da Niblung den Zwergen / im Berg der Tod vertrieb,
Er ließ drei junge Söhne, / denen war der Schatz auch lieb.
Sie saßen in dem Berge / zu hüten Niblungs Hort,
Um den sich bei den Heunen / hub jämmerlicher Mord.

An manchem kühnen Helden; / die wurden da erschlagen
Im Sturm und harten Streiten, / wie ihr noch höret sagen.
Niemand entging lebendig, / das ist uns wohl bekannt,
Als Dieterich von Berne / und der Meister Hildebrand.

„Dieterich von Bern" ist eine der vielen Namensformen von Dietrich, Thidrek, usw. die alle auf den Ostgotenkönig Theoderich zurückgehen, der von 451 oder 456n.Chr. bis 526n.Chr. gelebt hat und dessen großes Reich ein Ideal aller späteren Germanen gewesen zu sein scheint. Sein Name bedeutet „Volksherrscher" – wohl im Sinne von „König über viele Menschen".

Der Name „Hildebrand" bedeutet „Kampf-Schwert". Er war ein Gefolgsmann des Theoderich und ist aus dem um ca. 850n.Chr. verfaßten Hildebrandslied bekannt.

Der Zwerg Niblung ist identisch mit dem Zwerg Andvari, von dem der Drachenhort ursprünglich stammte. „Niblung" bedeutet „Sohn des Nebels" oder „Sohn der Finsternis". Da das im Norden gelegene Niflheim („Nebelheim") ein Bild der Germanen für das Jenseits gewesen ist, ist „Niblung" somit ein Bewohner des Jenseits – was er auch schon als Zwerg ist.

Für diesen Zwerg gab es in den Sagen drei verschiedene Namen:

Andwari:	„der Antworter" im Sine von „der Rächer"
Niblung:	„Sohn des Nebels" oder „Sohn der Finsternis" = „Jenseits -Bewohner"
Alberich:	„König der Alben" = „König der Zwerge"

Dieser Zwerg wohnt somit im Jenseits und ist dort der König und schützt die Menschen dort. Diese Beschreibung paßt letztlich nur auf den ehemaligen Sonnengott-Göttervater Tyr im Jenseits, in dessen Besitz sich auch der magische Ring befand, der ursprünglich ein Symbol dafür gewesen ist, daß sein Träger in einem Ritual in das Jenseits gereist war.

Als „Nibelungen" wurde auch ein Stamm der Franken bezeichnet, die zu den Germanen gehören.

Nach diesem Zwerg oder noch eher nach seinem Hort, der den roten Faden der gesamten Erzählung bildet, wurde die Sage über Sigurd und seine Sippe auch „Nibelungen-Lied" genannt.

I 11. g) Ottars Familie

Von Hreidmars Familie sind insgesamt sechs Mitglieder bekannt, von denen auch einige Qualitäten, Fähigkeiten und Stellungen bekannt sind:

Hreidmar selber ist ein Zwerg und zudem ein König, d.h. ein Zwergenkönig. Er geht somit auf den Göttervater Tyr im Jenseits zurück.

Regin Hreidmar-Sohn ist ein Zwerg und ein Schmied und vermutlich der wiedergeborene Göttervater, da sein Name „König" bedeutet und auch die Götter selber manchmal „Regin" genannt werden. Als Schmied ist er der Repräsentant des Standes der Bauern und Handwerker.

Fafnir Hreidmar-Sohn ist der stärkste der drei Brüder und besitzt einen Helm und ein Schwert. Er scheint daher ein Krieger zu sein. Er kann sich in einen Drachen verwandeln, was entweder ein Hinweis auf seine Bestattung oder sein Krönung sein wird. Er besitzt zudem einen Hort auf der Gnitaheide, d.h. er ist ein Totengeist in einem Hügelgrab. Er ist der Repräsentant der Krieger und Fürsten.

Otr Hreidmar-Sohn zeichnet sich vor allem durchs eine Fähigkeit, sich in einen Otter zu verwandeln aus. Er ist der Repräsentant der Priester und Heiler – sein Leben als Otter im Wasser ist wahrscheinlich eine Umdeutung der Jenseitsreise des Priesters in die Wasserunterwelt.

Da Loki ihn tötet, wird diese Symbolik hier jedoch schon ungenau geworden sein, da das Opfer des Loki Tyr sein sollte.

Die drei Brüder entsprechen somit den drei Göttern, die ihnen begegnen: Fürst/Krieger = Odin/Fafnir, Priester/Heiler = Hönir/Otr und Bauer/Handwerker = Loki/Regin. Die drei Söhne des Tyr-Hreidmar sind die alten Repräsentanten der drei Stände; Odin und seine beiden Begleiter sind die neuen Repräsentanten der drei Stände.

Allerdings haben schon alle drei Brüder Merkmale des Tyr, d.h. des Standes der Fürsten und Krieger erhalten.

Wer könnte **Hreidmars Frau** und somit die Mutter seiner Kinder gewesen sein? Die einzige Frau oder Göttin, von der bekannt ist, daß sie sich mit einem Zwerg vereint hat, ist Freya, die auf diese Weise ihren Halsreif Brisingamen den vier Zwergenschmieden, die ihn gefertigt haben, bezahlt hat. Da Freya auch als Frau des Göttervaters Odin bekannt ist und Hreidmar als Zwergenkönig der Göttervater in der Unterwelt ist, würde sich dies gut zusammenfügen.

Man kann daher zumindestens vermuten, daß Freya die Frau des Hreidmar/Tyr/Odin und somit die Mutter seiner vier Kinder ist. Ob diese Funktion allerdings jemals eine große Rolle in den Mythen der Germanen gespielt hat, ist abgesehen von der Verbindung zwischen Odin und Freya unsicher.

Die beiden Schwestern der drei Brüder heißen **Lyngheid** („Heide-Licht") und **Lofnheid** („Liebe-Licht") heißen. Sie entsprechen den beiden Töchtern Greip und Gjalp des Tyr-Geirröd. Ihre Namen könnten ein Hinweis darauf sein, daß sie Zauberinnen oder Priesterinnen waren, da eine Zauberin mit dem Namen „Heid" als Zauberin gut bekannt ist – sie geht vermutlich auf die Tyr-Priesterinnen zurück.

Die Hinweise darauf, daß Lyngheid und Lofnheid Tyr-Priesterinnen gewesen sein könnten, sind jedoch so schwach, daß diese beiden in diesem Buch kein eigenes Kapitel erhalten haben – lediglich ihre Namen weisen auf diese Möglichkeit hin.

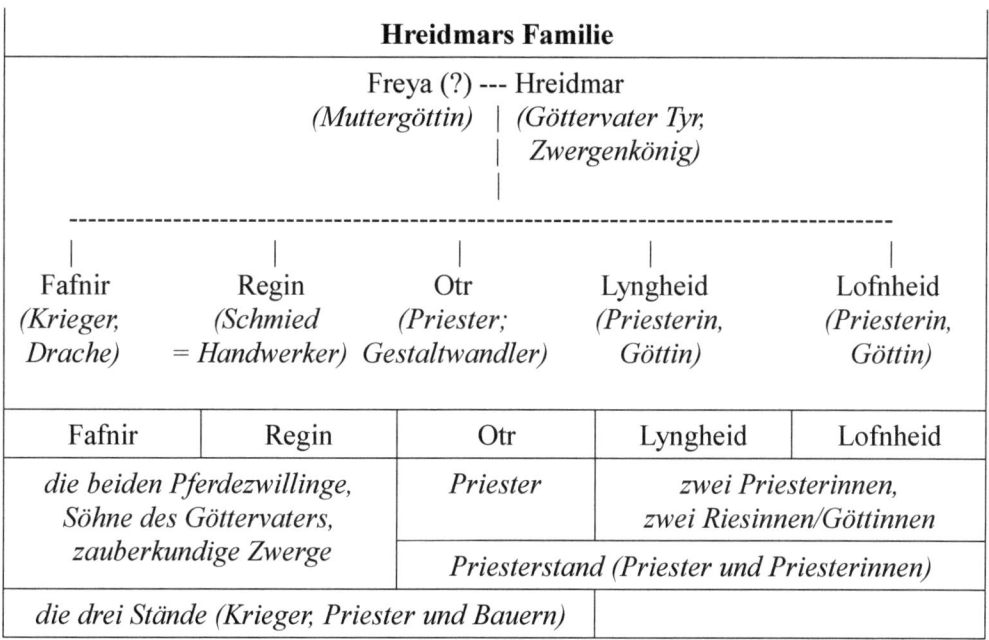

Hreidmars Familie

Freya (?) --- Hreidmar
(Muttergöttin) | *(Göttervater Tyr,*
| *Zwergenkönig)*

Fafnir	Regin	Otr	Lyngheid	Lofnheid
(Krieger,	*(Schmied*	*(Priester;*	*(Priesterin,*	*(Priesterin,*
Drache)	*= Handwerker)*	*Gestaltwandler)*	*Göttin)*	*Göttin)*

Fafnir	Regin	Otr	Lyngheid	Lofnheid
die beiden Pferdezwillinge, Söhne des Göttervaters, zauberkundige Zwerge		*Priester*	*zwei Priesterinnen, zwei Riesinnen/Göttinnen*	
		Priesterstand (Priester und Priesterinnen)		
die drei Stände (Krieger, Priester und Bauern)				

I 11. h) Das Kreuz von Maughold

Die Szene des Tötens und des Häutens des Otters durch Loki wird auf einem Kreuz auf der Isle of Man, das um ca. 980 n.Chr. errichtet worden ist, dargestellt.

Auf den ersten christlichen Kreuzen auf dieser Insel sind mehrfach Szenen aus der germanischen Mythologie und christliche Symbole kombiniert worden.

Auf dem Kreuz ist rechts der hockende Loki und vor ihm das ausgebreitete Otterfell zu sehen.

Oben befindet sich ein nur noch ansatzweise rekonstruierbares, ungefähr kreisförmiges Flechtmuster, das stark verwittert ist und dessen rechte Kante fehlt, da dort ein Teil des Steines abgebrochen ist. Dieses Flechtmuster scheint eher dekorativ als figürlich zu sein – auf jeden Fall stellt es kein Tier, keinen Menschen und keine Pflanze dar. Über Lokis Kopf befinden sich möglicherweise zwei „aufgefädelte" Ringe.

Loki tötet Ottr und häutet ihn

Original	*Original mit Nachzeichnung*

Das Motiv links unten ist u.a. auch von den Goldhörnern von Gallehus bekannt. Es stellt möglicherweise einen stark stilisierten Menschen dar, der erkennbar wird, wenn man das Motiv „auffaltet". Falls es sich bei diesem Motiv tatsächlich um den stilisierten Mann handeln sollte, ist die Darstellung entweder ungenau oder die Verwitterung des Steines ist zu weit fortgeschritten, um das Motiv noch klar erkennen zu können.

Auf dem Goldhorn von Gallehus wird der stilisierte Mann von der Zunge einer zusammengerollten Schlange an seinen Genitalien berührt. Dies entspricht genau den Darstellungen der zusammengerollten Kundalinischlange im untersten Chakra im Yoga.

Aus dieser Darstellung hat sich im Laufe der Zeit das französische Königssymbol der Lilie entwickelt. Der stilisierte Mann ist der Jenseitsreisende, d.h. der König. Wie u.a. die Beschreibung der Kampfekstase des keltischen Helden Cú Chulain zeigt, hat sich auch in Westeuropa die Kenntnis des „Inneren Feuers" (Kundalini), das auch die

Grundlage des indischen Kundalini-Yogas bildet, bis in die historische Zeit hinein erhalten können.

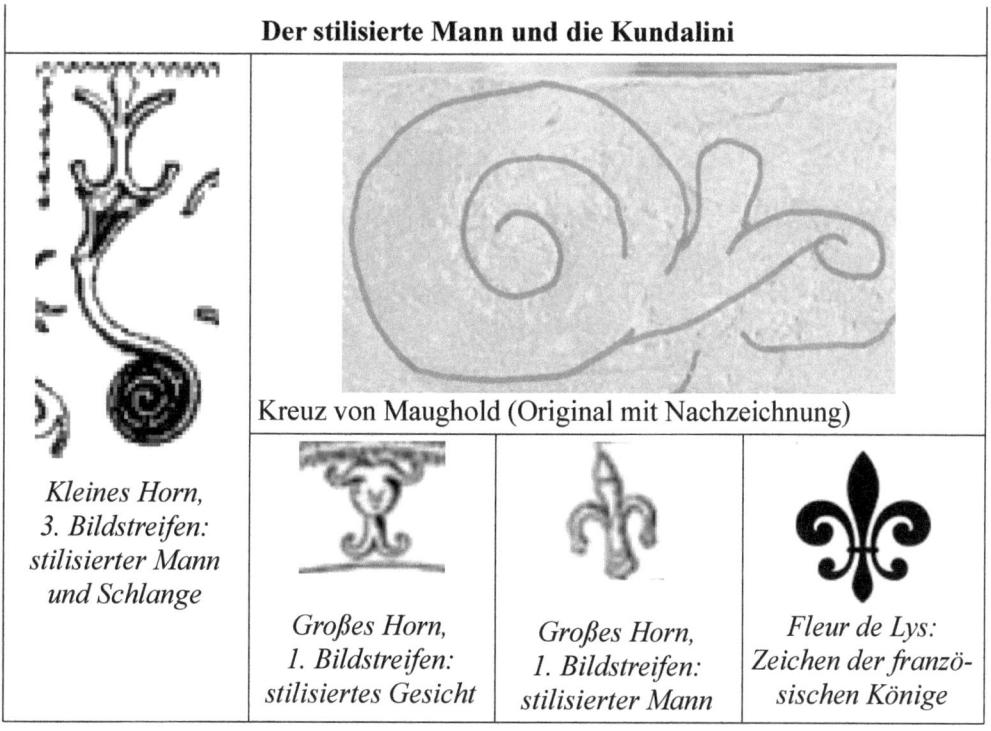

Der stilisierte Mann und die Kundalini

Kreuz von Maughold (Original mit Nachzeichnung)

Kleines Horn, 3. Bildstreifen: stilisierter Mann und Schlange

Großes Horn, 1. Bildstreifen: stilisiertes Gesicht

Großes Horn, 1. Bildstreifen: stilisierter Mann

Fleur de Lys: Zeichen der französischen Könige

Die Anbringung dieser Szene auf einem christlichen Kreuz zeigt, daß sie für die Germanen in einem Zusammenhang mit Christus gestanden haben muß. Für die Verbindung zwischen beiden Szenen kommt am ehesten die Jenseitsreise in Frage. Dies würde bedeuten, daß der Tod des Otr entweder ein ritueller Tod im Zusammenhang mit einer Krönung o.ä. gewesen ist oder daß sein Tod wie der des Baldur das Urbild einer erfolgreichen Jenseitsreise gewesen ist – beides ist letztlich dasselbe.

I 11. i) Gesta danorum

Die Erzählung über Syrita und Ottar in der „Geschichte der Dänen" könnte dieselben Wurzeln wie die Mythe über Freya und Odr sowie das Hyndla-Lied haben, in dem Freya auf dem in einen Eber verwandelten Helden Otar reitet – offenbar eine späte Version der Wiederzeugungs-Vereinigung im Jenseits des Toten und der Göttin,

139

die dabei die Gestalt eines Keilers und einer Bache annehmen.

Der Frauenname „Syrita" wird in den Übersetzungen der Gesta danorum oft fälschlicherweise mit „Sigrid" eingedeutscht – er lautet im lateinischen Original jedoch „Syrita". „Syr", d.h. „Sau" ist einer der Beinamen der Freya, die auf einem Wildschwein reitet, was eine verharmlosende Variante für ihre Verwandlung in eine Wildsau ist.

Es wird auch berichtet, daß Odr der Mann der Freya ist und sie diesen in vielen Ländern sucht – dies ist eine Umdeutung der Jenseitsreise des Odr, der mit Odin identisch sein wird.

Ottar könnte auch mit dem Otr aus der Völsungen-Saga identisch sein, den Loki mit einem Steinwurf tötet, wodurch die gesamte Dramatik dieser Saga bis hin zu dem Tod des Sigurd und schließlich des Hamdir und des Sörli in Gang gesetzt wird.

In dem folgenden Text ist die Moral-Auffassung des christlichen Mönches Saxo des Schriftkundigen, der ihn verfaßt hat, des öfteren sehr deutlich zu spüren. Auch der Stil in der folgenden Passage ist sehr weit von der knappen und sachlichen Darstellungsweise der Germanen entfernt – er ist ganz von der damals im gelehrten Christentum üblichen bilderreichen und langatmigen Schreibweise in sehr langen, verschachtelten Sätzen geprägt.

Siwalds Tochter Syrita war von solch erlesener Sittsamkeit, daß es, obwohl viele Werber sie wegen ihrer Schönheit heiraten wollten, schien, daß sie nicht dazu bewegt werden konnte, auch nur einen von ihnen anzublicken. Im Vertrauen in diese Kraft der Selbstbeherrschung bat sie ihren Vater um einen Ehemann, der durch die Süße seiner Schmeicheleien von ihr einen Blick zu ihm erlangen konnte. Denn in den alten Zeiten war bei uns die Selbstbeherrschung der Mädchen eine starke Verteidigung gegen lüsterne Blicke, da durch sie die Gesundheit der Seele nicht durch die Unzüchtigkeit der Augen beschmutzt werden konnte – und die Frauen hatten das Verlangen, die Reinheit ihrer Herzen durch die Selbstbeherrschung in ihren Gesichtern zu beweisen.

Dann verlangte es einen gewissen Ottar Ebb-Sohn, der von seinem Vertrauen in die Größe entweder seiner Großtaten oder der höflichen und beredten Weise, mit der er sie ansprach, entflammt war, beharrlich und inbrünstig danach, sie zu ehelichen. Doch obwohl er mit der ganzen Kraft seines Verstandes versuchte, ihren Blick zu erweichen, konnte er mit keinem Hilfsmittel – was auch immer er versuchte – ihre niedergeschlagenen Augen bewegen, sodaß er schließlich fortging und voller Verwunderung über die Standhaftigkeit ihrer unbezwingbaren Standfestigkeit war.

Der Name „Ebb" von Ottars Vater ist eine Weiterentwicklung von „Jor" und bedeutet „Keiler" (männliches Wildschwein), was die Identität dieses Ottar mit dem Ottar aus dem Hyndla-Lied bestätigt, der dort die Gestalt eines Ebers hat.

Der Name von Ottars Vater bedeutet „männliches Schwein" und der Name der von im geliebten Frau Syrita bedeutet „weibliches Schwein". Der Ursprung dieser Namen in der Schweine-Verwandlung bei der Wiederzeugung im Jenseits ist nicht zu übersehen …

Einen Riesen verlangte nach demselben, aber als er sah, daß er in gleicher Weise gescheitert war, verleitete er eine Frau dazu, der Maid Freundschaft vorzutäuschen und sie schließlich in geschickter Weise weit von ihres Vaters Haus fortzulocken, woraufhin der Riese herbeisprang und sie zu seiner abgelegenen Festung auf einem Bergrücken im Gebirge trug.
Andere glauben, daß er sich als Frau verkleidet hatte und die Maid in verräterischer Weise durch seine fortwährenden Listen dazu verleitete, sich von ihrem eigenen Haus zu entfernen und sie schließlich davontrug.

Diese Variante klingt sehr nach der Geschichte über Odin und Rindr, in der sich Odin schließlich als Heilerin verkleidet, um Rindr verführen zu können, mit der er dann den Wali zeugt, der im Alter von einer Nacht seinen Halbbruder Baldur an Hödur rächt. Dieses Alter von einer Nacht zeigt, daß es sich bei ihm um den am Morgen wiedergeborenen Sonnengott-Göttervater Tyr handelt – auch wenn man die neun Monate der Schwangerschaft hinzurechnet, kommt man genau auf die Länge des Winters bei den Nordgermanen, nach dem Tyr wiedergeboren wurde.
Das Fortlocken einer Frau von ihrem Heim findet sich auch bei Idun in der Thiazi-Mythe sowie in der Saga über Bosi und Herraud.

Als Ottar davon hörte, durchsuchte er alle Winkel in den Bergen auf der Suche nach der Maid, fand sie, erschlug den Riesen und trug sie fort.

Das Erschlagen des Riesen gehört zu der Mythe der Wiedergeburt des Sonnengott-Göttervaters, da diese Geburt schon früh bei den Indogermanen zu einem Töten des alten Göttervaters durch den jungen, wiedergeborenen Göttervater geworden ist.
Nach der Völkerwanderungszeit, in der Tyr durch Odin und Thor als Göttervater abgesetzt worden ist, ist daraus dann das Töten der Tyr-Riesen (alter Göttervater) durch Thor, der an die Stelle des jungen Göttervaters getreten ist, geworden.

Doch der eifrige Riese hatte die Locken der Maid zurückgebunden und ihr Haar in solch einer Weise fest verdreht, daß die verfilzte Masse von Strähnen in einer Art von gebogenem Bündel lag, sodaß es für niemanden einfach war, dieses geflochtene Gestrüpp zu entwirren ohne den Stahl zu benutzen.
Wieder versuchte er mit den verschiedensten Verführungskünsten die Maid dazu zu verleiten, ihn anzublicken, doch als er eine lange Zeit vergeblich ihre bewegungs-

losen Augen belagert hatte, gab er sein Vorhaben auf, da sich seine Absichten sich so wenig nach seinen Wünschen entwickelten. Doch er konnte sich selber nicht dazu bewegen, sich die Maid mit Gewalt zu nehmen, da er es verabscheute, sie wegen ihrer vornehmen Geburt mit einer verabscheuenswürdigen Vereinigung zu beschmutzen.

Dann wanderte sie lange Zeit und lief durch verschiedene Einöden und auf gewundenen Pfaden bis sie schließlich zu der Hütte einer gewissen riesigen Waldfrau kam, die ihr die Aufgabe gab, ihre Ziegen zu hüten.

Der Wald und die Berge, also die Wildnis, sind in den Sagas, die mythologische Wurzeln haben, oft ein Bild für das Jenseits: der Wald Myrkvid („Düsterwald") und das Randgebirge außen um das Weltmeer, in dem die Riesen wohnen („Utgard"). Die Riesin dort ist die Jenseitsgöttin Hel. Die Ziegen, die dort bisweilen anzutreffen sind, können manchmal die Totengeister sein, die durch die für sie bei ihrer Bestattung geopferten Ziegenböcke selber die Gestalt von Ziegenböcken angenommen haben. Die junge Frau oder Königstochter bei der alten Frau ist der Aspekt der Wiederzeugungs-Geliebten der Jenseitsgöttin, also Freya.

Hel und Freya sind letztlich identisch: Hel hat sich von Freya abgespalten und bezeichnete ursprünglich die „Frau in der Grabkammer des Hügelgrabes" („Hel" = „Höhle"), womit eben die Jenseitsgöttin gemeint war, die als die Wiederzeugungs-Geliebte in diese Grabkammer zu dem dort bestatteten Toten kam.

Wieder bot Ottar ihr seine Hilfe bei ihrer Befreiung an und wieder bemühte er sich, sie zu erweichen, und sprach sie in folgender Weise an:

„Würdest Du nicht lieber auf meinen Rat hören und mich in der Weise umarmen, nach der es mich verlangt, als hier zu bleiben und die Ziegenherden zu hüten?

Weise die Hand Deiner üblen Herrin zurück und fliehe von Deiner grausamen Zuchtmeisterin und komme mit mir zu den Schiffen Deiner Freunde zurück und lebe in Freiheit!

Verlasse die Sorge um die Schafe, die Dir anvertraut worden sind; verschmähe es, den Schritten der Ziegen zu folgen; teile mein Bett mit mir und erfülle mir schnell meine Bitten!

O Du, die ich mit so vielen Mühen gesucht habe, bewege Deine reglosen Blicke – erhebe nur einen Augenblick – es ist doch nur eine leichte Geste – Dein Antlitz!

Ich werde Dich von hier fort und zu dem Haus Deines Vaters bringen und Dich wieder in Freude mit Deiner Dich liebenden Mutter vereinen, wenn Du mir nur ein einziges Mal Deine Augen, die von sanftem Verlangen erfüllt sind, zuwendest!

Du, die ich so oft aus den Verliesen der Riesen befreit habe, gibt mir die mir zustehende Belohnung für meine Bemühungen in alter Zeit; habe Mitleid mit meinen steten Bemühungen und sei nicht mehr hart gegen mich!

Wodurch bist Du so verstört und geisteskrank geworden, daß Du lieber die Herden eines anderen hütest und zu den Mägden eines Ungeheuer gezählt wirst, als daß Du unserer Heirat zustimmst – einer Verbindung in gegenseitiger und standesgemäßer Übereinkunft?"

Doch sie hielt ihre Lider unbeweglich niedergeschlagen und beherrschte ihren Blick, damit ihr keuscher Geist nicht dadurch, daß sie auf die Welt draußen blickte, in Versuchung gebracht werden würde.

Seht nur, wie selbstbeherrscht die Frauen jenes Zeitalters gewesen sein müssen, daß sie selbst durch die stärksten Verführungskünste ihrer Liebhaber nicht zu der geringsten Bewegung ihrer Augenlider bewegt werden konnten!

Als Ottar erkannte, daß er selbst durch die Verdienste seiner doppelten Hilfe nicht den Blick der Maid zu ihm lenken konnte, ging er zu seiner Flotte zurück und war müde vor Scham und Verdruß.

Syrita lief in ihrer gewohnter Weise über die Felsen fort und geriet auf ihren ziellosen Wanderungen schließlich zu dem Heim des Ebb, wo sie vor Scham wegen ihrer Nacktheit und ihrer Verzweiflung vorgab, die Tochter von armen Leuten zu sein.

Ebb ist der Vater von Ottar.

Die Mutter des Ottar sah jedoch, daß diese Frau, obwohl sie schmutzig und abgemagert und nur mit einem dünnen Umhang bekleidet war, aus einer edlen Familie stammen mußte, und ließ sie in aller ehrerbietigen Höflichkeit auf einem Ehrenplatz neben sich sitzen, denn die Schönheit der Maid war ein Hinweis auf ihre Geburt und in ihrem Antlitz war der verräterische Widerhall ihrer Herkunft zu erkennen.

Als Ottar sie sah, frug er, warum sie ihr Antlitz in ihrem Gewand verberge. Zudem täuschte er, um ihren Geist noch sicherer zu prüfen, vor, daß eine Frau seine Gattin werden würde und bat Syrita, als er zu seinem Brautlager hinaufging, die Fackel zu halten.

Das Licht war schon fast herabgebrannt und sie wurde von der näherkommenden Flamme hart bedrängt, aber sie war ein solches Vorbild an Ertragen, daß man sehen konnte, daß sie ihre Hand unbewegt hielt, und daß man meinen konnte, daß sie keinen Schmerz durch die Hitze empfinden würde, denn das Feuer in ihr herrschte über das Feuer außen und die Glut ihrer sehnsuchtsvollen Seele tötete die Verbrennungen auf ihrer versengten Haut ab.

Schließlich bat Ottar sie, auf ihre Hand zu achten. Da erhob sie sittsam ihre Augen und wandte ihren ruhigen Blick zu ihm und ging geradewegs, nachdem die vorgetäuschte Heirat offensichtlich geworden war, zu dem Brautlager, um seine Frau zu werden.

Auch Odin benötigte drei Versuche, um sich mit Rindr vereinen zu können.

Später ergriff Siwald Ottar und fand, daß er dafür gehängt werden solle, daß er seine Tochter beschmutzt hatte, doch Syrita erklärte sofort, wie sie geraubt worden war und brachte Ottar nicht nur die Gunst des Königs zurück, sondern regte ihren Vater sogar dazu an, Ottars Schwester zu heiraten.

Danach gab es eine Schlacht zwischen Siwald und Ragnald auf Seeland, für die auf beiden Seiten Krieger von herausragender Stärke ausgewählt worden waren. Drei Tage lang töteten sie einander, aber der Mut war auf beiden Seiten so groß, daß es unklar war, wer den Sieg erringen würde.

Dann brach Ottar plötzlich, entweder von Ungeduld über die sich hinziehende Schlacht oder von einem Verlangen nach Ruhm, durch das dichteste Gedränge der Feinde, hieb Ragnald inmitten der kühnsten seiner Krieger nieder und errang so den Dänen einen plötzlichen Sieg.

Ottar ist also auch ein Kriegsheld – was gut zu seiner Deutung als eine der vielen Sagen-Varianten des Tyr paßt.

I 11. j) Zusammenfassung

Die Überlieferung über Otter ist vielfältig, was zunächst einmal auf ein etwas höheres Alter dieser mythologischen Gestalt schließen läßt.

- Der Name „Ottar" bedeutet „Otter". Ottar lebt also zumindestens zeitweise in der Wasserunterwelt.
- Ottar wird von Loki getötet – Ottar ist somit der ehemalige Sonnengott-Göttervater Tyr.
- Ottar wird als Otter gehäutet und mit Gold gefüllt und überhäuft. Möglicherweise ist dies ein Hinweis auf das Sonnengold des Tyr – aber das ist unsicher.
- Ottar, Fafnir und Regin sind die drei Söhne des Tyr-Hreidmar und repräsentieren die drei Stände.
- Ottar, Regin und Fafnir haben zwei Schwestern: Lyngheid und Lofnheid. Das ist die typische Kinderschar des Tyr in den alten Mythen. Tyrs Frau und die Mutter dieser Kinder ist Freya – die Geliebte des Ottar, der der wiedergeborene Tyr ist.
- Ottar versucht in der Saga dreimal die Syria zu freien – so wie Odin dreimal um Rindr freit. Syria bedeutet „Sau" und ist ein Beiname der Freya. Der Name „Ebb" des Vaters des Ottar bedeutet „Keiler" (wilder Eber).

- Freya reitet auf Otar, der die Gestalt eines Ebers angenommen hat, zusammen mit Hel-Hyndla nach Walhall.

- Freyas Eber Hildiswini ist von den beiden Zwergen Dain und Nabbi hergestellt worden, die einst die beiden Söhne des Tyr gewesen sind.

- Ottar ist der Sohn des Innstein.

- Ottar soll auf die Bitte der Freya hin das Erinnerungs-Bier, d.h. den Bestattungs-Trank von Hel-Hyndla erhalten.

- Möglicherweise ist der Freya-Geliebte Otter (Tyr) dem Freya-Geliebten Odr (Odin) gleichgesetzt worden – der neue Göttervater hat die Frau des alten Götter-vates übernommen.

- Otter errichtet der Freya einen Tempel und ist ihr Priester.

Es ist sehr wahrscheinlich, daß Otter eine Variante des Tyr in der Unterwelt ist. Freya ist seine Wiederzeugungs-Geliebte und anschließend seine Wiedergeburts-Mutter. Diese Rolle hat nach der Absetzung des Tyr um 500 n.Chr. Odin übernom-men.

Ottar hat für Freya einen Tempel errichtet, in dem er dann anschließend der Pries-ter der Freya gewesen ist. Im Gegensatz zu den bisher betrachteten Priester-Göttern ist Otter nicht aus einem Menschen, sondern aus einem Gott heraus entstanden.

Seine Priester-Funktion ist nur sehr schwach ausgeprägt. Seine Jenseitsreise ist die Reise des Tyr im Herbst in die Unterwelt, wenn Loki die Herrschaft in Midgard übernommen hat und es Winter wird.

I 12. Die neun Priesterinnen der Freya-Menglöd

Im Fiölswin-Lied erscheinen neun Dienerinnen der Freya, die als Dienerinnen einer Göttin vermutlich deren Priesterinnen sein werden.

I 12. a) Fiölswin-Lied

Swipdag, der junge Sonnengott-Göttervater Tyr, kommt in das Jenseits zu der Halle der Freya-Menglöd und bittet um Einlaß. Der Wächter am Tor ist der Schamanengott Odin, der hier noch weitgehend seine ursprüngliche Funktion erfüllt.
Nach einem längeren Gespräch kommt es zu der folgenden Szene:

Windkald (Tyr-Swipdag):
„Sage mir, Fiölswin, was ich Dich fragen will
Und zu wissen wünsche:
Wie heißt der Berg, wo ich die Braut,
Die wunderschöne, schaue?"

Fiölswin (Odin):
„Hyfiaberg heißt er, Heilung und Trost
Seit langem den Lahmen und Siechen.
Gesund ward jeder, wie verjährt war das Übel,
Der den Steilen erstieg."

Das Heim der Menglöd ist auch das Haus der Heilung. Der Name *„Hyfiaberg"* („hoher Berg") und seine Bezeichnung als *„Steiler"* ist vermutlich vor allem eine poetische Umschreibung. Auch die Riesin Gunnlöd, zu der Odin in der Gestalt einer Schlange reist, wohnt in einem Berg. Diese beiden Berge sind sicherlich Hügelgräber, die von den Germanen als Eingang in die Unterwelt aufgefaßt wurden.
In sehr vielen Mythen ist die Tätigkeit des Schamanen zu der Tätigkeit des Heilers ausgeweitet worden, denn wer mit dem Tod umgehen kann, weiß auch, was er bei dem „kleinen Tod", also bei den Krankheiten tun muß. In gleicher Weise kann natürlich auch die Jenseitsgöttin selber alle Krankheiten heilen, da sie durch die Wiedergeburt der Toten sogar den Tod überwinden kann.

Windkald (Tyr):
„Sage mir, Fiölswin, was ich Dich fragen will
Und zu wissen wünsche:
Wie heißen die Mädchen, die vor Menglöds Knien
Einig beisammen sitzen?"

Diese Szene erinnert an die neun Töchter der Meeres- und Jenseitsgöttin Ran. Sowohl Freya-Menglöd als auch Ran sind Jenseitsgöttinnen.

Fiölswin (Odin):
„Hlif heißt eine, die andere Hlifthursa,
Die dritte Dietwarta,
Biört und Blid, Blidur und Frid,
Eir und Örboda."

Da *„Eir"* („Hilfe") als die beste der Heilerinnen der Asen bekannt ist, werden diese neun Mädchen wohl die Heilkunst-Schülerinnen der Menglöd sein. Dazu paßt gut, daß *„Hlif"* „Schützende" bedeutet und *„Hlifthursa"* „beschützende Riesin". Auch die übrigen Namen der neun Mädchen fügen sich gut in diese Annahme: *„Blid"* und *„Blidur"* bedeuten „Sanfte"; *„Frid"* bedeutet wahrscheinlich „Freundliche" und *„Dietwarta"* vermutlich „Volksschützerin".

„Biört" ist die „Glänzende". Aus ihrem Namen wurde später „Bertha", die eine hilfreiche Wintergöttin ist, die in den Märchen auch als „Frau Holle" erscheint.

„Örboda" ist ein Beiname der Göttin Ran. An den Textstellen, an denen Ran „Örboda" genannt wird, heißt Rans Mann Ägir „Gymir". Der Name „Örboda" in dieser Aufzählung bestätigt die Vermutung, daß diese neun Mädchen mit Rans neun Töchtern identisch sind. „Örboda" oder „Aurboda" bedeutet „Licht-Botin". Sie ist die Mutter der Riesin Gerdr und die Venus sowie die Himmelsgöttin als die Mutter der Sonne (Tyr).

Da man davon ausgehen kann, daß die Schülerinnen der Göttin Menglöd Namen tragen, die Qualitäten ausdrücken, die Menglöd an ihren Schülerinnen schätzt, kann man aus diesen Namen eine Beschreibung der Heilerin Freya-Menglöd ableiten, da auch sie selber die Eigenschaften haben wird, nach denen sie ihre Schülerinnen ausgewählt hat.

Name	Bedeutung	Charakter der Freya-Menglöd		
Eir	Hilfe	Helferin	sanfte Helferin	sanfte Helferin und Sonnenmutter in der Unterwelt
Hlif	(Be-)Schützende	Helferin	sanfte Helferin	
Hlifthursa	(Be-)Schützende Riesin	Helferin	sanfte Helferin	
Dietwarta	Volksschützerin	Helferin	sanfte Helferin	
Blid	Sanfte	Sanfte	sanfte Helferin	
Blidur	Sanfte	Sanfte	sanfte Helferin	
Frid	Freundliche	Sanfte	sanfte Helferin	
Biört	Glänzende (Sonne)	Sonnengöttin	Jenseitsgöttin, Sonnenmutter	
Örboda	Licht-Botin (Venus)	Venusgöttin	Jenseitsgöttin, Sonnenmutter	

Namen der neun Mädchen => Charakter der Heilerin Freya-Menglöd

Windkald (Tyr):
„Sage mir, Fiölswin, was ich Dich fragen will
Und zu wissen wünsche:
Beschützen sie alle, die ihnen opfern,
Wenn sie dessen bedürfen?"

Fiölswin (Odin):
„Jeglichen Sommer, so ihnen geschlachtet
Wird an geweihtem Orte,
Welche Krankheit auch die Menschenkinder überkommt,
Jeden nehmen sie aus ihren Nöten."

I 12. b)   Zusammenfassung

Als Dienerinnen der Freya-Menglöd sind diese neun „Mädchen" auch ihre Priesterinnen. Sie sind jedoch auch Aspekte der Freya-Menglöd als Jenseitsgöttin („9" = „zum Jenseits gehörig").

Die Bitt-Opfer im Sommer an diese neun Mädchen sprechen dafür, daß man sie eher als Göttinnen als als Priesterinnen angesehen hat.

I 13. Röskwa die Priesterin der Sif

I 13. a) Der Name „Röskva"

Der Name von Thialfis Schwester „Röskva" bedeutet „wachsen, reifen". Dieser Name entspricht somit zumindestens inhaltlich dem Namen „Groa" („grünen, wachsen") der Mutter des Sonnengottes Svipdag. Röskva könnte somit evtl. eine Verbindung zu der Erdgöttin Groa-Jörd haben. Dazu würde gut passen, daß Jörd die Mutter des Thor ist und Röskwa die Dienerin-Priesterin des Thor oder eher von dessen Frau, der Korngöttin Sif ist.

I 13. b) Röskwa und Thialfi

Das, was über Röskwa bekannt ist, ist schon in dem Kapitel über „Thialfi" berichtet worden.

Insbesondere die Zugehörigkeit der neun magischen Dinge, die von den beiden Zwergen erschaffen worden sind, zu Thor, Sif, Odin und Freyr macht es wahrscheinlich, daß Röskwa nicht zu Thor, sondern zu Sif gehört.

Die drei Götter von Uppsala				
Gott (und Göttin)		Geschenk des Brock	Geschenk des Sindri	Priester(-in)
Thor und Sif	Thor		Hammer Mjöllnir	Thialfi
	Sif	Getreide: goldenes Haar		Röskwa
Odin		Speer Gungnir	Ring Draupnir	Hermodr
Freyr		Schiff Skidbladnir	Eber Gullinborsti	Skirnir

I 13. c) Skaldskaparmal

In diesem Lehrbuch der Skaldenkunst wird durch eine Thor-Kenning lediglich ersichtlich, daß Thialfi und Röskva recht bekannte Gestalten in den nordischen Mythen gewesen sein müssen.

„Welche Umschreibungen soll man benutzen, um den Namen des Thor zu umschreiben?"

„Diese: Man soll ihn Sohn des Odin und der Jörd nennen, ... , Herr des Thialfi und der Röskva, ..."

I 13. d) Zusammenfassung

Vermutlich ist Röskwa die Priesterin der Korngöttin Sif – so wie Thialfi der Priester des Thor ist.

Auch Röskwas Name, der „wachsen, reifen" bedeutet, paßt gut zu der Korngöttin Sif und auch zu der Göttin Groa („grünen"), die der Erdgöttin Jörd entspricht, die die Mutter des Thor ist.

I 14. Übersicht über die Priester und Priesterrinnen in den Mythen

Der ehemalige Göttervater Tyr, die drei neuen Herren in Uppsala, d.h. Thor, Odin und Freyr sowie Thors Frau Sif und Odins Frau Frigg haben Priester bzw. Priesterinnen mit schamanischer Funktion gehabt, die in den Stand von „Halbgöttern" erhoben worden sind. Eine Priesterin der Freya ist nicht bekannt, aber die „neun Dienerinnen" der Freya-Menglöd könnten durchaus diese Funktion gehabt haben. Zudem ist Ottar ein Priester der Freya gewesen.

Die Priester-Schamanen der germanischen Götter in den Mythen		
Gott / Göttin	*Priester /Priesterin*	*Herkunft des Motivs*
Tyr	Atli	Lied über Helgi Hiörvard-Sohn
	Franmar	
Tyr-Ägir	Fimafeng	Lokasenna
	Eldir	
Thor	Thialfi	Tempel von Uppsala, Gylfis Vision u.a.
Sif	Röskwa	
Odin	Hermod	Tempel von Uppsala, Gylfis Vision u.a.
Frigg	Gna	Gylfis Vision
Freyr	Skirnir	Tempel von Uppsala, Skirnir-Lied u.a.
	Byggwir	Lokasenna
	Beyla	
Freya	Ottar	Hyndla-Lied
	neun Dienerinnen	Fiölswin-Lied

Diese Übersicht zeigt, daß es in den Mythen zwei Gruppen von Priestern und Priesterinnen gegeben hat: die des Tyr bzw. Tyr-Ägir in den alten Mythen bis 500 n.Chr. und die der drei neuen obersten Götter in dem schwedischen Haupttempel von Uppsala, also Thor, Odin und Freyr, sowie die Priesterinnen von deren Frauen, d.h. Sif, Frigg und Freya.

Der Ursprung dieser „Priester-Halbgötter" ist unterschiedlich:

Der Ursprung der Priester und Priesterinnen		
Gott / Göttin	*Priester /Priesterin*	*Ursprung*
Tyr	Atli	die beiden Alcis-Söhne des Tyr, die als zwei Schimmel seinen Sonnen-Streitwagen ziehen, und die als die Boten und Diener sowie als Trinkhorn-Träger des Tyr auch dessen Priester sind
	Franmar	
Tyr-Ägir	Fimafeng	
	Eldir	
Thor	Thialfi	die Thor-Priester, die in die Mythen übertragen worden sind
Sif	Röskwa	die Sif-Priesterinnen, die in die Mythen übertragen worden sind
Odin	Hermod	ein Aspekt/Beiname des Odin, der verselbständigt worden und dann zum Sohn und Priester des Odin geworden ist
Frigg	Gna	die Frigg-Priesterinnen-Schamaninnen, die in die Mythen übertragen worden sind
Freyr	Skirnir	die Freyr-Priester, die in die Mythen übertragen worden sind
	Byggwir	ein Bauer/Knecht, der zu dem Priester des Ackerbau-Gottes Freyr geworden ist
	Beyla	eine Bäuerin/Magd, der zu der Priesterin des Ackerbau-Gottes Freyr geworden ist
Freya	Ottar	der ehemalige Sonnengott-Göttervater Tyr als Jenseitsreisender
	neun Dienerinnen	Aspekte der Jenseitsgöttin und Wiedergeburts-Mutter Freya-Menglöd, die zu den Dienerinnen und Priesterinnen der Freya geworden sind

Auch die Entstehungzeiten dieser „Priester-Halbgötter" lassen sich in etwa feststellen:

Der Entstehungszeit der Priester und Priesterinnen				
Gott / Göttin	*Priester /Priesterin*	*Entstehungszeit*		
		bis 500 n.Chr.	*500 n.Chr.*	*nach 500 n.Chr.*
Tyr	Atli	Söhne, Rosse, Boten, Diener und Priester des Tyr	Söhne, Boten, Diener und Priester des Tyr	Diener des Tyr
	Franmar			
Tyr-Ägir	Fimafeng			
	Eldir			
Thor	Thialfi		Priester des Thor	Helfer des Thor in den Mythen
Sif	Röskwa		Priesterin der Sif (Analogie zu Thialfi)	
Odin	Hermod	Aspekt des Odin	Sohn des Odin; + die Priester des Odin?	Priester-Schamane des Odin
Frigg	Gna	Priesterin-Schamanin der Frigg	Priesterin-Schamanin der Frigg	Dienerin der Frigg
Freyr	Skirnir		Priester des Freyr	Priester-Schamane des Freyr in den Mythen
	Byggwir	Bauer, Knecht; + Priester des Freyr?	Bauer, Knecht, Diener des Freyr	Diener des Freyr
	Beyla	Bäuerin, Magd; + Priesterin des Freyr?	Bäuerin, Magd, Dienerin des Freyr	Dienerin des Freyr
Freya	Ottar	vermutlich ein Aspekt des Tyr, Geliebter der Freya	z.T. dem Odin gleichgesetzt, Geliebter der Freya	deutlich nach 500 n.Chr. dann deren Priester
	neun Dienerinnen	Aspekte der Freya	Aspekte der Freya	Aspekte der Freya

Die Entstehungweise der Priester und Priesterinnen in den Mythen ist unterschiedlich:

Thialfi, Skirnir und Hermod sind vermutlich die um 500 n.Chr. in die Mythen übertragenen Priester der siegreichen Götter Thor, Odin und Freyr, die Tyr als Göttervater abgesetzt haben. Röskwa scheint nicht viel mehr als eine Analogiebildung zu diesen drei „Priester-Halbgöttern" für Sif zu sein.

Atli und Franmar sowie Fimafeng und Eldir stammen aus den alten Tyr-Mythen und sind ehemals die Alcis-Zwillingssöhne des Tyr gewesen.

Ottar ist einst ein Aspekt des Tyr gewesen, der dann dem Odin gleichgesetzt worden ist. Da sowohl der alte Göttervater Tyr als auch der neue Göttervater Odin der Wiederzeugungs-Geliebte der Freya ist, konnte Ottar auch zu dem Priester der Freya werden.

Gna und die neun Dienerinnen der Freya-Menglöd sind Aspekte der betreffenden Göttin, aber evtl. auch die Urbilder der Priesterinnen-Schamaninnen dieser beiden Göttinnen.

Byggwir und Beyla sind die Urbilder der Bauern und Bäuerinnen, die unter dem Schutz des Ackerbaugottes Freyr stehen. Ihr Priesterschafts-Aspekt ist kaum ausgeprägt.

Hönir ist ab 500 n.Chr. der Repräsentant der Priester und Heiler. Vermutlich geht er auf die damalige Priesterschaft insgesamt zurück.

II Mythologische Priester in der indogermanischen Überlieferung

Der Priestergott Hönir, der auch den gesamten Stand der Priester repräsentiert, ist eine seltene Erscheinung bei den Indogermanen. Am meisten ähnelt ihm noch der indische Urmensch Mannu, der auch der erste Priester gewesen ist.

Die in den Stand von „Halbgöttern" erhobenen Priester und Priesterinnen der Germanen (Hermod, Skirnir, Thialfi, Röskwa, Franmar, Atli) sind ebenfalls ein seltenes Phänomen.

Es lassen sich zwar vergöttlichte Schamanen wie z.B. den griechischen Hermes oder den römischen Janus finden, aber vergöttlichte Priester scheint es nur bei den Germanen gegeben zu haben.

Manchmal sind auch indogermanische Religionsreformer wie Buddha, Zarathustra oder Zalmoxis in den Stand von Halbgöttern oder Göttern erhoben worden – ähnlich wie Christus zu einer Gottheit erhoben worden ist. Bei diesen Vorgängen handelt es sich jedoch immer um eine einzelne Person und nicht um eine Priestergruppe, die durch eine einzelne Gestalt wie durch ein Urbild in den Mythen selber repräsentiert wird.

Der Hirtenknabe Ganymed aus Troja, der „schönste aller Sterblichen", wurde von Zeus in der Gestalt eines Adlers (der Seelenvogel des Zeus) auf den Olymp entführt und dient dort nun als Mundschenk. Er hat als „Diener der Götter" Ähnlichkeit mit Thialfi, Hermod und Skirnir, aber es ist kein Hinweis auf priesterliche Tätigkeiten erkennbar.

Der Ganymed-Mythos ist schon sehr alt und geht auf den sumerischen König Etana zurück, der den Beinamen „Hirte, der zum Himmel aufstieg" trug. Etana war der erste König nach der Großen Flut, was ihn der am Morgen aus der Wasserunterwelt zurückkehrenden Sonne gleichsetzt. Dies wird dadurch bestätigt, daß Etana auf einem Adler in den Himmel aufgestiegen ist.

Der Ursprung dieses Beinamens ist wahrscheinlich die Jenseitsreise des Königs bei seiner Krönung und nach seinem Tod. Die Krönungs-Jenseitsreise verwandelt in fast allen durch ein Königtum geprägten Kulturen den Thronanwärter in einen König, der durch diese Jenseitsreise eine Priester-ähnliche Position erhielt und auch oft zum obersten Priester wurde.

Auch der germanische Tyr-Wieland und der griechische Ikarus, die sich künstliche Flügel erschaffen haben, sind sehr ähnliche mythologische Gestalten.

III Mythologische Priester in der jungsteinzeitlichen Überlieferung

Es gibt auch außerhalb der Indogermanen gelegentlich einen „Priester der Götter" wie z.B. den ägyptischen Ibis-Gott Thot, der manchmal rituelle Aufgaben im Reich der Götter übernimmt, aber diese „Priester der Götter" sind nirgendwo als vergöttlichte Priester erkennbar und sie haben auch nirgendwo einen so eindeutigen Bezug zu einer bestimmten Gottheit – die germanischen Priester hatten ein gutes Selbstbewußtsein ...

Die Priester-Halbgötter bilden keinen roten Faden durch die Religionen hindurch, den man verfolgen könnte, sondern sie sind ein Phänomen, das gelegentlich auftritt und auch wieder verblaßt, da sie nirgendwo eine tragende Funktion erfüllen, sondern eher der Selbsterhöhung des Priesterstandes dienen oder einfach aus einer Übertragung der menschlichen Sozialordnung in den Bereich der Götter resultieren.

IV   Zugang zu den Priester-Halbgöttern

Zunächst einmal sind diese Gottheiten interessant, wenn man selber priesterliche Ambitionen hat. Man kann sich dann an Hönir, Thialfi, Skirnir, Hermodr, Ottar, Fimafeng, Eldir, Atli, Franmar, Röskwa, Byggwir, Beyla, Gna und die neun Dienerinnen der Freya-Menglöd wenden, um Rat und Unterstützung zu erhalten.

Man kann dafür zu ihnen beten, ihnen opfern, Traumreisen zu ihnen unternehmen, sie in Ritualen anrufen usw.

Eine direktere Methode wäre jedoch das Erlernen der Astralreise, die Erweckung der Kundalini und das Streben nach weiteren Fähigkeiten der Schamenen-Priester.

Noch sinnvoller wäre es, sich zu fragen, was man damit erreichen will, daß man ein Priester oder ein Priesterin werden will – und dann um Unterstützung beim Erreichen dieses konkreten Zieles zu bitten.

Wenn dieses Ziel klar ist, kann man schauen, ob vielleicht gerade einer der Priester-Halbgötter für genau dieses Ziel zuständig ist wie z.B. Byggwir für das Brauen des Ritual-Biers, und ihn dann um Hilfe bitten.

Um einen Überblick zu erhalten, ist es am hilfreichsten, selber Traumreisen zu diesen Priester-Halbgöttern zu unternehmen.

V Hymnen an die Gottheiten

Die folgenden Strophen sind keine traditionellen Texte, sondern Neudichtungen. In ihnen wird der Charakter der betreffenden „Priester-Halbgötter" im germanischen Stil zusammengefaßt.

Diese Strophen können bei Anrufungen, in Meditationen u.ä. verwendet werden. Sie können natürlich nach Belieben erweitert, gekürzt oder auf eine andere Weise verändert werden.

Das benutzte Versmaß ist die einfache Drapa, die die folgenden Merkmale hat:

- acht Zeilen je Strophe;
- fünf bis acht betonte Silben je Zeile;
- ein Stabreim (Hand – Hirsch) am Anfang der ungeraden Zeilen, in einem weiteren Wort dieser Zeile sowie am Anfang der folgenden Zeile;
- ein Halbreim in jeder ungeraden Zeile (Hand – Wunde);
- ein Vollreim in jeder geraden Zeile (Hand – Wand);
- zwei bis sechs einfache Kenningar („Mund des Armes" = „Hand") in jeder Strophe.

An die Drapa ist jeweils ein Doppelvers in der „Zaubergesangs-Form" („galdrlag") angeschlossen. Er besteht aus zwei inhaltlich und grammatisch gleich aufgebauten Sätzen. Er enthält denselben Stabreim wie die Drapa.

In den folgenden Anrufungen steht der Priester-Aspekt deutlich im Vordergrund, auch wenn er in den überlieferten Texten zu einigen dieser „Priester-Gottheiten" nicht so deutlich ausgeprägt ist.

V 1.   Hymnen an die Götter

V 1. a)   Hymne an Hönir

Hönir, Hüter und Vater der heiligen Orte,
Herr des Asen-Segens auf allen Wegen;
Heiler und Priester in der Halle des Tyr,
hier steh' ich und sehn' mich und rufe nach Dir!

Freund der Wander-Asen[1], Gefährte der Wanen,
Feuer[2] such' ich in mir – stark wie ein Stier!
Vogelflug[3] will ich fortan erlernen,
für die Menschen zur Wonne will ich die Sonne rufen[4]!

Hönir, gib mir Hilfe, wie ich die Seelenweg-Säulen[5] finde!
Hönir, hilf mit Rat, wenn ich die Gjallarbrücke[6] beschreite!

---

1   Wander-Asen: Odin, Hönir und Loki, die oft zusammen durch die Welt wandern
2   Feuer = Kundalini-Feuer
3   Vogelflug = Astralreise
4   die morgendliche Sonnenanrufung durch die Priester
5   Die Seelenweg-Säulen („öndvegis-sula") sind zwei mit einem Gottesgesicht beschnitzte Säulen, die oben durch einen Bogen-Balken verbunden sind und das Tod ins Jenseits darstellen. Sie stehen innen hinter dem Eingang zum Tempel und hinter dem Hochsitz des Fürsten in seiner Halle.
6   Gjallar („Tosender") = Jenseitsfluß; die Brücke über ihn entspricht dem Seelenweg-Tor (Jenseitstor)

V 1. b)   Hymne an Atli

Atli errichtet den Adler-Tempel[7] mit acht[8] Altären
im Glanzwald[9], durch den der Schrei des Hrungnir-Vogels[10] schallt.
Er behütete goldgehörnte Rinder für Baugi[11] im Feld,
Er bringt Thiazi[12] Opfer, er singt Mimir[13] Lieder.

Idmunds Sohn[14] holt die Idun der Hahnen-Felsen[15],
in der dunklen Kammer des Jammers[16] kennt er sich aus.
Das Schlangen-Lager[17] aus Ringen[18] wird zu Dellings Tor[19]:
das Licht[20] kommt mit Adler-Schwingen[21], die Priester singen[22].

Atli, gib mir Rat, wie ich Arngrims[23] Priester werde!
Atli, hilf mit Tat, daß ich Alsvartrs[24] Freundschaft finde!

---

7   Adler = Seelenvogel des Tyr; Adler-Tempel = Tyr-Tempel

8   acht = Zahl der Vollkommenheit und der Sonne

9   Glanzwald („Glasislund“) = Jenseits des Sonnengott-Göttervaters Tyr

10 Hrungnir = Tyr; Tyr-Vogel = Adler (Tyrs Seelenvogel)

11 Baugi („Ring“) = Tyr

12 Thiazi = Tyr

13 Mimir („Erinnerung“) = Tyr

14 Idmunds Sohn = Atli

15 Hahn = Seelenvogel; Hahnen-Felsen = Grabkammer des Hügelgrabes; Idun des
      Hügelgrabes = Jenseitsgöttin

16 Kammer des Jammers = Grabkammer im Hügelgrab

17 Schlange = Totengeist; Schlangen-Lager = Grabschatz

18 Ring = Symbol der Sonne und der Jenseitsreise, Teil des Grabschatzes

19 Delling = Gott des Morgens, des Tages und des Lichts = Sonne; sein Tor = der östliche
      Horizont, wo die Sonne aufgeht

20 Licht = Sonne = Tyr (er lag nachts als Schlange/Drache in seinem Hügelgrab)

21 Adler-Schwingen = die am Morgen wiedergeborene Sonne ist der Adler-Seelenvogel des
      Tyr

22 singen = die morgendliche Sonnen-Anrufung

23 Arngrim („Adler-Maskenhelm“) = Tyr

24 Alsvartr („All-Schwarzer“) = Tyr als „Schwarz-Sonne“ in der Unterwelt

V 1. c) Hymne an Franmar

Franmar, Du hast das Nest des Adlers[25] gefunden,
viele Tage weilst Du auf des Greifen Diele[26];
Hüter der Sigurlinn, Gebieter des Federhemdes[27],
hierher bitte ich Dich, mich zu lehren!

Jarl des Swafnir, Tempel-Heger, Jäger des Falken[28],
Jahr für Jahr ziehst Du mit dem Aar[29] durch Licht und Schatten[30];
Vater der Alof, Priester des Tyr, komm' hervor:
führe mich, Hraesvelgrs Freund[31], und sprich zu mir!

Franmar, gib mir Rat auf meinem Pfad zum Sonnen-Priester!
Franmar, hilf mit Tat auf meinem Weg zum Thiazi-Freund[32]!

---

25 Adler = Seelenvogel des Tyr; dessen Nest = Tyr-Tempel; Franmar ist ein Tyr-Priester
26 Greif = Raubvogel = Adler = Tyr; dessen Diele = Tyr-Tempel
27 Federhemd = Adlergewand, mit dem sich Franmar in einen Adler verwandeln kann
28 Falke = Seelenvogel des Loki; dessen Jäger = Tyr, hier: Priester des Tyr
29 Aar = Adler
30 Licht und Schatten = Tag und Nacht, Sommer und Winter = tägliche bzw. jährliche
   Jenseitsreise der Sonne
31 Hraesvelgr („Leichenreißer") = Tyrs riesiger Adler-Seelenvogel
32 Thiazi = Tyr; dessen Freund = Tyr-Priester

V 1. d) Hymne an Fimafeng

Fimafeng, führe mich nach Glasisvellir[33]!
Finde den Seelen-Weg, den Toten-Steg für mich!
Ich will in das Jenseits nach Walhalla[34] reisen:
Mein Wunsch ist, das reine Herz der Sonne[35] zu schauen!

Der Tod ist der Weg – tief, dunkel und weit,
Den Toten-Tempel[36] will ich sehen und Hyndlas Botin[37]!
Ich will das Horn voll Met[38] mit Baldur trinken,
In Hels Halle[39] will ich mich selber finden.

Fimafeng, gib mir Rat, wie ich zu Farsetis[40] Kammer komme!
Fimafeng, hilf mit Tat, daß ich Kjallandis[41] Felsen finde!

---

33 Glasisvellir („Glanztal") = Jenseits des Tyr
34 Walhalla − „Totenhalle" = Jenseits des Odin
35 Herz der Sonne = Hrungnir-Herz = Seele der Sonne = Seele des Tyr
36 Toten-Tempel = Halle der Hel = Jenseits
37 Hyndla = Hel; ihre Botin = die Walküre Modgud auf der Jenseitsbrücke „Gjallarbru"
38 Horn voll Met = Begrüßungstrunk im Jenseits, in dem im Winter auch Baldur weilt
39 Halle der Hel = Jenseits
40 Farseti („Weitblickender") = Adler auf dem Weltenbaum = Tyrs Adler-Seelenvogel
41 Kjallandi („Rufer, Herold") = ein Riese (Tyr oder einer seiner beiden Alcis-Söhne)

V 1. e) Hymne an Eldir

Eldir, Edler, der Atem des Sonnen-Adlers[42] ist Dein Schutz,
Essen-Kohlen glühen vor Dir[43], Hrungnirs Fohlen[44];
Schmied des Sonnen-Schildes[45], entfache Dein Feuer!
Erschaffer des Flammen-Schwertes[46], entzünde die Glut!

Freund des Eisens[47] und der Asen[48], Feind der Nacht[49],
Fimafengs Verwandter[50], strahle an Rindrs Rand[51]!
Kenner des Goldes[52] in Skadis weitem, kühlem Feld[53],
Kurils Ringe-Schmied[54] in Jörmungandrs Ried[55].

Eldir, gib mir Rat, wenn ich die Ringe forme!
Eldir, hilf mit Tat, wenn ich den Armreif weihe!

---

42 Atem des Sonnen-Adlers = Hitze der Sonne
43 Eldir wird hier als Schmied augefaßt.
44 Hrungnir = Tyr; dessen Fohlen = einer seiner beiden Söhne (Alcis), die sowohl zwei
     Jünglinge als auch zwei Schimmel sein konnten
45 Sonnen-Schild = Schild des Tyr = Sonne
46 Flammen-Schwert = Tyrs Schwert = Sonne
47 Freund des Eisens = Schmied = Eldir
48 Freund der Asen = Eldir
49 Feind der Nacht = Feuer = Eldir („Feuer")
50 Fimafeng = Sohn des Tyr; sein Verwandter (Bruder) = Eldir
51 Rindr = Erdgöttin; deren Rand = Horizont; das Strahlen dort = die aufgehende Sonne
52 Kenner des Goldes = Goldschmied
53 Skadi = Erdgöttin; deren Feld = Erde
54 Kuril = Tyr; dessen Ringe-Schmied = Eldir
55 Jörmungandr = Riesenschlange; deren Ried (Schilf) = Wasserunterwelt, in der er lebt

V 1. f) Hymne an Ottar

Ottar, Du kennst die dunkle Unterwelt,
über den Gjallar-Fall[56] bist Du gegangen;
Fafnir-Bruder, Regins bekannter Verwandter,
Du kannst mich leiten durch Hels Weiten[57]!

Hreidmar-Sohn, Dir sind Kahn[58] und Insel[59] vertraut,
Der Weg und der Ort der Toten, ihr kalter Steg.
Lyngheid-Bruder, führe, fahre mich in Naglfar[60],
Lofnheid-Bruder, zu Mimirs Funken[61], zur dunklen Sonne[62].

Ottar, gib mir Rat auf meiner Suche nach den Seelen!
Ottar, hilf mit Tat bei meinem Sehnen nach den Asen!

---

56 Gjallar = Jenseitsfluß; der Tyr-Zwerg Andwari lebte in einer Höhle hinter einem Wasserfall
    in diesem Fluß
57 Hel = Jenseitsgöttin; ihre Weiten = Unterwelt
58 Kahn = Schiff des Jenseitsfährmannes (Odin)
59 Insel = Jenseitsinsel Walaskialf („Toteninsel")
60 Naglfar („Schiff aus Finger- und Fußnägeln (der Toten)") = Jenseitsreise-Schiff
61 Mimir = Tyr-Riese, Schmied; seine Funken = Glut der Sonne in der Unterwelt; das
    Schmiedefeuer, in dem er sein bei seinem Tod am Abend zerbrochenes Sonnen-Schwert
    neuschmiedet
62 dunkle Sonne, schwarze Sonne = Nacht-Sonne (im Gegensatz zur goldenen Tages-Sonne)

V 1. g) Hymne an Thialfi

Thialfi, Gefährte des Thrigeitir-Töters[63],
Treuer, gib uns Stärke wie Feuer!
Begleiter des Herrn von Bilskirnir[64],
Beschütze uns, Du Stütze des stärksten Asen[65]!

Röskwas Bruder[66], Reisender mit Thrudrs Vater[67],
rüste meinen Arm zur Wehr gegen Harm;
Lokis Genosse[68] kennt jede geheime Gasse:
Listen gib' mir und Kraft meinem Hieb!

Thialfi, hilf mit Tat, daß ich mein Ziel erreiche!
Thialfi, gib mir Rat, daß ich meinen Wunsch erfülle!

---

63 Thrigeitir = Tyr-Riese; dessen Töter = Thor; dessen Gefährte = Thialfi
64 Bilskirnir = Halle des Thor; deren Herr = Thor; dessen Begleiter = Thiazi
65 stärkster Ase = Thor; dessen Stütze = Thialfi
66 Röskwas Bruder = Thaizi
67 Thrudr = Göttin; deren Vater = Thor; dessen Mitreisender = Thialfi
68 Lokis Genosse = Thialfi (Thor, Thialfi und Loki reisen mehrfach gemeinsam)

V 1. h)   Hymne an Hermod

Hermod, hilf mir, Baldur zu finden:
Hels Halle, Belis Burg[69]
ist verborgen bei den Zwergen[70]
bitte bring mich rasch zu ihrem Thing[71]!

Sohn des Odin[72], Svölnirs Erbe[73] –
Sonnen-Wege[74], Skrymirs Stege[75]
suche ich, über Sinmaras Bach[76]
schwebe, strebe ich als Vogel[77].

Hermod, gib mir Rat auf dem Weg der Seelen!
Hermod, hilf mit Tat in dem Land der Geister!

---

69 Beli = sehr alter Name des Sonnengottes; seine Burg = Jenseits (dort ist er des Nachts und im Winter)

70 Zwerge = Totengeister im Jenseits

71 Thing = Versammlung

72 Sohn des Odin = Hermod

73 Svölnir = Odin; Erbe = Sohn; Odins Sohn = Hermod

74 Sonnen-Wege = der Weg über den Diesseits-Himmel und der Weg durch die Wasserunterwelt

75 Skrymir = der ehemalige Sonnengott-Göttervater Tyr; seine Stege = der Weg über den Diesseits-Himmel und der Weg durch die Wasserunterwelt

76 Sinmara = Hel; ihr Bach = Jenseitsfluß Gjallar

77 Vogel = Seelenvogel (der Schamane reist als Seelenvogel, d.h. mit seinem Astralkörper ins Jenseits)

166

V 1. i)   Hymne an Skirnir

Skirnir, Segler über das Meer[78],
Schenkers Hand[79] an Walaskialfs[80] Strand;
Führe mich durch finst'ren Myrkvid[81],
zum Fluß[82], den jeder überqueren muß.

Freund des Freyr[83], Magier des Landes[84],
Frodes Zaubersänger[85], Kenner des Todes[86];
Hilf mir durch die heiße Alfen-Lohe[87],
Hin nach Asgard führt die Fahrt.

Skirnir, gib mir Rat, schenk' mir Wissen!
Skirnir, hilf mit Tat, verleih' mir Mut!

---

78 Meer = Wasser zwischen Midgard und Utgard; Segler auf diesem Meer = Jenseitsreisender
79 Schenker = der Wohlstandsgott Freyr; seine Hand = sein Gehilfe; Freyrs Gehilfe = Skirnir
80 Walaskialf („Toteninsel") = Jenseitsinsel
81 Myrkvid („Düsterwald") = Wald zwischen dem Diesseits und dem Jenseits
82 Fluß = Jenseitsfluß Gjallar
83 Freund des Freyr = Skirnir
84 Land = Felder (Zuständigkeitsbereich des Erntegottes Freyr); Magier = Priester; Priester des Landes = Skirnir
85 Frode = Saga-Variante des Freyr; Zaubersänger = Magier, Priester; Priester des Freyr = Skirnir
86 Kenner des Todes = Schamane = Skirnir
87 Alfen = Totengeister; Alfen-Lohe = Waberlohe zwischen Diesseits und Jenseits (Bestattungsfeuer)

V 1. j) Hymne an Byggvir

Byggwir-Bauer, Gersten-Brauer,
Bier-Verteiler, Hunger-Heiler:
Früchte reifen, Fischer rufen,
Felder tragen, Wälder grünen.

Volle Kessel, frische Nessel[88],
viele Garben, volle Waben;
Asen-Bäcker, Honig-Schlecker,
Alfen-Nährer, Gunst-Gewährer.

Byggwir, gib mir Rat – und Brot und Trank!
Byggwir, hilf mit Tat – und Dir sei Lob und Dank!

_____

88 Nessel = eine Gemüsepflanze

V 2.　Hymnen an die Göttinnen

V 2. a)　Hymne an Gna

Reiterin durch rastlose Winde[89],
Rasche Botin, Rosse-Gotin[90]:
Was sagen die Asen? Was die Alfen?
Was kündet uns Frigg? Und was Dein Blick?

Weise in der Luft, Wissende in der Gruft[91],
Walküre[92] im Sturm, Wunschmaid[93] im Turm:
Bringst Du Botschaft und goldene Ringe?
Birgst Du der Asin[94] Segen auf Deinen Wegen?

Gna, gib mir Rat, wie ich Friggas Gunst erlange!
Gna, hilf mit Tat, wie ich Friggas Segen erhalte!

---

89 Gna hat ein fliegendes Pferd
90 Gotin = Kriegerin, Frau; Rosse-Frau = Reiterin = Gna
91 Gruft = Jenseits (als Schamanin kennt Gna die Unterwelt)
92 Walküre = hier allgemein eine Botin = Gna
93 Wunschmaid = Walküre = Gna
94 Asin = Frigg

V 2. b) Hymne an die neun Dienerinnen der Freya-Menglöd

Hlif und Hlifthursa – Heilerinnen am Hof der Freya:
helft mir in meinem Leben, gebt mir euren Segen!
Blid und Blidur – Bitten-Erfüller in Menglöds Burg:
beendet meine Not und gebt mir Brot!

Eir und Aurboda – Edle der Görsemi-Mutter[95]:
eilt zu allen in Gefahr, zu der bedrängten Schar!
Biört, Frid und Dietwarta – Bräute der Brisingamen-Herrin[96]:
bringt uns, was wir brauchen, solang wir Atem hauchen.

Freyas Frauen, gebt mir Rat und laßt mein Leben blühen!
Freyas Frauen, helft mit Tat und laßt mein Tun gedeihen!

---

95 Görsemi = Personifikation von Freyas Brisingamen = Freyas Tochter; deren Edle = Freya
96 Brisingamen = Freyas goldener Halsreif (Symbol der Sonne und der Jenseitsreise); dessen
   Herrin = Freya

V 2. c) Hymne an Röskwa

Röskwa, Priesterin der prächtigen Tempel,
Röskwa, Pflegerin und Hegerin der Statuen;
Röskwa, Hüterin der Heimat-Flure,
Röskwa, Herrin der Felder und Wälder;

Röskwa, Zerlegerin des Ziegenopfers,
Röskwa, Zubereiterin des Mahls[97] zu rechten Zeit;
Röskwa, Deuterin der Dankes-Opfer-Omen,
Röskwa, Disen-Segen-Bringerin[98] mit dem goldnen Ring[99]:

Röskwa, gib mir Rat, daß ich Sifs Priesterin werde!
Röskwa, hilf mit Tat, daß ich Sifs Zauberin werde!

---

97 Mahl = Opfermahl im Tempel
98 Disen = Göttinnen
99 goldener Ring = Der Priester und vermutlich auch die Priesterinnen trug während des Rituals an seinem/ihrem Arm den goldenen Tempel-Ring, der ihn/sie mit den Göttern verband.

V 2. d) Hymne an Beyla

Beyla, Behüterin der emsigen Bienen,
beschütze meine Bäume und Zäune!
Segnerin der schönen Gärten an allen Orten,
schirme meine Äpfel und Birnen vor Schaden!

Foldes[100] holde Helferin, Herrin der Sträucher,
Fördere die Früchte, die ich züchte!
Hüterin der Beete hinter der Halle,
hege und pflege die Heilungs-Kräuter!

Beyla, gib mir Rat für meine Früchte!
Beyla, hilf mit Tat bei meinen Kräutern!

---

100 Folde = Erdgöttin

V 3.   Lied über die „Priester-Gottheiten"

V 3. a)   Priester-Streit

Atli ist der halb-mythologische Priester des Tyr.

Hermod ist der Priester-Schamane des Odin, Thialfi der des Thor, Skirnir der des Freyr und Röskwa die Priesterin der Sif. Diese vier sind die Priesterschaft des Tempels von Uppsala, in dem Thor, Odin und Freyr die Hauptgötter gewesen sind und in dem auch Thors Frau Sif verehrt worden ist.

Die beiden Priesterinnen-Dienerinnen der Frigg heißen Gna und Fulla – wobei Fulla eher eine eigenständige Göttin als eine vergöttlichte Priesterin ist.

Franmar erscheint in dem folgenden Lied als der halbmythologische Priester des Loki, obwohl es wahrscheinlicher ist, daß er ein umgedeuteter Alcis-Sohn des Tyr ist – er hat in den nordgermanischen Liedern jedoch die Rolle des Loki übernommen.

Der Streit wird vor allem zwischen Atli, dem Priester des als Göttervater abgesetzten Tyr und den drei Priestern der neuen Herren von Asgard, also den Priestern des Thor, des Odin und des Freyr geführt – wobei Skirnir Freyr-Priester sich in dem Streit eher zurückhält.

Atli Tyr-Priester:
„Hermod Hel-Reiter, Hyrrokkin-Freund[101],
dies ist nicht Dein Tempel, nicht Dein Gaben-Tor;
hier in den Tiefen von Uppsala herrschte Tyr,
bevor ihr Räuber kamt und ihm den Thronsitz nahmt."

Hermod Odin-Priester:
„Was jammerst Du, Reiter des Riesen[102]?
Niemand kennt Dich, gibt noch von Dir Kunde!
Odin war listiger – und auch Loki ...
Dein Kessel ist fort, Dein Kelch zerbrochen."

---

101 Hyrrokkin = Hel; deren Freund = Hermod
102 Riese = Tyr im Jenseits; sein Reiter = Franmar als Schamane

Thialfi Thor-Priester:
„Thor war der tüchtige Sieger, nicht sein Vater;
Thor erschlug den Riesen und die Hel;
Thors Hammer vernichtet alle, die ihn hindern –
Thor ist der Herr, der Herrscher!"

Röskwa Sif-Priesterin:
„Wahr sprecht ihr wohl, Hermod und Thialfi,
doch nicht alles ist gut, was geschah:
Ich stehe im Schatten und strahle nicht mehr,
ihr habt viel genommen und nicht viel gegeben."

Skirnir Freyr-Priester:
„Es ist fast alles wie zuvor: Freyr ist der Felder-Ase,
Durch Freyr stehen alle Äcker unter Asgards Schutz.
Ob Tyr, ob Odin, ob Thor – ihr braucht Speise,
ihr wollt Reichtum – und die reicht er euch."

Atli Tyr-Priester:
„Ihr habt geraubt, nun droht euch Rache:
Wenn ich nun Draupnir raube, den Sonnen-Ring,
und ihn verberge in den tiefsten Verliesen der Hel –
was tut ihr dann? Dämmern in der ewigen Nacht!"

Hermod Odin-Priester:
„Das kannst Du nicht, Du drohst nur kraftlos,
Odins Ring zu rauben gelingt Dir nie!
Odin ist der Weisheits-kundige König,
er ist stärker als Du, Düsterwald-Geselle!"

Thialfi Thor-Priester:
„Ich hole Thor, er wird Dich mit dem Hammer schlagen,
mit seinem Waffen-Eisen[103] in die Erde rammen,
Deinen Schädel spalten, Deinen Himmel[104] ganz zerhauen,
wenn Du nicht schweigst und hier verschwindest!"

---

103 Waffen-Eisen = Thors Hammer
104 Deinen Himmel = Schädel (Ymirs Schädel ist der Himmel)

Atli Tyr-Priester:
„Wie wollt ihr ohne Sonnen-Leuchten leben,
wenn sie ruht in Sinmaras eherner Kiste[105]
wie im Winter Baldurs Todes-Zweig[106]?
Wie wollt ihr Hyrrokkins Halle[107] öffnen?"

Röskwa Sif-Priesterin:
„Wenig weise wähne ich eure Worte!
Wie wollt ihr ohne die Früchte der Felder leben?
Ihr werdet allesamt verderben, sterben,
Wenn ihr die Sonne in der Nacht verbergt!"

Franmar Loki-Priester:
„Leere Drohung, Atli! Lautes Dröhnen ohne Kraft!
Du bist nur noch ein Sklave der Siegers Odin!
Ein Priester ohne Tempel, ein Gode[108] ohne Gott!
Ein Hund ganz ohne Zähne, doch mit viel Zähren[109]!"

Fulla Frigg-Priesterin:
„Was singt ihr hier die Rache-Runen?
Warum führt ihr lauten, langen Streit?
Laßt die Dinge alle, wie sie sind:
Krieg bereitet Trauer und bringt Tod!"

Skirnir Freyr-Priester:
„Hört auf Fulla, sie bringt Frieden,
und nur Frieden bringt Gedeihen, gibt uns Gaben;
Krieg und Kampf zerstört nur, was wir haben,
drum schweigt nun, seid wieder weise."

---

105 Sinmara = Hel; ihre eherne (eiserne) Kiste = Grabkammer im Hügelgrab
106 Baldurs Todes-Zweig = Mistel; sie liegt in einer eisernen Truhe bei Sinmara
107 Hyrrokkin = Hel; ihre Halle = Unterwelt, Hügelgrab-Grabkammer
108 Gode = Priester
109 Zähren = veraltert für „Tränen"

Atli Tyr-Priester:
„Den Diener des Diar[110], des Asen des Schwertes,
mit Worten wieder vertreiben? Nein!
Den Priester des Gottes des Sonnen-Schiffes
mit Drohungen verdrängen? Nein!"

Hermod Odin-Priester:
„Laßt ihn klagen, was kümmert er uns Priester?
Er war einmal, er ist nicht mehr, sein Herr ist tot.
Leeres Kläffen eines Köters – nicht des Hörens wert –
und wenn's zuviel wird: Wozu gibt es Speere?"

Atli Tyr-Priester:
„Ich werde jetzt gehen, ich kenne Sinmara gut!
Und ihr kennt Hel, die Hüterin der Mistel ...
Wir werden sehen, was ihr sagt und wie ihr weint,
wenn die Sonne nicht mehr leuchtet, nicht mehr scheint!"

Röskwa Sif-Priesterin:
„Wollt ihr euch alle selbst erwürgen und vernichten?
Wollt ihr Jörmungandr jede Herrschaft geben?
Das wird's sein, was ihr erreicht!
Laßt uns lieber Hönir rufen, den Asen-Priester!"

Atli Tyr-Priester:
„Hönir ist ein guter Heiler und ein guter Helfer,
er war einst des Diar Freund,
und er ist ein weiser Rater für die Regin[111].
Ich will hören, was er heute zu uns sagt."

Hermod Odin-Priester:
„Hönir ist des Grimnir[112] Gefährte,
er ist des Gautar[113] Geselle:
Er wird nicht zu Gunsten des grimmen Atli handeln,
Ich will sehen, was er an Wegen sieht."

---

110 Diar = Tyr
111 Regin = „König" = Asen
112 Grimnir = Odin
113 Gautar = Odin

Thialfi Thor-Priester:
„Es ist schon alles entschieden: Thor vertrieb den Tyr.
Doch wenn ihr den Hahnen-Hüter[114] hören wollt ...
Tor hält den Hammer und er schwingt ihn gerne hoch –
Wenn ihr's wollt, dann soll der Ängste-Ase[115] kommen!"

Hermod Odin-Priester:
„Dann gehe ich jetzt Hönir holen.
Ich kenne die Wege nach Walhall
und ich kenne Kjalarr[116], dessen Herrn –
dort wird auch Hönir weilen."

Gna Frigg-Priesterin:
„Bisher hab' ich geschwiegen, nur geschaut
auf eure Torheit, eure Todes-Pläne,
doch nun ist es genug, ich werd' gehen;
Du, Hermod, willst nur Hönir zu Dir zieh'n!"

Hönir Asen-Priester:
„Ihr habt mich gerufen, Gna hat mich gebeten,
rasch zu euch zu kommen, euch zu raten.
Was ist eure Frage? Eure Klage? Euer Streit?
Laßt mich hören, was hier euer Hader ist."

Thialfi Thor-Priester:
„Es gibt nichts zu ändern, Es ist alles so wie's ist!
Wir brauchen keinen Rat, nur Atlis rasches Schweigen –
Und dafür schiene mir der Hammer doch das Schnellste!
Ich denke, Du hast seine Hiebe schon gesehen."

Atli Tyr-Priester:
„Ich verlange Rache für des Sonnen-Raters[117] Erbe;
Ich will Wergeld für Vakrs[118] Rauben des Sonnenschwerts;
ich verlange Thron und Tempel jetzt für Tyr!
Sonst werde ich die Sonne sinken lassen – ohne einen Morgen!"

---

114 Hahnen-Hüter = abfällig für „Hönir" („Hönir" bedeutet „Huhn", „Hahn")
115 Ängste-Ase = abfällig für „Hönir"
116 Kjalarr = Odin
117 Sonnen-Rater = der ehemalige Sonnengott-Göttervater Tyr
118 Vakr = Odin

Hermod Odin-Priester:
„Odin ist nun Asgards einziger Allvater.
Odin hat den Mut und hat die Macht.
Odin ist Walhallas Walter und sein Herr.
Odin Wort ist das, was prägt und wirkt."

Röskwa Sif-Priesterin:
„Hönir Asen-Heiler, bitte rate uns,
beende diesen Leiden-schaffenden Streit;
damit die Felder weiter fruchtbar sind
und alle in Lust und Liebe leben."

Hönir Asen-Priester:
„Ihr habt mich gerufen, denn jeder von euch Ratern
will der einzige Sieger sein. Das bringt Sorgen und den Tod.
Ich bin kein Krieger, ich bin der Künder des Lebens.
Ich bin der Seher und schaue, was war und was kommt.

Tyr weiß das ebenso und auch Odin in Walhall.
Die Nornen beschließen Not und Tod,
und senden uns den Wind des Wandels.
Auch wir Asen folgen ihrer Fügung.

Tyr war der König und der Sonnen-Krieger,
nun ist er nur Siegvaters Sohn – mehr nicht ...
und auch Odins Ende wird kommen,
es ist wahr: Nichts währt alle Zeiten.

Es wird bald eine Zeit anbrechen,
in der wir alle uns're Sitze sehen, finden –
nicht nur wir, auch die Verehrten anderer Völker,
schaut auf die Vielfalt und die Fülle!

Ihr seid Priester, nicht mal große Götter ...
und selbst die Asen wandeln sich
und keiner der Regin ist die Krone über allem ...
aber alle gehören zum Ganzen.

Seid nicht Herren, seid ganz und gar ihr selbst!
Seid nicht Herrscher, sondern strahlender Teil!
Seid nicht Kaiser der Welt, sondern euer eig'ner König!
Das ist es, was ich sage: ich, der das Leben liebt."

VI Traumreisen zu den Priestern und den Priesterinnen in den Mythen

Bei einer Traumreise ist man gleichzeitig im Wachzustand und im Traumzustand und kann daher die inneren Bilder bewußt erfassen.

Da der Traumzustand eng mit der Telepathie verbunden ist, die sozusagen eines der „Sinnesorgane" des Traumzustandes ist, kann man in diesem Bewußtseinszustand auch Dinge erfassen, die man nicht weiß – wie z.B. das verlorene Portemonnaie eines anderen Menschen wiederfinden, indem man innerlich danach schaut, wo die Geldtasche liegt.

Daher kann man mit Traumreisen auch Dinge aus vergangener Zeit erforschen oder mit Gottheiten Kontakt aufnehmen.

Wie bei allen „magischen" Dingen (und auch jedem „normalen" Experiment) ist es angebracht, zunächst einfach alle Informationen zu sammeln und sie aufzuschreiben und danach dann zu schauen, ob sie schlüssig und plausibel klingen und alle befremdlichen Elemente daraufhin zu untersuchen, auf welche Weise sie in das Gesamtbild passen können oder ob sie vielleicht auf einen Denkfehler in der bisherigen Deutung des Bildes hinweisen.

VI 1.   Traumreisen zu den „Priester-Halbgöttern" in den frühen Mythen

In diesem Kapitel finden sich die Traumreisen zu den Priester- und Priesterinnen-Halbgottheiten aus den Tyr-zentrierten Mythen bis 500 n.Chr.

VI 1. a)   Traumreise zu Atli

Ich reise jetzt zu Atli.

„Und was willst Du von mir?"

„Oh, Du bist aber schnell da! – Ich würde gerne verstehen, wer Du bist."

„Und warum?"

„Nun, ich schreibe halt Bücher über die germanischen Gottheiten und ich habe überlegt, wie Du wohl in den Liedern entstanden bist, und ich möchte da nichts Falsches schreiben und deshalb benutzte ich auch Traumreisen, um zu schauen, ob ich vielleicht etwas übersehen habe."

Ich spüre eine Festigkeit und Willensstärke, die mir von Atli entgegenkommt.

„Möchtest Du etwas über Dich sagen? Etwas, von dem Du möchtest, daß es in diesem Buch steht?"

Jetzt kommt mir Wut entgegen. ... ... Erkenne ich das richtig?

„Ich bin zunächst einmal ein Krieger."

„Und bist Du ein Priester des Tyr?"

„Tyr ist mein Schutz."

„Ist Deine Deutung als Priester zutreffend?"

„Sie stimmt, aber es ist ein bißchen anders als Du denkst."

„Kannst Du das beschreiben?"

„Ich habe Tyr als meinen Schutz gewählt – deshalb bin ich sein Priester."

„Stimmt es, daß Du ursprünglich einer der beiden Alcis-Söhne des Tyr gewesen bist?"

„Das hat die Atli-Gestalt in den Liedern mitinspiriert, ja."

„Gibt es etwas, was ich übersehen oder in seiner Wichtigkeit falsch eingeschätzt oder falsch aufgefaßt habe?"

„Ich bin zunächst ein Krieger und dann ein Priester."

„Ja ... das mit dem Krieger ... das ist eher ein Schwachpunkt bei mir. ... ... Gibt es etwas, wovon Du gern hättest, daß es in diesem Buch steht?"

„Die Menschen brauchen einen weiteren Blick. In manchen Bereichen hatten sie den schon mal, aber es muß jetzt mit dem Neuen integriert werden. Sie sollten die

Psyche von der Seele unterscheiden können und vor allem sehen, daß es die Seele gibt. "

(Psyche: Gefühle, Gedanken, innere Bilder; Seele: das, was sich inkarniert hat)

„Und die Gottheiten? "
„Es wird ein Weltbild gebraucht, das alle Elemente enthält: die spirituellen, die wissenschaftlichen, die politischen Elemente. "
„Das klingt jetzt ziemlich nach heutiger Sprache. "
„Nunja, Du fragst mich ja auch heute. Du fragst mich so, wie ich heute bin. ... Ich bin kein realer Mensch gewesen. Ich bin ein Bild in den Menschen gewesen – aber dadurch bin ich ja nicht weniger real. ... Ich bin eins von den halbvergessenen oder fast vergessenen Bildern – und es ist schön, daß Du diese Bilder erforschst und wieder bewußt machst, denn alle diese Bilder können eine Bereicherung für euch sein. "
„Welche Bereicherung kannst Du sein? "
„Der Wille, die eigene Wahrheit zu leben ... und gleichzeitig die Weisheit, in die Tiefe zu blicken bis zu den Wurzeln der eigenen Wahrheit – nicht nur bis zu den Wurzeln in sich selber, sondern auch bis zu den eigenen Wurzeln in den Gottheiten. "
„Meinst Du damit, daß jede Psyche aus einer Seele heraus entstanden ist, die sich inkarniert hat? Und daß jede Seele wiederum aus einer Gottheit entstanden ist? So wie ich mir das ... ja, ich sag' mal als 'begründete Arbeitshypothese' vorstelle? "
„Das ist genau genug. Als Arbeitshypothese ist das gut. "
„Danke. ... ... Gibt es noch etwas, was Du sagen magst? "
„Nein. Aber wenn Du Fragen haben solltest, dann komm' wieder. "
„Danke. ... Danke Atli! "
„Gut. "
„Bis dann. "
Ich kehre zurück.
„Ho! "

VI 1. b) Traumreise zu Franmar

„Franmar, ich würde Dich gerne näher kennenlernen. "
„Und warum das? "
„Ich erforsche gerade die germanische Religion und ich wüßte gerne, ob meine Vorstellungen über Dich zutreffend sind. "
„Komm' in das Bild. Du bist eben bei der Reise zu Atli nur im bloßen Verstand, also

in der Sprache gewesen. Komm' in das Bild, das ist leichter."

„O.k."

Ich sehe ihn vor mir. Eine sehr kräftige Gestalt, schwarzes Haar, leicht gewellt ... Er trägt Kleidung, die auch für kühles Wetter geeignet ist.

„Franmar ... ist meine Vermutung, daß Du ursprünglich einer der Alcis gewesen bist, richtig?"

„Ja."

„Und daß Du dann die Rolle des Loki bekommen hast?"

„Ja, das stimmt auch. Da haben sich zwei Aspekte der Tyr-Mythen vermischt, d.h. sie sind absichtlich vermischt worden. Als Atli und Franmar als Brüder, die gemeinsam Dinge tun, als die Alcis-Söhne des Tyr, war unsere Kraft sehr groß. Wir waren das Vorbild für die zwei Kriegsherren, die es in vielen Stämmen gegeben hat. Als man uns als Feinde wie Tyr und Loki dargestellt hat, hat das Bild seine Kraft verloren – zumindest als Vorbild ..."

(Die beiden Kriegsherren haben gemeinsam das Heer angeführt.)

„Das taten die Priester des Thor und des Odin um 500 n.Chr.?"

(bei der Absetzung des Tyr durch Thor und Odin)

„Ja, in dieser Zeit."

„Möchtest Du mir etwas zeigen oder etwas sagen?"

„Das Urbild der Sonne, des Sonnengottes würde euch guttun."

„Hm ... Ich als Sternzeichen Löwe freue mich natürlich darüber, weil das meinem eigenen Wesen entgegenkommt ..."

Franmar fällt mir ins Wort: „Das Bild ist nicht das einzige Bild, das nottut – aber ein Bild dafür, daß es im Inneren eines jeden Menschen eine Seele gibt, die diesen Menschen, dieses Leben, diese Psyche erschaffen hat, und die die Quelle der Psyche ist – wenn das den Menschen bewußter wäre, dann wäre vieles gewonnen, dann hätten sie einen Halt in sich selber, dann würden sie leichter ihre Wahrheit leben können, weniger nach Macht streben, weniger süchtig oder asketisch werden, nicht unterwürfig sein ... ja, und ihr Selbstwertgefühl wäre auch stabiler ..."

„Hm ... Das klingt natürlich gut. ... Ich vermute, daß die Geborgenheit bei der Muttergöttin auch dazugehört?"

„Ja, auf jeden Fall. ... Und die Liebe zum eigenen Körper – sonst seid ihr nicht da, wo ihr seid."

„Ja – das versteh ich. Aber das habe ich bisher noch nicht so klar gesehen. ... ... So könnte man sagen, die Sonne der Seele und rundherum der Mond der Psyche und die Geborgenheit bei der Muttergöttin und dann der Körper hier auf der Erde ..."

„Falls ihr diese drei Elemente klar habt ... ja ... Da kann man dann noch weiter-gucken, es gibt noch mehr ... aber das reicht erstmal."

„Gibt es noch etwas, was Du mir sagen oder zeigen möchtest?"

„Vertraue Deiner Seele. Und vertraue der Welt als Ganzes. ... Dann kannst Du Dich auch auf das freuen, was kommt ... und vor allem da sein, wo Du bist."

„O.k., Danke! ... ... Das war's?"

„Das war's."

„Danke, Franmar!"

„Alles Gute auf Deinem Weg!"

„Danke!"

Ich kehre zurück.

„Ho!"

VI 1. c)   Traumreise zu Fimafeng

„Fimafeng, ..."

„Ja?"

„Oh ... also heute wartet ihr alle schon auf mich."

„Nunja, wir schauen Dir zu bei dem, was Du machst."

„Warum ist das heute so, daß das hauptsächlich Gespräche sind? Sonst sehe ich immer ganz viele Bilder – das ist heute kaum dabei ..."

„Das ist nicht von größerer Bedeutung – das ist heute mal so."

„O.k. ... ... Sehe ich das richtig, daß Du und Eldir die Alcis-Söhne seid? Und daß ihr mit Bildern von Tyr selber vermischt worden seid?"

„Das ist richtig. ... Wir sind die beiden Söhne des Tyr in der Unterwelt."

„Dein Name 'Fünffinger' ... bezieht der sich auf die abgeschlagene Hand des Tyr?"

Fimafeng lacht leise und antwortet: „Fast. Er bezieht sich auf die heile Hand des Tyr – die heile Hand im Diesseits."

„Gibt es etwas, was Du gerne hättest, was ich über Dich in mein Buch schreibe?"

„Die wichtigen Dinge hat eben schon Franmar gesagt."

„Gibt es eine Gelegenheit, bei der wir Dich um Hilfe und Rat bitten können?"

„Bei dem Anlegen von Mandalas."

„Ehm ... das überrascht mich jetzt ein bißchen. Meinst Du mit Mandalas sowas wie das germanische Sonnensymbol, also den Kreis mit dem Kreuz in ihm und mit den vier Himmelsrichtungen, oder den Tagbogen und den Nachtbogen der Sonne?"

„Ja, solche Dinge. ... Die Dinge in der Welt sind rhythmisch, kreisförmig, zyklisch ... Sie haben bestimmte Phasen, die sie durchlaufen. Diese Dinge als Mandala darzu-stellen, schafft mehr Klarheit. Und Du selber hast ja auch schon einige Mandalas

entdeckt.“

„Ja, das hilft mir immer.“

„Und wenn ihr nach solchen Strukturen sucht, dann könnt ihr mich um Hilfe bitten. Da helfe ich euch gerne.“

„Das ist jetzt überraschend. Danke, Fimafeng.“

„Bitte.“

„Möchtest Du noch etwas sagen?“

„Nein. ... Wenn ihr Fragen habt, dann fragt mich – dann schauen wir weiter.“

„O.k. ... Dann vielen Dank!“

„Danke für Dein Kommen!“

Ich kehre zurück.

„Ho!“

VI 1. d)   Traumreise zu Eldir

„Eldir, ...“

„Ich bin schon da. ... Wo mein Bruder ist, bin auch ich.“

„Ja ... ... ja, natürlich. ... ... Hm ... wenn ich anfange, in mir eine Frage zu formulieren und sie noch garnicht ausgesprochen habe, kommt schon Deine Antwort: Du bist nicht die Struktur wie Fimafeng – Du bist die Kraft? Wenn ich etwas über Kraft wissen will, dann kann ich Dich fragen?“

„Ja. Ich bin die Kraft in dem Mandala. Und Fimafeng ist die Struktur der Kraft.“

(Beim Aufschreiben der Traumreise fällt mir auf, daß 'Fimafeng' die Bedeutung 'Fünffinger' hat, was nach einer fünfgeteilten Struktur (Norden, Osten, Süden, Westen, Mitte) klingt, und daß 'Eldir' die Bedeutung 'Feuer' hat und daß das (Sonnen-)Feuer das Urbild der Kraft ist.)

„Hm ... ... Das sind ja unerwartete Dinge, die ihr mir da erzählt – sehr schlüssig, aber ich habe nicht mit so etwas gerechnet.“

„Nun, Du schaust Dir doch die Mythologie der Germanen an und Du hast doch in ihren Mythen z.B. die Symbolik der Zahlen entdeckt, das Himmelsrichtungs-Mandala, den Jahreszeiten-Zyklus ... Hast Du gedacht, nur Du siehst das, aber nicht die Germanen damals?“

„Hm ... da hast Du natürlich recht. ... ... Ich nehme an, daß ich Dich vor allem wegen der Kraft in dem Sonnen-Mandala fragen kann?“

„Ja.“

„Und wenn ich etwas wegen der Kraft der Kundalini wissen möchte?“

185

„Nunja, dann frag Loki – das kennst Du doch schon."
„Ja. ... Ich wollte es nur sicherheitshalber auch Dich fragen."
„Das ist o.k."
„Möchtest Du etwas sagen, was ich in das Buch schreiben soll?"

„Tanzt euer Leben!
Und singt euer Leben!
Laßt strahlen, was ihr seid!
Laßt das Licht, das in euch ist,
das Feuer, das in euch ist,
nach draußen leuchten,
nach draußen lodern!
Gebt dem Gestalt, was ihr im Innersten seid!
Schaut, was dort ist,
verbindet euch mit dem, was dort ist!
Trinkt aus eurer Quelle, werdet eure Quelle!
Und dann wünscht hemmungslos!
Schaut, was ihr ausdrücken wollt,
was ihr erleben wollt!
Und macht das hemmungslos,
damit die Gefühle wirklich deutlich werden,
damit die Wünsche wirklich deutlich werden,
damit die Neugier deutlich wird
– das, was ihr sucht, das, was ihr erleben wollt!
Und dann geht zu meinem Bruder und schaut, welche Strukturen das hat,
und wo die Dinge sind,
wie sie sich entfalten können,
wie sie Wirklichkeit werden können."

„Und wenn es Hindernisse gibt, Ängste, Süchte und dergleichen?"
„Nunja, fragt Tyr, um Mut zu finden, und fragt Loki, um zu den Schatten zu gehen."
„Hm ... ja ... das klingt irgendwie schlüssig."
„Und geht zu Freya oder zu Skadi oder zu Folde, wenn ihr Geborgenheit braucht."
„Hm ... ich bin uberrascht, Eldir! Du zeigst mir da einen Reichtum in einer Deutlichkeit, den ich so noch nicht so klar gesehen habe."
„Nun, er war auch noch nicht so klar da. ... Du fragst Fimafeng und Eldir so, wie sie heute sind – und nicht so, wie sie vor 800 Jahren waren, als Snorri die Geschichten niedergechrieben hat."
„Ja ... ja ... ... Danke! ... Vielen Dank!"
„Bitte. ... Und kommt ruhig öfters und fragt. Es würde euch guttun."

„Hm ... Stimmt es, daß ich diese Weisheit auch an anderen Orten finden kann?"

Natürlich! ... Ihr könnt auch die buddhistischen Mahasiddhas fragen. ... Oder zu Kuan-Yin nach China gehen. ... Oder die Weiße Büffelfrau bei den Dakotas fragen. ... Die Wirklichkeit ist einfach da – und jedes Volk hat seine Bilder dafür. ... Und sie sind gut und richtig, diese Bilder. Und sie sind auch wichtig, denn sie bringen die eigentliche Wirklichkeit näher zu euch. ... Mandalas und Kraft und das Strahlen und diese Dinge bleiben ein bißchen abstrakt, wenn sie nicht in die Bilder von Mythen gekleidet werden. ... Und wir germanischen Götter sind eines der Bilder, die euch in Mitteleuropa am nächsten sind, denn wir sind in eurer Landschaft entstanden und gewachsen. Deshalb ist es gut, wenn ihr euch dieser Wurzeln wieder bewußter werdet – sie einfach wieder in euer Leben mitaufnehmt."

„Hm ... das klingt jetzt so, als ob ich das selber gesagt haben könnte."

„Nunja, wir sprechen ja jetzt auch durch Dich zu den Lesern Deiner Bücher. Wenn jemand anderes das schreiben würde, würden wir die Dinge anders formulieren. Es wäre dieselbe Wahrheit, aber sie wäre von einer anderen Stelle aus gesehen – sie sieht verschieden aus, wenn Du sie als Regenwurm aus einem Tal her betrachtest, als Hirsch von einem Hügel aus oder als Vogel vom Himmel aus ... aber es ist dasselbe, was alle drei sehen."

„Und das macht die Mythen aus?"

„Ungefähr so – vereinfacht gesagt. Menschen in einer Wüsten-Oase haben andere Mythen als Eskimos im Eis oder Indianer im Regenwald oder Könige in einem Schloß."

„Ja ... ... Danke, Eldir! ... ... Du hast noch etwas für mich? Spüre ich das richtig?"

„Ja. Komm' einmal in mich hinein."

„O.k. ... ... Das ist Sonnenfeuer ... ..."

„So könnte sich Dein Leben anfühlen ... wenn Du Deine Seele strahlen läßt ... ungehindert. ... ... Das ist das, was Du gerade Flora beibringst – oder ihr dabei hilfst. ... Dasselbe kannst Du auch tun auf Deine Art."

Sehr große Seufzer ...

„Ja, das möchte ich! ... ... Hilf mir dabei!"

„Gerne!"

„Gib' mit Inspiration oder Hinweise, wenn ich von dem abweiche oder ... ... ja, was immer auch da hilft."

„Ja – so sei es!"

„Danke, Eldir!"

„Jetzt ist es gut."

„Danke."

Dann kehre ich jetzt zurück.

„Ho!"

VI 1. e) Traumreise zu Ottar

„Ottar ... ich möchte Dich gerne kennenlernen.“

„Dann komm'!“

„Wohin?“

„Komm'!“

Ich sehe ein Tal, relativ steile Berge ... Kalkstein? ... ja ... Da fließt ein Fluß durch dieses Tal ... Ist das Kalkstein? ... Ich bin nicht ganz sicher, ich glaube aber schon ... Das Tal ist stark gewunden ... Am Grunde des Tales ist auf beiden Seiten des Flusses ein Streifen Schwemmland ... Also ein U-förmiges Tal ... Da ist eine Landzunge, die ragt in das Wasser des Flüßchens, des kleinen Flusses hinein. ... Dorthin soll ich kommen.

Oh – da sitzt ein Fischotter!

„Hm ...“

„Überrascht Dich das?“

„Ehm – komischerweise ja. Ich hatte jetzt mit einer menschlichen Gestalt gerechnet.“

... ...

„Bist Du Tyr in der Wasser-Unterwelt?“

„Da kommt dieses Bild her. ... ... Ich bin ein Raubtier, das im Wasser lebt und das auch auf Land sein kann. ... So wie Tyr tags auf dem Land ist, d.h. eigentlich auf das Land scheint ... und der Götterkönig im Diesseits ist ... und des Nachts in der Wasser-Unterwelt, wo er wie ich gut tauchen kann. ... Und ich bin ein Krieger – deshalb ist es ein Otter und nicht irgendein Pflanzen-fressendes Tier wie z.B. ein Biber.“

„Hm ... Diese Präzision des Bildes hatte ich noch garnicht bemerkt. ... Und die Höhle hinter dem Wasserfall ...“

„Ja, das hast Du richtig erkannt. Das ist wie ein Hügelgrab in der Wasser-Unterwelt. Hinter Wasserfällen findet man ab und zu Höhlen. Das hat die Menschen zu diesem Bild inspiriert.“

... ...

„Möchtest Du mir etwas sagen? ... Habe ich Dich in meinem Buch zutreffend beschrieben?“

„Ja.“

„Die Mythe, in der Loki Dich mit einem Stein erschlägt ...“

„Ja ... Das ist ein Teil der Stein-Symbolik – die findest Du ja auch bei Hamdir und Sörli, den beiden Tyr-Söhnen – sie können nicht mit dem Schwert getötet werden, sondern nur mit Steinen ... Das ist dasselbe Motiv – das bezog sich ursprünglich auf mich, auf Tyr. Ich kann nur mit meinem eigenen Schwert, mit einer Keule oder mit Steinen erschlagen werden. Das war das alte Motiv. Als Göttervater und Kriegsgott

*bin ich unbesiegbar – als Sonnengott sterbe ich jeden Abend oder jeden Herbst,
Deshalb bin ich nur fast unbesiegbar.“*

(Da fällt mir auf, daß in der Mythe Odin den beiden Alcis-Söhnen Hamdir und Sörli
verrät, wie man Jörmunrek, der eine Saga-Variante des Tyr ist, töten kann. Odin stiftet
somit die Söhne des Tyr dazu an, ihren Vater zu töten – damit Odin selber zum Göttervater wird … So baut man erfolgreich Mythen um …)

„Und Loki? Hat der in dieser Mythe immer die Gestalt eines Menschen gehabt?“
„Natürlich nicht. Der war einst auch ein Otter.“
„Und dann habt ihr als zwei Otter gekämpft?“
„Ja.“
„Und Freya? Die war ein Otter-Weibchen?“
*„In diese Richtung ist diese Mythe eigentlich nie ausgeschmückt, erweitert worden,
aber es wäre richtig gewesen, ja.“*
… … …
„Und Du wohnst in der Höhle hinter dem Wasserfall?“
„Ich wohne in dem Hügelgrab in der Wasser-Unterwelt – und das ist der Eingang.“
*„Und das ist dasselbe Motiv wie die Trolle, die in manchen isländischen Sagas in
der Höhle hinter dem Wasserfall wohnen?“*
„Ja.“
*„Und auch dieselbe Vorstellung wie die Halle am Grunde des Sumpfes, in der der
Tyr-Riese Grendel und seine Mutter wohnen? Und wahrscheinlich dann auch wie
Friggs Fensalir, Friggs 'Sumpf-Saal'?“*
„Ja. Das ist dieses Bild. Und in diesem Bild bin ich ein Otter.“
*„Ich sehe gerade innerlich das Bild, daß Du Dich dann, wenn Du in diese Halle
kommst, in einen Mensch verwandelst?“*
„Ja, so ist das.“
„Gab es ein Tabu, Otter zu jagen?“
*Ottar lacht leise und antwortet: „Das hast Du jetzt gut gemerkt! Das gab es
tatsächlich mal.“*
„Dann muß das Bild ja wichtig gewesen sein.“
„Das war einst auch.“
… … …
„Gibt es etwas, was Du mir sagen möchtest?“
*„Mache weiter mit dem Erforschen von Mythen – das ist gut. Es ist gut, wenn diese
Bilder nicht mehr statisch erscheinen, sondern wenn deutlich ist, wie sich Mythen
entwickeln. Dann wird deutlich, daß es sinnvolle Beschreibungen sind, daß aber nicht
diese Beschreibungen an sich wahr sind und daher ewig richtig sind, sondern daß sie
das beschreiben, was gerade ist, und daß sie sich weiterentwickeln – und das ist gut*

189

so."

„Hm ... und meine Ansicht, daß es wichtig ist, Mythen immer bis zu einem konkreten Erleben zurückzuverfolgen – z.B. den Seelenvogel bis zum Nahtod-Erlebnis, bei dem man sich über sich selber schweben sieht („Astralreise") – siehst Du das auch so, daß das richtig und sinnvoll ist?"

„Auf jeden Fall ... denn sonst verliert das Bild seine Wurzeln und fängt an zu wuchern und dann gibt es Bilder, die nicht mehr das Richtige ausdrücken, die dann kein Abbild der Welt mehr sind, sondern die anfangen, Bilder von Ängsten und Süchten zu werden. Dann werden die Bilder unklar, vermischen sich – und dann sind sie keine gute Orientierung mehr ..."

„Das heißt, es ist sinnvoll oder notwendig, soetwas wie eine reine oder heile Mythologie wiederherzustellen?"

„Nunja, das tust Du ja schon die ganze Zeit ... und das ist wichtig – zu sehen, wie sich aus Erlebnissen Bilder formen. Wenn Du das Bild des Seelenvogels klar hast mit seinen Ursprüngen, dann kannst Du halt sehen was ein Engel eigentlich ist: die Seelenvögel der Ahnen im Jenseits."

„Und die werden manchmal zu Urbildern? Wie die vier Erzengel der vier Elemente?"

„Wenn Du weißt, was Du da machst und wie es entsteht und wenn Du es Dir immer wieder betrachtest, dann ist es gut. Aber wenn aus Grendel und seiner Mutter in den germanischen Mythen der Teufel und seine Großmutter werden, dann wird's problematisch ... Oder wenn aus Fenrir, der Tyr als Wolfs-Ekstasekrieger ist, der Fenrir wird, der Tyr die Hand abbeißt, dann ist das eine Verdrehung, dann beraubt ihr euch eines Teiles eurer Kraft. Oder wenn aus dem Hunde-Begleiter des Schamanen der Höllenhund wird, der die Toten bedroht ... ja, dann schadet ihr euch mit diesem Bild und helft euch nicht."

„Hm ... das heißt, es ist wichtig, daß bei der Entwicklung der mythologischen Bilder ... ja, daß die nicht von Machtkämpfen geprägt werden wie z.B. bei der Absetzung des Tyr durch Thor und Odin, bei der sie Tyr zu einem Riesen umgedeutet haben, der umgebracht werden muß ..."

„Ja, Odin und Tyr sollten zusammenwirken. Sie sollten eine Mythe bilden, in der beide sind. Tyr ist das Urbild der Seele, die stirbt und wieder geboren wird und wieder stirbt und wieder geboren wird – und Odin ist der Schamane, der weiß, wie man zu der Seele reisen kann."

„Hm ... ... Im Königtum gibt es immer nur einen Herrscher, der an der Spitze steht. Das heißt, daß das Abbild des Königtums in der Götterwelt dazu geführt hat, daß entweder Tyr an der Spitze steht oder Odin und alles andere untergeordnet wird und alle Konkurrenten verteufelt werden."

„Diese Neigung habt ihr. Dieses Bild ist einst gut gewesen, um ein Zentrum in der Psyche entstehen zu lassen – analog zu dem König im Zentrum des Königreichs."

„Das war die Zeit der Mysterien?"

(ca. 600 v.Chr. bis 400 n.Chr.)

„Ja, genau. ... aber die Integration der alten Bilder in die neuen war, gelinde gesagt, holperig."
„In Ägypten lief das besser – oder?"
„Ja, da ist Osiris der Mysterien-Gott gewesen und der Sonnengott Re ist der Gott der Zyklen und des Königtums gewesen. Die haben sich miteinander verbunden. Das ist eine Besonderheit der ägyptischen Religion – die hat es geschafft, alle Bilder zu integrieren. Auch die Göttinnen stehen da gleichberechtigt da."
„Deshalb fühle ich mich da auch so wohl in dieser Mythologie."
„Nun – dasselbe steht bei euch an."
„Ich nehme an, das das Verzerren der mythologischen Bilder früh angefangen hat – schon als solche Bilder in der indogermanischen Mythologie entstanden sind, in denen der Sonnengott nicht morgens als er selber wiedergeboren wird, sondern der morgendliche Sonnengott-Sohn den abendlichen Sonnengott-Vater tötet."
„Ja, da habt ihr schon ein Element in die Mythologie gebracht, das eine Spaltung der Bilder hervorruft."
„Ein integriertes, heiles Gesamtbild ... hm ... Wir führen hier gerade eine religionsphilosophische Debatte miteinander ... Das ist eigentlich nicht das, was ich auf einer Traumreise erwartet habe ..."
„Aber es ist doch das, was Dich beschäftigt. Du möchtest ein Bild zeichnen, wie Religion entstanden ist, was sie eigentlich darstellt, daß sie sich entwickeln muß, daß sie sich stets aller ihrer Wurzeln bewußt bleiben muß, und daß man alle Ebenen der Religion erfahren muß, erleben muß. Ohne die Astralreise, das Verlassen des eigenen Körpers zu kennen, kann man nicht erfassen, was ein Seelenvogel ist und kann ihn auch nicht in seiner Funktion in einer Mythe begreifen und man kann auch nicht verstehen, warum der Priestergott Hönir „Hahn" bzw. „Huhn" genannt wird, also der 'Seelenvogel-Gott'. Und weil Du genau das anstrebst und willst, unterhalten wir uns darüber."
„Ja ... ..."
„Du wunderst Dich, daß Du mit einem Fischotter philosophieren kannst, der eigentlich der Göttervater Tyr ist?"
„Sagen wir mal so: Es kommt unerwartet. ... Ich habe sonst auf meinen Traumreise viel mehr Bilder gehabt und jetzt sind es Gespräche."
„Es ist das, was gerade ansteht."
„Ja ... und es tut auch gut. ... Und den Zusammenhang zwischen dem Erschlagen des Fischotters durch Loki mit einem Stein und dem Tod des Hamdir und Sörli – den hatte ich noch garnicht bemerkt. Dankeschön!"

(Beim Aufschreiben der Traumreise kommt mir der Gedanke, daß in diesen Traumreisen vielleicht deshalb so viel Religions-Philosophie und soviele Gespräche und so
wenige Bilder vorkommen, weil ich mich eben mit Priester-Halbgöttern unterhalte, die
sich naturgemäß für religiöse Fragen interessieren.)

„Das ist jetzt genug für heute.“

*„O.k. ... Danke, Otter. ... Hm ... darf ich Dich noch fragen, was mit Dir als
Priester der Freya ist?“*

*Ottar lacht leise und antwortet: „Das ist eine recht späte Erfindung. Der Skalde,
der das Lied geschrieben hat, hat Freya verehrt. Aber da ich der Wiederzeugungs-
Geliebte und der Wiedergeburts-Sohn der Freya bin, ist das Bild richtig so. Ihr könnt
mich gerne als Priester im Tempel der Freya auffassen. Das ist gut. Das hilft ein
wenig, die Fallgrube der Selbstüberschätzung und der Überheblichkeit zu vermeiden,
die bei allen mit der Sonne verbundenen Göttern ja immer vorhanden ist – nicht bei
der Sonne selber oder bei dem Sonnengott, aber bei denen, die den Sonnengott verehren. Die haben häufig ein bißchen die Neigung zu Allmachtsphantasien ...“*

Ottar lacht wieder leise und freundlich.

„O.k. Das mag gut sein, ja. ... Danke, Ottar!“

„Bitteschön.“

Ich kehre jetzt wieder zurück.

„Ho!“

VI 1. f) Traumreise zu den neun Dienerinnen der Freya-Menglöd

„Ich möchte euch neun Dienerinnen der Menglöd kennenlernen.“

„Dann komm' zu uns auf den Hyfia-Berg.“

„Ist dieser Berg ein Hügelgrab?“

„Der Hyfia-Berg ist ein Hügelgrab, ja.“

„Und ihr seid neun, weil ihr die Unterweltsgöttin seid?“

„Ja.“

„So wie die neun Töchter des Ägir und der Ran?“

„Ja.“

„Und so wie die neun Mütter des Heimdall?“

„Wir sind alle dieselbe Jenseitsgöttin.“

„Freya-Menglöd?“

*„Ja. ... Du kannst sie aber auch 'Skadi' nennen, wenn Du willst. ... Oder mit einem
der anderen Namen ... 'Gefion' ... 'Gunnlöd' ...“*

„Ihr seid Heilerinnen?“

„Ja."

„Und ihr gebt die Wiedergeburt?"

„Ja."

... ...

„Ist es passend, euch als Priesterinnen der Freya anzusehen?"

... ...

„Ihr könnt das machen. ... Wir sind nicht aus den Priesterinnen heraus entstanden, sondern aus dem Motiv der Jenseitsgöttin. Aber als Dienerinnen der Freya, d.h. der Menglöd, haben wir schon eine ähnliche Stellung wie Priesterinnen – aber wir sind eher die Heilerinnen als die Priesterinnen, wobei das ja derselbe der drei Stände ist."

... ...

„Gibt es etwas, was ihr mir sagen oder zeigen möchtet?"

„Nicht jetzt – wir zeigen Dir die Dinge, wenn es an der Zeit ist ... und auch anderen, wenn es an der Zeit ist."

„Zum Beispiel bei Krankheiten?"

„Ja."

„Hm ... Kann man euch auch bei Liebeskummer fragen?"

„Natürlich."

„Und bei Fragen zum Tod?"

„Auch da."

Ich spüre, wie freundlich das ist, was mir da entgegenkommt – freundlich und warm und wie umarmend.

„Nunja, wir sind die Jenseitsgöttin, die Erdgöttin, die Große Mutter ..."

„Könnt ihr mein Leben mit dieser Geborgenheit segnen?"

„Gerne ... komm' her."

Ich gehe zu ihnen. Ich gehe durch den Gang in das Hügelgrab. ... Es ist hell hier drin – garnicht dunkel ... Ich bin mir dabei bewußt, daß der Gang und die Grabkammer ein Bild von Vagina und Gebärmutter ist ... wie die Schwitzhütten, wie die Tempel von Göbekli Tepe, wie Menhir-Allee und Steinkreis ...

Die neun Dienerinnen lächeln. ...

Ich ... ich stehe ... nein ... ich liege ... ich weiß es garnicht ... ich bin wie schwerelos ... und sie legen alle ihre Hände auf mich ... ich bin schwerelos ... ja, ich schwebe ... und es ist warm ... ich werde von allen Seiten berührt ... ich spüre Hände, Brüste, Bäuche, Stirn ... das ist wie vor der Geburt ... wenn man noch im Bauch seiner Mutter ist ... da wird man noch von allen Seiten berührt ... und man ist schwerelos, weil man ja in dieser Flüssigkeit ist ... da schwebt man ja so wie beim Tauchen ...

Tiefer, entspannender Seufzer ...

Das tut gut!

... ...

... ...

... ...

Noch ein Seufzer ...

... ...

„Bewahre Dir dieses Gefühl. ... Geh' mit diesem Gefühl durch das Leben."

... ...

„Ja, das will ich tun. ... Danke."

Ich kehre zurück und gleichzeitig bleibe ich da. ... Ich bleibe in diesem Zustand, aber komme aus der Traumreise zurück.

„Danke euch allen!"

Nun bin ich wieder hier.

„Ho!"

Schon an der Intensität dieser Reise ist zu spüren gewesen, daß sie zu einer Gottheit und nicht zu einem Diener-Priester oder zu einer Dienerin-Priesterin einer Gottheit geführt hat.

VI 1. g)   Traumreise zu Gna

„Gna, ich würde Dich gerne kennenlernen."

„Nun, es wird auch Zeit, daß Du kommst!"

„Ehm – warum?"

„Weil ich Dich sehen will."

„Du willst mich sehen?"

„Ja."

„Ja, gut ... Soll ich zu Dir kommen?"

„Schau genau hin – ich bin schon da."

Ich sehe Gna – sie sitzt auf ihrem Roß. Sie hält einen Speer in ihrer rechten Hand – in der Linken hält sie die Zügel. Sie sieht sehr selbstbewußt und kriegerisch aus.

„Habe ich das richtig erkannt, Gna, daß Du Friggs Schamanin-Priesterin bist?"

„Du hast wie immer die Kriegerin übersehen."

„Hm ... ja ... dazu neige ich ein bißchen. ... ... Warum hast Du auf mich gewartet?"

„Komm' mit Deinem Bewußtsein in mich hinein."

„O.k."

Ich wechsle in Gna hinüber. ... Ich spüre ihre Entschiedenheit, ihre Einsgerichtetheit. ... Mein Sonnengeflecht wir warm ... nein, heiß ...

Sie weiß, was sie will und genau das tut sie auch.

... ...

194

... ...

... ...

„Was willst Du mir zeigen?"

„Sei nicht so ungeduldig! Warte und spüre!"

... ...

Ich spüre auf einmal die Kundalini in mir. Ich sehe sie als Bild, als Schlange, die in mir aufgestiegen ist – sie reicht vom Wurzelchakra bis zum Scheitelchakra hinauf.

... ...

Auf einmal habe ich das Gefühl, daß Gna ganz große Flügel hat. Ich wunder mich.

Gna spürt das und antwortet darauf: „Du weißt doch, daß das Erwecken der Kundalini und das Erleben der Astralreise eng verwandt sind. ... Wenn die Schlange aufgestiegen ist, sind auch die Flügel des Seelenvogels da."

... ...

„Ahh! ... Du kannst selber fliegen wie die Walküren!"

„Ja."

„Und Dein Roß – das ist so wie ein Hexenbesen oder ein fliegender Teppich?"

(d.h. eine Rationalisierung des Flug-Erlebisses mithilfe eines „Flug-Gerätes")

„Ja."

„Und Du bist die einzige, die neben Odin ein fliegendes Pferd hat?"

„Nicht ganz ... Wo kommt das fliegende Pferd her?"

„Das sind die beiden Rosse vor dem Streitwagen des früheren Sonnengott-Göttervaters Tyr – die beiden Alcis-Söhne von Tyr."

„Genau. Und daraus ist Sleipnir entstanden."

(Sleipnir ist ein achtbeiniges „Doppelroß", weil es die Zusammenfassung der beiden Alcis-Rosse ist.)

„Und Dein Roß? ... Wieso hast Du auch ein fliegendes Roß?"

... ...

„Spüre."

... ...

... ...

„Ist Dein Roß für Dich dasselbe wie Freyas Wildschwein für sie? ... Ihr Wildschwein ist ihr Geliebter Ottar ... und er ist Tyr. ... Ist Dein Roß Tyr??? ... So wie Ottar?"

„Das ist eine der Wurzeln dieses Bildes, ja."

... ...

„Und deshalb kann es fliegen ... weil Dein Roß die beiden Alcis-Rosse des Tyr sind

... ... Du bist Frigg??? Als die Frau des Tyr???"

„Du kommst der Sache immer näher."

„Das heißt ... Du kannst die Gestalt einer Stute annehmen?"

„Ja."

... ...

„Und mit dieser Stute ist Loki zum Spott identifiziert worden? In der Baumeister-Mythe? In der er sich mit dem Roß des Baumeisters vereint? Mit dem Roß des Tyr? Mit Svadilfari? Und der dann Sleipnir gebiert?"

... ...

„Ja."

„Hm ... ... Da wäre ich durch Nachdenken nicht drauf gekommen – aber das ist schlüssig! ... ... Das heißt ... Du bist in derselben Weise ... ne ... ne ... ganz so wie Ottar ... ein Priester der Freya ist ..."

„Nein, hör' auf nachzudenken! Schau hin!"

„Du bist Frigg. ... Du bist Frigg in den alten Mythen. ..."

„Ja."

... ...

„Und Du bist garnicht primär eine Schamanin?"

... ...

„Nein."

... ...

„Du bist die Göttin in Stutengestalt, wenn sie sich mit Tyr in Hengstgestalt vereint."

„Ja."

... ...

Ganz großer Seufzer ...

... ...

„Und Dich als Priesterin oder Schamanin der Frigg aufzufassen, anzusehen – trifft das Dein Wesen?"

„Es trifft mein Wesen – aber einfach deshalb, weil ich eine Walküre bin. Weil ich Flügel trage und den Weg zwischen Diesseits und Jenseits kenne – und auch all' die Dinge, die auf diesem Weg geschehen und die, die im Jenseits geschehen. Aber ich kenne sie als Göttin und nicht als Priesterin oder als Schamanin.

Aber wenn jemand von euch Priesterin oder Schamanin werden will und mich um Hilfe bittet oder sich mit mir in der Anrufung identifiziert, dann werdet ihr euer Ziel erreichen. Von daher könnt ihr mich gerne als Priesterin-Schamanin ansehen."

„Hm ... ... hm ... ... So etwas! ... Ich sehe Dich auf eine ganz neue Art!"

... ...

Riesenseufzer ...

... ...

196

„Gibt es noch etwas, was Du gerne sagen möchtest? Oder wovon Du gerne hättest, daß ich es in das Buch über Dich schreibe?"

... ...

„Es würde euch guttun, wenn Frauen und Männer in eurem Leben denselben Einfluß hätten, wenn beide Priester oder Priesterin sein könne, Politiker und Politikerin ... Aber das ist ja etwas, was schon deutlich besser geworden ist. Verfolgt das weiter! Das wird euch guttun!"

„Gerne! ... Danke Gna!"

„Bitte."

Jetzt schaut sie das erste mal wirklich freundlich und es kommt eine Wärme von ihr zu mir.

„Danke, Gna."

Sie winkt mir nocheinmal zu und reitet dann davon.

Ich kehre zurück.

„Ho!"

VI 1.   Traumreisen zu den „Priester-Halbgöttern"
in den späten Mythen

In diesem Kapitel finden sich die Traumreisen zu den Priester- und Priesterinnen-Halbgottheiten aus den Odin-zentrierten Mythen nach 500 n.Chr.

VI 1. a)   Traumreise zu Hermod

„Hermodr, ich möchte Dich gerne kennenlernen."

„Dann komm' mit mir."

Ich sehe ihn; er reitet auf Sleipnir. Und er reitet durch das finstere Tal, das zur Gjallar-Brücke führt. Ich gehe rechts neben ihm. Der Weg führt bergab, nicht steil, nur allmählich ...

„Bist Du vor allem ein Schamane, ein Jenseitsreisender?"

„Ja, dieser Teil von Odin – der bin ich."

„Bist Du aus den Odin-Priestern entstanden?"

„Odin ist aus den Mysterien-Priestern entstanden. ... Und ich bin der Mysterien-Priester geblieben."

„Hm ... das heißt, Du bist älter als 500 n.Chr.?"

„Ja."

„Und welchen Namen hattest Du vorher?"

„Odin."

„Ehm ... Bist Du sozusagen der Teil von Odin, der nicht Göttervater geworden ist?"

„So könnte man das sagen."

„Hm ... ihr ganzen Priester-Gottheiten seid doch sehr verschieden entstanden."

„Ja."

Wir kommen an der Gjallar-Brücke an. ... Dort steht Modgud. ... Hermod spricht mit ihr. ... Sie tritt zur Seite und läßt uns hinüber. ... Hermod reitet über die Brücke; ich gehe neben ihm weiter. ... Hinter der Brücke biegen wir nach links ab und folgen dem Gjallar flußaufwärts. Schließlich kommen wir zur Hel.

Hel ist eine alte Frau – nicht so sehr alt ... sozusagen alt, aber zeitlos ... Sie öffnet uns das Tor – im Gegensatz zu der Mythe, in der Hermod da hinunterreitet und mit Sleipnir über das Tor springt.

Ich schaue mich um und brauche eine Weile, bis ich etwas klar erkennen kann.

... ...

„Hm ..."

... ...

Hermod bewegt sich hier völlig selbstsicher.

Hel schaut mich fragend an.

Ich grüße sie, verneige mich.

Ich sage zu ihr: „Ich bin hier, weil ich Hermod kennenlernen möchte. Und er hat mich mitgenommen."

... ...

„Es ist Deine Aufgabe, den Menschen ihre Seele bewußt zu machen ... ihnen dabei zu helfen, zu erkennen, wer sie sind ... und das in ihrem Leben auch auszudrücken."

„Ja, das stimmt; das ist das, was ich eigentlich fast immer tue."

„Das ist gut so. ... Und Du hast meinen Segen dafür."

„Danke, Hel!"

„Nun geh' dort hinüber an die Tafel, an der Hermod und Baldur sitzen."

„Danke, Hel!"

Hermod und Baldur unterhalten sich wie zwei gute Freunde.

Ich kann allerdings nicht ihre Worte hören. Ich sehe ihre Mimik und ich fühle die Vertrautheit und das Vertrauen zwischen den beiden.

... ...

Schließlich stehen beide auf.

... ...

Hm, da war jetzt etwas, das ich nur halb wahrgenommen habe ... das war wie Sonnenlicht, wie der Gott Tyr ... ein bißchen wie ein Blick in die Vergangenheit ... ein Kreis, halb hell, halb dunkel – der Sonnenzyklus ... ...

„Ich bin Tyr in den neuen Mythen," sagt Baldur, „Du hast meinen Ursprung gesehen ... der Sonnengott-Aspekt, der die Jahreszeiten verursacht – das bin ich. ... Und Hermod und ich – wir sind das Bild, das Du in Deiner Traumreise zu Ottar gesehen hast: Tyr und Odin wirken zusammen. ... Hermod ist ein Aspekt von Odin, ich bin ein Aspekt von Tyr. Und wir sind Freunde."

„Hm ... Ich staune immer wieder, daß ihr mir Zusammenhänge zeigen könnt, die ich noch garnicht gesehen habe."

„Nunja, dafür kommst Du doch zu uns, nicht wahr?"

„Ja ... und das ist auch gut, das ist schön."

... ...

„Gut, dann kehre jetzt mit Hermod zurück. Aber vorher komme zu mir."

Ich gehe zu Baldur.

Er umarmt mich. Er gibt mir einen Kuß auf die Stirn.

Ich bin verwirrt.

Das merkt Baldur und schmunzelt.

Er sagt: „Es ist gut, was Du da machst – mit Deinen Beratungen und Heilungen und mit Deinem Erforschen der Mythen. Und daß Du die Selbsterkenntnis so vehement in das Zentrum stellst – und den ungehinderten Ausdruck von dem, was ein Mensch tatsächlich ist. Das ist gut. Deshalb meine Verbundenheit mit Dir."

„Danke, Baldur!"

„Komm'," sagt Hermod, „steig hinter mir auf."

„Oh – hinter Dir auf Sleipnir?"

„Das macht Sleipnir keine Mühe."

Ich grüße noch mal Baldur und Hel und schon galoppiert Hermod davon. Ich halte mich an ihm fest.

Vor der Gjallar-Brücke wird er langsamer. Wir grüßen Modgud und reiten dann zurück.

Ich frage mich, bis wo er mich mitnimmt.

Er hält an der Stelle an, an der wir uns getroffen haben, und sagt: „Für heute ist das genug. Ein andermal kannst Du vielleicht mit nach Asgard kommen, aber nicht jetzt. Das gehört nicht zu dieser Traumreise – nur aus dem Grund trennen wir uns jetzt hier."

„O.k. Vielen Dank, Hermod!"

„Bitte."

„Alles Gute!"

„Dir auch!"

Ich kehre jetzt zurück.

„Ho!"

Ich frage mich, ob die „mythologischen Priester" unter anderem auch durch solche Traumreisen entstanden sind, wie ich sie gerade mache – auch ich bin ein Begleiter der Götter in den Mythen, die ich auf den Traumreisen erlebe …

VI 1. b)   Traumreise zu Skirnir

„Skirnir, ich würde Dich gerne kennenlernen."

„O.k."

„Ehm … ich komme mal zu Dir – ist das recht?"

„Ja."

Ich wünsche mich zu ihm. Es ist Gras, worauf ich stehe. Vor mir ist irgendwie ein Felsen … oder ist das ein Hühnengrab? Es ist ein Hühnengrab, aber halb in der Erde. Skirnir lehnt an ihm, sitzt so halb auf dem Stein und lehnt dadran. Im Hintergrund ist ein Wald zu sehen.

„Ist das der Wald, in dem sich Gerdr und Freyr treffen?"

„Ja, der ist das."

„Gibt es etwas, was Du mir erzählen möchtest, Skirnir?"

„Du solltest Magie ein bißchen selbstsicherer benutzen."

„Selbstsicherer? ... Kannst Du mir das genauer sagen?"

„Du kannst Dir ja Sachen herbeiwünschen, aber Du tust das normalerweise ja nicht."

„Ja ... ich tue das sehr selten ... Manchmal habe ich das Gefühl, es ist o.k., es paßt so in mein Leben, daß ich das tue – aber ich habe auch schon erlebt, daß das zu komischen Ergebnissen geführt hat. ... ... Und was meinst Du, was ich tun soll?"

„Wenn Du einen Wunsch hast, dann setz' Dich solange hin und spür' da rein, bis der Wunsch klar und eindeutig ist und kein 'ja, aber ...' mehr enthält – und dann wünsch' Dir das herbei."

„Hm ... o.k.! Ich werde mir das nachher noch mal anschauen, was ich da tun kann oder wie sich das anfühlt. ... Danke!"

... ...

„Gibt es noch etwas, was Du mir sagen möchtest?"

„Du lebst nicht Dein ganzes Potential."

„Hm ... ja, wahrscheinlich nicht ... Und was kann ich tun?"

„Nun, dasselbe, was Du eben gesagt hast: Schau Dir Deine Wünsche an, formuliere sie und fühl so lange da hinein, taste sie so lange ab, bis Du siehst, was Du tatsächlich willst, bis jeder Widerspruch aufgelöst ist, bis Du sagen kannst 'Ja, so will ich das haben.' Und dann schick' den Wunsch los."

„Hm ... Du meinst, ich nutze meine Möglichkeiten noch nicht ganz?"

„Ne, das tust Du nicht."

„Ja, ich glaube, das muß ich mir an konkreten Wünschen anschauen, ob das geht oder wie das geht. ... Wenn ich Fragen habe, kann ich mich dann an Dich wenden?"

„Na, klar!"

„Danke!"

„Gibt es etwas, wovon Du möchtest, daß es in meinem Buch über Dich steht? Oder gibt es etwas, wo ich Dich noch nicht richtig erkannt habe?"

„Ich bin der Priester des Freyr – das ist richtig. Aber ich bin viel stärker ein Magier als die anderen."

„Als Hermod und Thialfi uns so?"

„Ja."

„Wie kommt das?"

„Es gab bei den Germanen viele Zauber für das Gedeihen des Viehs, zum Schutz der Tiere, zum Erlangen von Wohlstand – und das sind alles Dinge, für die Freyr zuständig ist."

„Hm ... ... Bist Du ein Genießer?"

„Ja."

„Und Freyr?"

„Freyr auch. ... Könnte er sonst der Gott der Ernten und des Wohlstandes sein?"

„Sein großer Penis – bezieht der sich auf die Wiederzeugung?"

„Er bezieht sich auf die Wiederzeugung – auf jeden Fall; aber auch auf die Fruchtbarkeit im Diesseits. ... Und auch nicht nur auf die Fruchtbarkeit der Tiere, sondern auch der Menschen. Und auch auf die Freude bei der Vereinigung – die zählt auch dazu ... aber sie steht nicht im Vordergrund."

„Mir kommt gerade der Gedanke, Dich zu fragen, ob Du Dich mit Tantra-Yoga auskennst."

Skirnir schmunzelt und lacht leise vor sich hin und antwortet: „Ja."

„Durch die Wiederzeugung?"

„Ich bin in gewisser Weise ein Priester der Lebenskraft ... und daher kommen auch meine Kenntnisse über die Chakren und die Kundalini – das, was Du gerade als 'Tantra-Yoga' zusammengefaßt hast."

„Kannst Du mir dazu etwas sagen? Etwas, was gut wäre, wenn ich's wüßte?"

„Verankere Dich in Deinem Hara, in dem zweituntersten Chakra."

„Das lerne ich gerade."

„Tu es auch bewußt. Geh' bewußt innerlich dahin."

„So wie ich das manchmal bei Menschen mache, die ich berate? Wenn ich bei ihnen das Hara heile?"

„Nicht genauso – geh' mal innerlich dahin, dann wirst Du es schon sehen."

„O.k."

„Gibt es noch etwas, was Du sagen möchtest?"

„Genieße das Leben. Und ruf' Dir das herbei, was Du genießen kannst. ... Und streng' Dich nicht so an!"

„O.k. ... Klingt gut."

Ich muß jetzt selber leise vor mich hin lachen ...

„Ich werde mir Mühe geben, daß ich das erreichen kann!"

Skirnir schmunzelt – er hat meine Ironie verstanden ...

„Hm ... das fühlt sich jetzt eigentlich schon rund an."

„Ja."

„Danke, Skirnir!"

„Bitte."

Ich kehre zurück.

„Ho!"

VI 1. c)   Traumreise zu Beyla

„Beyla, ich möchte Dich kennenlernen."

„Warum möchtest Du das?"

„Ich versuche, die germanische Religion zu verstehen. Und mit dem Verstand komme ich zwar ein gutes Stück weit, aber im Gespräch mit euch verstehe ich immer noch einiges mehr."

„Ja, gut – wenn Du das möchtest."

„Kannst Du mir etwas über Dich erzählen? Gibt es da etwas, was Du sagen magst?"

„Komm' erst mal in das Bild."

„O.k."

... ...

Ich sehe den Fußboden in einem Haus, in einer Halle ... er ist relativ hell ... so zwischen hellocker und naturweiß ...

... ...

„Wo bist Du? ... Ah – jetzt sehe ich Dich. ... ... Bist Du eine Priesterin des Freyr?"

„Nein."

„Bist Du eine Magd in einem Haus?"

„Nein."

„Die Frau des Hauses?"

„Schon eher."

„Wer bist Du denn?"

... ...

Es kommt keine Antwort – sie wartet.

„Du hast mit der Erde zu tun – stimmt das?"

„Ja."

„Mit der Fruchtbarkeit?"

„Ja."

„Bist Du eher so eine Art Erdgöttin?"

„Ja."

„Und warum erscheinst Du in der Lokasenna als Dienerin des Freyr?"

„Freyr ist auch ein Fruchtbarkeitsgott. Merkst Du nicht was? Beyla und Byggwir – ein Stabreim?"

„Hm ... Freyr und Freya ... Seid ihr Beinamen von Freyr und Freya gewesen?"

„Das kommt dem recht nahe."

„Und warum hat Freyr in der Lokasenna euch beide als Diener und Dienerin?"

Da kommt keine Antwort ...

„Möchtest Du etwas sagen ... oder mir zeigen ... oder etwas sagen, wovon Du

möchtest, daß es in dem Buch über euch steht?"

„Verbinde Dich mit der Erde, geh' barfuß, leg' Dich auf die Erde – und mach das häufig ... dann erfährst Du und erlebst Du das, was mir das Wichtige ist."

„Hm ... fühlt sich so an, als wär's das schon für heute ..."

„Ja, geh' zu Byggwir – da verstehst Du mehr."

„Hm ... o.k. ... Danke, Beyla!"

„Bitte."

Ich kehre zurück.

„Ho!"

VI 1. d)   Traumreise zu Byggvir

„Byggwir, ich möchte Dich gerne kennenlernen."

„Ja – ich habe mitgehört."

„Hm ... stimmt, hätt' ich mir denken können ... aber ... ich fühl mich irgendwie wohler, wenn ich normal rede ... also ... nicht stillschweigend davon ausgehe, daß Du alles schon weißt."

„Das ist o.k."

„Hm ... Magst Du mir sagen, wer Du bist?"

„Magst Du raten, wer ich bin?"

„Also gut ... ihr ganzen Priester-Gottheiten scheint Rätsel zu mögen. ... ... Also – in der Lokasenna bist Du Freyrs Diener. ... Und Du erscheinst zusammen mit Beyla. ... Bist Du der Priester des Freyr?"

„Es gibt diesen Aspekt – aber er ist nicht der Wesentliche."

„Bist Du Freyr als Korngott?"

„Ja."

„Aber warum erscheinst Du als Freyrs Diener?"

„Der Skalde hat das so geschrieben."

„Ja – das kann ich wohl sehen. ... Aber ... worauf hat er da zurückgegriffen?"

„Auf die Analogie zu den Alcis-Söhnen des Tyr."

„Ach ... so wie Magni und Modi bei Thor ... Baldur und Hödur bei Odin ... Fimafeng und Eldir bei Tyr-Ägir ... Die haben alle das Zwillingssöhne-Motiv übernommen? Und haben das Motiv dann verschieden umgebaut? ... Atli und Franmar haben das Loki-Tyr-Kampfmotiv, Baldur und Hödur auch ... bei Thor sind Mogi und Magni weitgehend unverändert ... bei Loki – Wali und Nari – die haben auch das Kampfmotiv ... Und bei Dir – ach so, die haben es entsprechend dem Wiederzeugungsmotiv umgebaut? Ist das so?"

„Ja – die Pferde-Zwillinge des Tyr waren ein starkes Motiv."

„Und warum bei Dir 'Diener' und nicht 'Kinder'? "

... ...

Byggwir antwortet nicht.

„Warum kommt an der Stelle Schweigen von Dir und von Beyla? ... ... Hm ... Magst Du mir etwas sagen oder etwas zeigen? "

Als Antwort sehe ich Kornfelder.

„Ist da eine Verbindung zu Sif? "

„Es ist dasselbe Thema, aber eine andere Mythe. "

„Und zu Odin als Schnitter? "

„Der hat alte Motive übernommen – das Schnitter-Motiv stammt von Loki. "

„Hm ... Gibt es etwas, wovon Du gerne hättest, das ich es in das Buch über euch schreibe? "

... ...

„Etwas mehr Gerechtigkeit in der Verteilung von Besitz – das würde euch Menschen guttun! Das wißt ihr aber ja schon lange, aber tut's nur sehr zaghaft. "

„Gibt es etwas zu den Mythen, das Du mir sagen möchtest? ... Oder tauchst Du irgendwo unter anderem Namen auf? "

„Ich bin derselbe wie Scyld, die Garbe. "

„Das heißt, Du bist der Korngott-Aspekt des Freyr. ... Und Dich als Freyr-Priester anzusehen, weil Du ein Diener des Freyr bist? "

„Das paßt nicht so ganz. ... Es gibt diesem Aspekt – aber, wie gesagt, er ist sehr klein. "

„Hm ... Warum höre ich von Dir und von Beyla so wenig? "

Da kommt nicht viel als Antwort, eigentlich garnichts.

... ...

„Geh' mehr barfuß und setz' Dich häufiger draußen hin oder leg' Dich hin. So kommst Du dem näher. "

„O.k. Das tu' ich eh' gerne. Dann werde ich das mal tun. ... Danke, Byggwir! "

„Bitte. ... Möge Dein Leben gedeihen! "

„Danke. ... Und auch Deins! "

Ich kehre zurück.

„Ho! "

VI 1. e)   Traumreise zu Thialfi

„Thialfi, ich würde Dich gerne kennenlernen."

„Dann komm'!"

„Wohin?"

„Zu mir."

Ich zögere ...

„Was ist da für eine Hemmung bei mir?"

„Siehst Du das nicht?"

„Hm ... ich glaube, mit ist Thors cholerische Art nicht ganz geheuer. Deshalb weiß ich bei Dir nicht so genau ... ja ... ..."

„Und – willst Du es versuchen?"

„Ja."

„Ich bin jetzt bei Thialfi. ... ich habe kein klares Bild von ihm, aber ich spüre ihn deutlich vor mir – selbstbewußt, kräftig, er hält Macht in seinen Händen ... ... Bist Du aus den Thor-Priestern entstanden, Thialfi?"

„Nein, Thor-Priester haben mich in die neuen Mythen eingefügt, aber ich bin mehr als etwas, was die sich ausgedacht haben."

„Und was ist das?"

„Komm' mit – ich zeige es Dir."

„O.k."

Da ist etwas wie ein dunkler Eingang ... ich glaube, die Tür zu einem Holzhaus ... scheint ein Tempel zu sein ... Es ist nicht der Tempel von Uppsala – es ist ein anderer ... ich glaube, in Norwegen ... ja ... Er führt mich zu dem Statuen-Raum, zu dem Anbau ... und ich sehe die Statue des Thor ... er steht auf einem Streitwagen ... Ich schaue zu Thor und ich schaue zu Thialfi ... und so ganz ist mir noch nicht klar, was Thialfi mir zeigen will. ... ... Ahh! Jetzt merke ich es – die Kraft von Thor fließt zu Thialfi.

„Bist Du so eine Art Thor-Krieger?"

„Du kommst der Sache näher."

„Haben die germanischen Krieger Dich im Kampf angerufen?"

„Ja."

„Ahh! Das heißt, Du bist aus diesen ... Thor-Kriegern, nenne ich sie mal ... und aus den Thor-Priestern entstanden?"

„Die Thor-Priester haben mich in den Mythen entsprechend den Thor-Kriegern geformt ... aber sie haben sich auch mit Thialfi identifiziert – das stimmt."

„Und diese Thor-Krieger, denen Thor Hilfe gibt im Kampf – das ist das, was diese neuen Mythen überzeugend gemacht hat? ... Das verstehe ich."

... ...

„Gibt es etwas, was Du mir sagen möchtest? Oder etwas, wovon Du möchtest, daß

es in meinem Buch über Dich steht?"

„Lebt eure Kraft und nutzt eure Kraft, aber seid euch eurer Kraft bewußt und nutzt sie mit Weisheit. ... und vor allem vorausschauend!"

„Hm ... gibt es etwas, was ich über Dich geschrieben habe, was so nicht ganz stimmt, oder was Du ergänzen willst?"

„Es ist o.k., was Du geschrieben hast."

„Hm ... Ich habe das Gefühl, hier gibt es nicht viel zu erzählen und zu sehen."

„Das liegt daran, daß Du nun wirklich keinen Thor-Charakter hast. Wenn andere zu mir kämen, die ein bißchen mehr Krieger oder Choleriker sind, dann gäbe es mehr zu erzählen über Wege und Methoden, über Haltungen – aber Du gehörst eher zu Tyr."

„Ja, das stimmt. Das empfinde ich auch so. Ist es denn rund so für Dich?"

„Für mich sowieso. Und für Dich?"

„Ja ... ja, für mich auch. ... Vielen Dank, Thialfi!"

„Bitte."

Dann kehre ich jetzt zurück.

„Ho!"

VI 1. f)   Traumreise zu Röskwa

„Röskwa, ich würde Dich gerne kennenlernen."

„Nun, das wird auch Zeit!"

„Warum?"

„Das wirst Du noch sehen."

„Habe ich das richtig erkannt, daß Du die Priesterin der Sif bist?"

„Ja."

„Bist Du jemand Ähnliches wie Beyla?"

„Ja."

„Gibt es etwas, was Du mir sagen oder zeigen möchtest?"

Ich sehe Kornähren ... Ich sehe den Tempel von Uppsala ... Ich bin in dem Tempel. ... Ich sehe die Statue des Thor, links neben ihm die des Odin, rechts von ihm die des Freyr. ... Ich kann Sif spüren, aber ich sehe keine Statue von ihr.

Röskwa sagt: „Sie ist gerade nicht da."

„Und wo ist sie?"

„Auf den Feldern – um die Felder zu segnen."

„Und was möchtest Du mir hier zeigen?"

„Das ist der Ort, an dem ich bin."

... ...

„Zusammen mit Thialfi?"

„Ja. Wenn Thialfi auch mal im Tempel ist, dann sind wir zusammen hier."

„Seid ihr genauso ein Paar wie Beyla und Byggwir?"

„Wir sind auf dieselbe Art entstanden, ja."

Ich schaue Röskwa an und ich merke, spüre vor allem eine erdhafte Stille.

„Ich bin das Wachstum und das Gedeihen – und das ist still und langsam."

... ...

Ich sehe wieder eine Kornähre.

„Das ist das, worum ich mich kümmere."

„Danke, Röskwa."

„Bitte."

Dann kehre ich jetzt wieder zurück.

„Ho!"

Verzeichnis der Themen

(die Zahl ist die Nummer des Bandes, in dem sich das Thema findet)

Eugel 7
Eule 40
Eyrgjafa 35
Faden 55
Fafnir (Zwerg) 32
Fährmann 49
Fala 35
Falkenkleid:
- der Freya 40
- der Frigg 40
Falke 40
Fallar 32
Farbauti 6
Farn 45
Farseti 6
Faulheit =>
Feuersitzen 55
Feima 35
Fenchel 45
Fenja 28
Fenrir 6
Fenrir 43
Fernhypnose 64
Ferse 63
Fessel 66
Fessel-Zauber 64
Feuer 55
Feuersitzen 55
Feuerzauber 64
Fialar 32
Fid 32
Fieberkraut 45
Fili 32
Fimafeng 39
Fimbulwinter 55
Finger 63
Finnalf 5
Finnar 32
Finnmark-Riese 34
Fiölkald 34
Fiölmor 39
Fiölnir 20

Fiölvör 35
Fiörgyn 20
Fiörgyn 23
Fisch 44
Fjölverkr 34
Fjötra 29
Flachs 45
Flegda 35
Fleur-de-lys 55
Fleggr 34
Fliege 40
Fluch 68
Flügel des Wieland 40
Flügelschuhe 67
Flugschuhe des Loki 40
Fluß 49
Freya 22
frühe Skaldenlieder 78
Freyr 15
Fried 29
Friedenszauber 6
Fridr 29
Frigg 21
Folde 20
Fonn 34
Forat 35
Forelle 44
Fornjotr 6
Forseti 19
Frägr 32
Franmar 37
Frar 32
Freki 43
Frosti 32
Frosti 34
Fruchtbarkeit 64
Fuchs 43
Frauenhaarfarn 45
Frühling 54

Frühlingstagund-
nachtgleiche 54
Fulla 29
Fullas Haarreif 60
Fullafle 34
Fundin 32
Fuß 63
Fylgia 50
Fynir 6
Fynir 34
Galar 32
Galarr 34
Galdr 64
Gallapfel 45
Gandalf 32
Ganglati 34
Ganglot 6
Gangr 34
Gangr 33
Gans 40
Gänsefuß 45
Garm 43
Gautan 39
Gautrek-Saga =>
Snotra
Geban 20
Geburts-Orakel 64
Gefäße 57
Gefion 20
Gefion-Geliebter 6
Gefiun 20
Gefjon 20
Geist 50
Geier 40
Geirahöd 31
Geiravör 31
Geirdriful 31
Geirönul 31
Geirröd 5
Geirrota 31
Geirskögul 31
Geitir 6

Geitla 35
Geitir 35
gelb 46
Geliebter der Gefion 6
Gerber-Schaber 67
Gerdr 28
Geri 43
Gespenst 50
Gestaltwandel =>
Verwandlung
Gesang 68
Gestilja 35
Getreide 45
Gewöhnlicher
Flachbärlapp 45
Geysa 35
Gialar 32
Gift 70
Gifur 43
Gigas 6
Gilling 6
Gillings Frau 28
Ginnar 32
Ginnungagap 49
Gjalp 35
Glamr 34
Glatundshundr 43
Glaumar 34
Glaumarr 34
Glaumr 6
Glenr 48
Glitni 5
Glöd 35
Gloi 32
Glück 64
Glückstrank 70
Glumra 35
Glymra 35
Gna 29
Gneip 35
Gnepja 35

211

Nari Loki-Sohn 19
Nati 6
Naudir 36
Nebel 64
Nefia 35
Nehalennia 29
Neri 30
Neris Schwester 30
Nerthus 28
Nepr 20
Nessel 45
Netz 67
Neuentstehung aus
den Knochen 55
neun Heimdall-
Mütter 35
neun Schwestern 35
Niblung 7
Niblung 39
Nicor 34
Nid 64
Nidi 32
Nidr 28
Nidud 16
Nieswurz 45
Niflheim => Eis 52
Niping 32
Nirdir 10
Niola 48
Njola 48
Njörd 10
Njörun 29
Nölvi 10
Norden 54
Nordosten 54
Nordri 32
Nordwesten 54
Nori 32
Nornen 30
Norr 34
Norr 48
Nott 48

Nyi 32
Nyr 32
Nyrad 32
Oddrun 31
Odin 13/14
Odr 20
Ofoti 5
Öflugbarda 35
Öflugbardi 6
Ogautan 39
Ogladnir 6
Ogn 35
Ohr 63
Oin 7
Olius 32
Ölwaldi 5
Omen 71
Onarr 48
Öndudr 6
Onn 32
Opfer 64
Orakel 71
Oregano 45
Ori 32
Örnir 6
Ortnit 34
Ösgrui 5
Öskrudr 34
Ostara 29
Osten 54
Otr 32
Otter 44
Otunfaxe 39
Penis 55
Perchta 28
persönliches Glück 64
Pfeil 66
Pferd 42
Pferdezwillinge 12
Pflug 67
Phol 9
Polygamie 55

Priester 60
Priesterin 58
Prolog (Edda) 77
Prophezeiung 71
Pukis 36
Rabe 40
Rad 67
Radgrid 31
Radvör 35
Ragnar Lodenhose 39
Ragnarök 55
Ran 27
Randalin 31
Randgnid 31
Randgrid 31
Rangbeinn 5
Rasereitrank 70
Raswid 32
Rätsel 76
Raud 34
Raugnir 34
Raum 6
Reck 32
Regenbogenbrücke
49
Regin 7
Reginleif 31
Reiher 40
Rentier 42
Riesen auf der West-
Insel 6
Riesen-Baumeister 6
Riesen von
Feldkirchen 34
Riesen von
Lichtenberg 35
Rifingalfa 35
Rifingöflu 35
Rigingöflu 35
Rind 42
Rindr 20
Ring 57

Ringkampf 55
Rist 31
Robbe 44
Rögnir 7
Rose 45
Röskva 37
rot 46
rota 31
Rotkehlchen 40
Rücken 63
Rud 35
Rudent 6
Rudi 34
Runa 35
Runen 72
Runenkästchen von
Auzon => Kiste
Runenstein 64
Runenstein von Ardre
64
Rußland-Riese 6
Rütze 35
Rygi 35
Saemdill 6
Saga 28
Sährimnir 42
Säkarsmuli 6
Salbei 45
Salfangr 6
Sam 34
Sämingr 39
Sanngrid 31
Sati 51
Säule => Weltenbaum
52
Saxnot 20
Sceaf 20
Schachtelhalm 45
Schädelschale 63
Schadenszauber 64
Schaf 42
Schafgarbe 45